深度学习 "深" 几许

苏 纾 欧阳蕾 / 编著

科学技术文献出版社
SCIENTIFIC AND TECHNICAL DOCUMENTATION PRESS

·北京·

U0642757

图书在版编目（CIP）数据

深度学习"深"几许 / 苏纾，欧阳蕾编著. —北京：科学技术文献出版社，2023.6

ISBN 978-7-5235-0397-3

Ⅰ.①深… Ⅱ.①苏… ②欧… Ⅲ.①中学—教学研究 Ⅳ.① G632.0

中国国家版本馆 CIP 数据核字（2023）第 118635 号

深度学习"深"几许

策划编辑：梅　玲　责任编辑：王　培　责任校对：张永霞　责任出版：张志平

出　版　者	科学技术文献出版社	
地　　　址	北京市复兴路15号　邮编　100038	
出　版　部	(010) 58882943，58882087（传真）	
发　行　部	(010) 58882868，58882870（传真）	
邮　购　部	(010) 58882873	
官 方 网 址	www.stdp.com.cn	
发　行　者	科学技术文献出版社发行　全国各地新华书店经销	
印　刷　者	北京虎彩文化传播有限公司	
版　　　次	2023 年 6 月第 1 版　2023 年 6 月第 1 次印刷	
开　　　本	710×1000　1/16	
字　　　数	307千	
印　　　张	18.75　彩插4面	
书　　　号	ISBN 978-7-5235-0397-3	
定　　　价	78.00元	

作者简介

苏 纾

　　北京市中关村中学校长，党委副书记，中学正高级教师、高级校长。曾任海淀区教育委员会中学教育科科长，是海淀区承担国家级教育改革三大实验项目"拔尖创新人才早期培养""特色高中发展""优秀班主任队伍建设"的工作组组长。她立足学校办学历史和地域优势，引进社会增量资源，激活学校办学活力。2014年中关村中学加挂"中国科学院中关村学校"校牌，开启了"科教协同、共育英才"的人才培养创新模式；与中国科学院大学深度携手，开设高中"国科大科学实验班"；在学校中积极倡导深度学习，改变教学供给。以项目研究、学科拓展、基地实践等探索"跨学科""双导师""项目式"的学习方式；完善一体两翼"雁翔课程"模型，开展品格教育，注重培育学生的科学素养和人文情怀；与中国科学院各院所深度合作，构建"一所一课程""一所一基地""一所一个导师团队"的"三个一"工程；联手学区、小学、大学，积极探索科技后备人才的贯通培养。

欧阳蕾

北京市中关村中学教科研教师，中学语文高级教师。带领学校骨干教师一起开展学科单元教学和跨学科教学设计与实施，参与教育部"深度学习"教学改进、北京开放大学"为理解而教"等项目，主持区级基于"深度学习"的阅读素养提升等科研课题，多次做区级、市级、国家级基于"深度学习"理念的名著阅读专题研究课。连续多届被评为海淀区学科带头人、骨干教师，多次担任海淀区兼职教研员，两次获得海淀区教学创新成果奖，多篇教育教学论文获得区级、市级、国家级奖项。

《深度学习"深"几许》
编 委 会

前　言

变革学习方式，改变教学供给

聚焦深度学习，推进课程落地

　　本书内容是北京市中关村中学从 2014 年成为教育部"深度学习"教学改进项目海淀区首批实验校以来，在教学中运用"深度学习"理念进行教学改进后精选的研究成果。在梳理总结研究成果的过程中，我们深深地感慨和惊叹在教学改革中师生们的改变与成长！在成书的过程中，恰逢我们国家新版义务教育课程标准颁布实施。老师们欣喜地发现，我们所做的教学改革，从聚焦单元（专题）整体设计到跨学科跨领域的教学实践设计与实施都具有前瞻性。在教学中我们研究实践的很多理念，如单元教学设计、情境学习任务、持续性评估、思维品质提升、批判性思维培养等都符合新版义务教育课程标准的要求。这就说明我们学校所做的教学改革和探索方向是正确的，实践思路也是对的。

　　回想刚刚成为项目实验校的时候，我们面对专家们的理论解读不知所措。虽然认同专家们的理论，但是如何将理论落实到教学实践课堂中，做到"理实相生"？没有人知道！都知道应该转变课堂教学形式，但是如何转变？也没有可操作和可借鉴的案例。当我们终于意识到"深度学习"只是一种理念，将理念落实到课堂教学实践，没有可借鉴的范例，需要我们充分发挥"一线智慧"，聚焦教学改进研究项目，自己去探索和研究，自己去实践和创新时，心中豁然开朗，我们需要在艰难的跋涉中闯出一条属于自己的路！

　　于是借助于区级教研平台和专家们的悉心指导，以及老师们敢于改变、勇于创新的那股不服输的冲劲，在循环往复的研究过程中，我们开始发现"深度学习"理念不是空中楼阁，不是对传统教学方式的全盘否定，而是在原有教学基础上的思辨、破局和改进！

以学习目标为例，我们在教学实践的摸索中发现"深度学习"的学习目标就是在我们原有教学目标的基础上再拔高，要将单元（专题）学习目标上升到学科育人的价值层面。这样我们就明白了，原来"深度学习"教学理念就像冰山，我们不仅需要让学生知道看得见的冰山上面的事实性的学科知识，还要指导学生理解冰山下面看不见的概念、思维方法和价值性的知识。这样才能帮助学生构建属于自己的知识体系，真正落实学科核心素养和新课程标准。就是在这样的一点点的探索中，我们开发出了"深度学习"单元（专题）教学设计模板。

有了模板，就有了可操作的框架，各个学科教师在这样的框架中整合教学内容，开展单元（专题）教学设计，渐渐地一部分老师能够跳出本学科，寻找到了学科育人的路径。老师们还自发地组成研究团队，开展跨学科整合教学设计与实施。这无疑就是我们落实"深度学习"理念，在学校课堂教学工作中的再创新！

本书收录的教学成果，既有初中又有高中，既有学科单元（专题）成果，又有跨学科跨领域的整合实践成果。为了便于读者理解，我们将学生在情境学习任务课堂中的实录转化成文字，以给专家和一线教师研究和分享。期望我们一步一个脚印地探索和跋涉，能够给读者以启迪。

教育已进入"双新"时代，让我们迎着教育改革的春风，一起投身于教育教学的改革实践之中，学会用理论指导实践，让学科素养与新课程标准真正同步落地，一起奔向美好的未来！

最后，感谢教育部"深度学习"项目组专家们的支持，感谢海淀区教师进修学校的教研员们的指导，更感谢学校参与研究和实践"深度学习"项目组的老师们！

苏纡

2023 年 6 月

目　录

第一章
学校实践"深度学习"教学改进项目的
意义与实施策略

第一节　学校实施"深度学习"教学改进
项目的意义和价值

苏纾

我们在学校办学中经常问自己"什么是核心和关键？"这个问题的答案一定是课程。因为课程是学校工作的核心，它具有育人的价值，指向育人的目标。而课程的实施依靠的是教师，所以"人"是关键。围绕教师和学生的发展，北京市中关村中学主要采取两种实施策略。

其一，从素养立意出发，聚焦教学中的关键问题，借助项目研究，转变课堂形态和学生的学习方式，以生为本，共建"学"的课堂。

其二，不断加强学科建设，提升教研质量，为学生提供更多符合教育改革方向的课程，促进团队攻坚和教师的专业化发展。近年来，学校同步推进多项科研课题，提高教师的教育教学科研水平。

在众多的课题之中，"深度学习"教学改进项目，是我们在教育部、海淀区教师进修学校的领导下做出的深入研究。

一、学校为什么引入"深度学习"教学改进项目

为什么要引入"深度学习"这样一个教学改进项目？我们的思考是针对中学教学的一些现状，教师的教替代学生的学，影响了学生的学习兴趣。课时有限，

我们很难落实课程标准中的要求，将学科素养落地。究其原因，是教师对学生的理解力关注不够，教师将教学目标转化为学生的学习目标缺少有效的策略。

二、怎样在学校实践"深度学习"教学改进项目研究

通过"深度学习"教学改进项目的实施，我们感受到 3 个"有利于"：有利于转变学生的学习方式，提升其思维品质；有利于打通学科壁垒，凸显育人价值；有利于专家指导教师，促进其教研能力螺旋式上升。

为便于读者理解，我们将聚焦两个教学案例。

第一个案例是语文名著阅读教学，《朝花夕拾》是语文教材七年级上册的必读书目。这个案例聚焦"影响"这一主题，来开展整本书阅读，共经历 3 个重要的阶段。第一个阶段是"读和画"。假期初一语文备课组教师向学生布置推荐阅读书目，学生初读作品内容。教师要求学生假期阅读时，以边读边用圈点勾画和批注的方式完成鉴赏品味语言的自主阅读笔记。第二个阶段是"诵和探"。开学后教师根据学生假期阅读的情况，将学生分成不同的学习小组。教师要求学生运用批判性思维，各个学习小组分别聚焦对作者产生不同影响的人物，分析人物形象，结合作品内容，合理阐释不同的人物对作者产生了哪些影响，用思维导图的形式将本组的读书感悟画出来，并形成文字。在这个环节中，师生还一起确定学习成果的展示方式，最终以"品读经典，感悟成长"为主题，展示本组的阅读学习成果，共同制定持续性评价规则。第三个阶段就进入了"整和展"，在历时 5 个课时的"深度学习"整本书阅读之后，学生综合展示本组的学习成果。这个专题设计，是"深度学习"视域下的语文整本书阅读教学，通过情境任务，学生假期初读以了解作品内容，课上合作探究，再体会作者的写作目的，获得有益的阅读启示和感悟。

针对这个案例，我们的体会是："深度学习"不是学习者无目的的学习，它一定是教师指导下的学生主动构建。

第二个案例是以"生命"为主题的跨学段、跨学科整合专题式教学。我们可以看到，不同领域的学科教师形成一个教学的共同体。这个专题教学是将语文推荐阅读必读书目《昆虫记》的内容进行了整合。第一个阶段，由语文教师结合作者生平和写作背景，带领学生阅读《昆虫记》整本书。引导学生体会科学小品文语言严谨准确的写作特色，尤其是法布尔语言的生动形象的特点，帮助学生走进法布尔的昆虫世界，体会昆虫世界的奇妙和多彩。第二个阶段，学

生开始分组探究阅读，先由美术教师指导学生学画简笔画，结合《昆虫记》某一章节的内容，画出某一种昆虫的生命过程。通过以上两个阶段的学习，学生提高了绘画水平，理解感受到昆虫短暂一生的意义与价值。第三个阶段，学生在前面两个阶段的学习基础上，提出阅读中有关生物学科的问题，由生物教师结合《萤火虫》和有关蜜蜂的章节，带领学生从生物学科的角度，学习昆虫的习性、生活习惯和成长过程。最后再由语文、美术和生物教师分别指导各个学习小组以确定研究主题、明确研究内容，模拟中央电视台《动物世界》节目的形式，展示各个小组的学习成果，体会和学习法布尔的科学研究过程与精神。在教师的指导下，学生们自学单元内容，合作探究并完成单元学习任务，结合3个学科有关《昆虫记》的内容，围绕"生命"的话题，进行合理的阐释，将本组的学习成果用思维导图梳理出来，用结构图概括归纳感悟。最后，学生们在教师共同引领下将自己的学习收获，用自己喜欢的节目形式进行排演，分享自己小组的学习收获。

苏霍姆林斯基曾说，学习如果具有思想、感情、创造、美和游戏的鲜艳色彩，那它就能成为孩子们深感兴趣和富有吸引力的事情。

以"生命"为主题的跨学科教学经验，给我们带来的感悟是："深度学习"的目标是指向具体的人的全面发展，是形成学生核心素养的基本途径。在这几年当中，不断有专家深入一线为我们进行指导。现在深度学习在北京市中关村中学既体现在教师的研修、学科的教学、跨学科教学中，也渗透到我们的游学课程，甚至家长会的课程中。以语文学科为例，我们的教学内容由单一的单篇教学转变为单元或专题整合式的整体单元教学；课堂教学方式由单一的讲课方式转变为多元互助探究研讨展示；学生的学习方式由被动接受转变为主动的任务驱动式合作学习；我们的评价也由终结性的评价转变为持续性的评价以不断地改进教学。

三、实施"深度学习"教学改进项目的意义和价值

深度学习"深"几许？它会改进我们的教学，指向人才培养模式的创新，更加强调学生是学习的主体，教学核心是学生的学习。而深度学习就是这一学习活动的关键环节。运用深度学习，我们在学校的教育教学工作中，不断内化和实践，在实践中，我们又试着去建立可操作的模型，通过对教学内容的整合，来实现少教多学。借力"深度学习"教学改进项目研究，改变已真正发生，现

在新学习方式的课堂会呈现更多自主、合作、探究，它反映了学生作为一个有着自己意志、独立人格，有着丰富的精神世界，有着探索、创造需要的生命主体所进行学习活动应有的方式。学习方式的变革，不仅是学生外在行为取向的变化，更揭示了学生在教学世界中存在及发展方式的变革。这正是 21 世纪世界各国教育共同关心的话题，特别强调核心素养的培养，特别关注学生审辩式思维、问题解决能力、跨领域合作交往能力的发展，同时对教师的日常教学也提出了更高的要求。

深度学习 "深" 几许？深在哪里？

第一，改变了学生的学习方式，提升了其思维品质，满足了其个性化的学习需求。因为深度学习的课堂教学设计聚焦学科核心素养，它增强了单元整体设计与单课之间的系统性。依据课程标准，体现学科学习发展的进阶。教师在课堂上设计学习情境，推动学生积极主动地参与课堂学习活动，培养了学生的学科思想方法。学生思考、实践和交流更加充分了，持续性评价又促进学生思维的发展，这些促使我们更多地思考考宽、教宽和学宽三者之间的关系。

第二，在此轮教育改革中，我们从培养什么人出发，强调生本的思想，树立激励式的教育理念，把课堂学习和考试评价变成学生自我展示的舞台，从而有利于培养有学科自信和学科兴趣的人，有利于培养全面发展而有个性的人。

通过深度学习，北京市中关村中学教师的教育视野宽了，学科认识深了，教学的改进能力增强了，我们非常欣慰。北京市中关村中学团队攻坚的过程，体现的是一种工匠精神，这是一种坚韧不拔、一丝不苟、精益求精、持之以恒、不断求真创新，将项目研究做到底的敬业精神。身为校长，我们要做的就是：将这种工匠精神和专业生活作为一种职业精神与教研文化，在我们的学校中大力推广，薪火相传，让它成为学校办学发展中最为核心和最具团队力量的教育行动。

第二节　学校实践 "深度学习" 教学改进项目的实施策略

苏纾

2014 年，北京市中关村中学作为教育部 "深度学习" 教学改进项目海淀区首批实验校，开始了项目的研究与实践。几年来，在项目组专家、海淀区教研员的指导及学校的行政支持下，一线教师们进行了卓有成效的课堂教学研究与实践，取得了一系列的研究成果。在众多的研究成果中，我们精选了不同学科的典型教学案例和课堂实录，形成成果集，期望能够与教育教学的同行们分享交流。

学校是如何落实项目的研究与实践的呢？

一、聘请项目专家，开展理论培训

几年来，围绕"深度学习"，教师们在教学中进行了诸多实践，大家对项目组的理念如何在课堂教学中落地存在诸多困惑。为了解决教师们的问题，学校聘请项目组的专家——教育部课程中心刘月霞主任，原海淀区教师进修学校校长罗滨，海淀区教师进修学校副校长支瑶、原副校长刘汝明等走进校园，分别聚焦项目的研究背景、项目设计四要素、项目实践的教学策略、项目教学设计的模板等方面，为全校教师答疑解惑，进行全员培训，帮助教师们更好、更深入地理解项目的理念。

二、形成研究团队，以点带面研究

通过培训，教师们更加认同项目的理念，在学校的支持下有了进一步深入研究、实践的动力。任何一种教学理念在学校教学中的推广，都不可能采用"一刀切"的办法，需要循序渐进地进行。在教学干部的带领下，以学科组为单元，学校组建了青年教师骨干研究团队。期待能够小步伐、扎实有效地开展项目研究。

（一）分发相关书籍，补充研究理论

在研究的过程中，教师们发现仅运用深度学习理念，很难达到理想的课堂教学实践成效。在教科研中心的牵头下，学校给骨干教师们购买了有关批判性思维理论的《权衡》一书，还带领骨干教师学习批判性思维理论。通过批判性思维理论的补充学习，教师们体会到：深度学习理念结合批判性思维理论，能够更好地促进深度学习目标的实现。

教师们反馈单元教学设计中，最难的就是单元学习主题的确定。为此，教科研中心核心团队带领教师们一起研读《追求理解的教学设计》和《以概念为本的课程与教学》两本书，学习知识分类结构图，帮助教师们从学科育人价值

的高度解读教材，学会从整体到局部设计单元教学。设计出教学内容后，如何在课堂教学中落实教学设计，怎样才能更好地组织学生进行合作学习？学校又给教师们补充分发了《合作学习》一书，通过系列培训课程，让教师们对合作学习的概念、分组策略等有了更清晰的认识。有教师问，如何设计单元深度学习教学问题？学校就分发了《问题背后的问题》一书，在教科研中心核心团队的带领下，组织教师们交流读书感悟，结合教学实践体会深度单元教学问题在教学中发挥的引导作用。

随着研究的深入，我们不断梳理相关理念在教学实践中的作用，持续帮助教师们构建自己的理论框架体系。指导教师梳理教什么、怎么教、怎么评、怎么改等常态教学中的关键问题，让教师们的课堂教学实践研究做到有依据可循。

（二）骨干教师示范，扩大研究范围

通过理论与实践的指导，在项目研究的过程中一些优秀的青年教师脱颖而出。为了发挥她们的骨干示范作用，学校开展了以"理实相生"为主题的全校性的教学研讨会，会上聘请了"深度学习"项目语文组的学科专家王云峰教授和海淀区教师进修学校的副校长支瑶。由语文组的欧阳蕾和化学组的吴迎春两位教师在全校做示范研究课。课后按照学科教师分组，分别针对这两节研究课提出研究问题，聘请的专家也进入不同的学科组进行指导研究。最后，两位专家分别对两节研究课进行评析。会上教师们提出了让自己困惑的问题，专家们都一一解答。通过一系列这样以解决教学问题为导向的教学展示研讨会，教师们对深度学习理念下的课堂教学实践有了具体可感的印象，专家们的肯定与指导也让更多教师跃跃欲试。在这一阶段，学校采取分学科同步开展项目研究的组织策略。在海淀区教研员的指导下，各个学科组都承担了"深度学习"视域下的全区研究课。在备课、磨课、讲课的过程中，教师们不断改进教学策略，提升了学科专业技能。

三、申报课题研究，提供持续支持

为培养科研型教师，学校鼓励教师申报国家级、北京市级和海淀区的课题，通过课题的研究与实践，帮助教师以团队研究为核心，推进项目的实施。在实施中，形成过程性的研究成果。例如："十三五"期间，主持区级课题——《基于深度学习理念下的初中英语单元教学设计》的英语教师刘丽萍、主持区级课题——《基于深度学习理念的初中名著阅读活动及评价研究》的语文教师欧阳蕾等多名教师自发组成研究团队，开展基于深度学习理念下的课题研究，取得了较好的研究成果，促进了学校深度学习项目的深入研究和推进。

除了市、区级的课题申报研究，学校还和中国科学院合作，从学校层面为教师们提供研究支持。学校成立了"玉兰学术基金"，鼓励教师们申报学校层面的"玉兰"研究小课题，教师们聚焦教学中的关键问题，通过开题报告和评审可获得进行项目研究的资金支持。这一举措得到教师们的好评和点赞，助推了项目的持续深化，因引领赋能。

四、指导梳理成果，不断反思改进

如今深度学习项目研究已经在学校开花结果，为了更加深入地进行，由学校教科研中心牵头，指导教师将近年来的研究成果进行梳理和总结，开发出适合本校教师实践应用的深度学习理念下的单元（专题）教学设计模板。回顾几年来的项目研究实施过程，就是学理论—重实践—常总结—再推动这样循环往复的研究过程，通过项目研究提升了学校教师的科研能力，提升了教师的专业水平，促进了学校教育质量的提升。"深度学习"，我们还在路上，期待未来在项目的持续研究中带动更多教师进行热情参与，让更多的教师成长获益。

第二章
单元整合，构建知识体系

第一节　让人间充满爱
——诗歌单元教学设计与实施

欧阳蕾

一、单元教学设计

确定预期的学习目标

1.学习主题：让人间充满爱

学习主题解读

（1）单元课标相关要求

《义务教育语文课程标准（2022年版）》第四学段（7～9年级）

【阅读与鉴赏】

①能用普通话正确、流利、有感情地朗读。

②在通读课文的基础上，厘清思路，理解、分析主要内容，体味和推敲重要词句在语言环境中的意义与作用。对课文的内容和表达有自己的心得，能提出自己的看法，并能与他人合作，共同探讨、分析、解决疑难问题。

③诵读古代诗词，阅读浅显的文言文，能借助注释和工具书理解基本内容。注重积累、感悟和运用，提高自己的欣赏品位。背诵优秀诗文80篇（段）。

（2）单元内容分析

部编版义务教育教科书语文九年级上册教材第一单元为"活动·探究"，

该单元是在学生之前学习诗歌的基础上设计的诗歌专题教学。教材中该单元编者设计了学习鉴赏、诗歌朗诵、尝试创作 3 个任务。在笔者的教学中，将教材中的 3 个学习任务整合成一个综合性活动。

　　该单元包括毛泽东的《沁园春·雪》、艾青的《我爱这土地》、余光中的《乡愁》、林徽因的《你是人间的四月天》、穆旦的《我看》等诗歌。

　　《沁园春·雪》是毛泽东诗词的代表作，词中咏雪言志，抒发了词人对壮丽山河的热爱之情，表达了伟大的抱负。《我爱这土地》是一首充满激情和赤诚的爱国诗歌，表达了作者艾青深沉、真挚、炙热的爱国主义情感。诗中的"土地"不仅是民族精神的象征，也是中华文明和祖国命运的象征，凝聚着作者对祖国母亲深深的爱。作者表示要像鸟一样歌唱祖国大地，即使死了也要融进祖国的土地。余光中的《乡愁》表达了诗人强烈的思乡之情，表达了诗人对祖国的热爱。诗歌中将乡愁比作邮票、船票、坟墓、海峡等实物，将抽象的思乡之情化为具体的实体，流露出诗人对故乡的深切怀念。此外，诗歌也体现了诗人期待祖国早日统一的美好愿望。表达了诗人对故乡、对祖国的眷恋和热爱之情。《你是人间的四月天》是林徽因的一首经典名诗，这首诗可以理解为可能是作者为亡友徐志摩而作，因为怀念他；也可能是一位母亲怀着对新生命强烈的母爱，而创作出这样轻快灵动的诗。这首诗不仅表达了作者对孩子的喜爱和对儿子美好的期盼，也表达了对春天的赞美，对新生的喜悦，以及对生活的希望和向往之情。全诗基调优美、宁静，让人读完后内心温暖，充满了爱和希望。穆旦的《我看》这首诗描绘了春天里的风、草、鸟、天空、流云等美景，展现了一幅生机勃勃的景象，表达了诗人对大自然的赞美，对生命的敬畏，对万物的期待。

　　（3）学情分析

　　相关学情分析如表 2-1 所示。

表 2-1　学情分析（1）

分析项目	简要阐述
学习基础	学生经过初一、初二两年的诗歌教学学习，能够结合创作背景理解诗歌内容，有感情朗读课文，掌握了基本的诗歌鉴赏的方法。对于诗歌的学习有一定的基础
生活经验	本单元诗歌内容涉及爱国、乡愁、亲情、爱情等，和学生的生活经验有距离，学生理解起来有一定的困难，需要教师带领学生补充相关背景资料，帮助学生理解诗歌的主题

续表

分析项目	简要阐述
学习的障碍点	本设计对学生的要求比较高,学生需要站在整个单元的高度找到统领单元内容的学习主题,在教师学法指导下,完成诗歌自学笔记,在自学的基础上小组合作学会鉴赏诗歌,这些都是学习中的障碍点
发展空间	学生通过教师的学法指导,完成诗歌鉴赏笔记,小组合作聚焦单元的某一首诗歌,深入探究诗歌的意境和情感,最后分工展示小组的学习成果。在这样的学习过程中,学生读诗歌、赏写法、悟情感,即学会评点诗歌的方法,理解体会作者的情感,在诗歌阅读理解方面,学生将有很大的发展空间

2.学习目标

(1)基础学习目标

目标1:教师进行学法指导,学生自学诗歌,学会评点诗歌,完成自主学习笔记。

目标2:小组合作学习,由组长带领根据评价鉴赏诗歌内容,有感情朗读课文。

目标3:小组展示学习成果,讲解诗歌内容,鉴赏评点诗歌,理解诗歌主题。

(2)深度学习目标

结合单元诗歌内容,谈谈你对"让人间充满爱"这个主题的理解。

(3)学习问题设计

1)基本问题

问题1:本单元诗歌,作者写了什么?

问题2:怎样写的?这样写的好处是什么?

问题3:表达了作者怎样的情感?

问题4:结合本单元的诗歌内容,谈谈你的感悟?

2)深度学习问题

你怎样理解"爱"?"爱"有哪些内涵?

二、单元教学实施

(一)安排课堂教学内容,指导学生学习活动

1.第1、第2课时

学习目标:指向单元基础学习目标。

目标1：教师进行学法指导，学生自学诗歌，学会评点诗歌，完成自主学习笔记。

学习方式：教师指导下的自主学习。

学习任务：完成自主学习笔记。

学习环节

环节一：基础学习问题。

问题1：本单元诗歌，作者写了什么？

问题2：怎样写的？这样写的好处是什么？

问题3：表达了作者怎样的情感？

环节二：教师进行学法指导。

格式要求：在书上的左右空白处写点评批注。

① 分析诗歌意象，这些意象写出了什么？表达了作者怎样的情感？

② 概括小节内容，体会诗歌的结构特点？作者这样写的表达效果？

③ 评点词句内容，用了怎样的写法？（如多角度描写的方法、象征的写作手法、拟人化的写作手法等）这样的写法写出了什么？表达了作者怎样的情感？

④ 诗歌写出了怎样的意境？表达了怎样的主题？

课后作业：完成单元自主学习笔记。

2. 第3、第4课时

学习目标：指向单元深度学习目标。

深度学习目标：结合单元诗歌内容，谈谈你对"让人间充满爱"的理解。

学习方式：教师指导下的合作探究学习。

学习任务：分组合作探究完成情境学习任务，依据评价改进本组的表现。

学习环节

环节一：教师布置小组探究合作情境任务，讲解持续性评价。

假如你们是语文教师，将指导学生们从意象入手，理解诗歌内容。通过写作手法和结构特点的分析，提高鉴赏评点诗歌的能力。结合写作背景，感受诗歌意境，归纳诗歌主题。通过朗读，感受作者的情感，提升鉴赏水平，表达读后感悟。

情境学习任务持续性评价规则的内容如表 2-2 所示。

表 2-2　情境学习任务持续性评价规则（1）

项目	评价规则描述	等级
1. 理解内容	分析诗歌意象，体会诗歌内容	每项评价分 4 个等级，分别为：优秀、良好、一般、待提高
2. 鉴赏点评	赏析点评诗歌，理解写法。 ①分析小节内容，体会结构特点； ②评点诗歌词句，分析写作手法	
3. 主题意境	把握作品主题，感受诗歌意境	
4. 朗读演读	声情并茂诵读，体悟作者情感	
5. 感想感悟	表达读后感悟，提升鉴赏水平	

环节二：学生小组分工，每两个小组重点学习一首诗歌。在教师和组长的指导下，小组内部合作完成探究学习任务。

环节三：依据情境学习任务评价，排演练习探究任务。

教师步骤指导：

背景介绍—意象分析—写法赏析—结构特点—主题理解—精彩朗读。

3. 第 5、第 6、第 7 课时

学习目标：指向单元深度学习目标。

深度学习目标：结合单元学习内容，学生能够理解爱的内涵。

学习方式：各个学习小组上台综合展示情境学习任务成果。

学习环节

环节一：各个学习小组上台展示情境学习任务。

环节二：教师和学生依据情境学习任务评价的内容，为各个小组提出反馈和建议。

环节三：教师总结本单元教学内容，并板书。

（二）课后反思

该单元教学背景是在初三学习任务多、时间紧的情况下设计的单元教学内容。诗歌教学尤其是现代诗歌是初中语文教学的难点，教学中的度很不好把握。该单元教学设计试图运用深度学习的理念，从教学方式和教学方法上

进行突破。

1. 注重指导学法，探寻学习规律

诗歌教学难就难在对于诗歌学习的标准不太清晰，初中学生对诗歌的学科术语不太明白。为了解决这个问题，笔者试图打通文体阅读的界限，指导学生从诗歌的意象分析入手，理解诗歌的内容。指导学生归纳出学习诗歌鉴赏的不同角度，如修辞、象征、人格化、色彩、描写等，这样学生就能结合平时其他文学样式写法的分析，探寻出鉴赏评点诗歌的方法。突破了学习的方法，对诗歌所抒发的情感自然就能够体会到了。

2. 学习教师讲课，提高学习效率

该单元的情境学习任务看似简单，但其实对学生的要求比较高，学生需要自学，然后各个小组在教师指导下备课，最后再讲给全班同学。在这个过程中就完成了从输入到内化理解成为自己的知识，再到输出的过程，提高了学习的效率。各个小组讲明白一首诗歌，就能够举一反三，运用所讲方法学习其他的诗歌。

3. 评价指向明确，提高课堂效能

该单元设计的评价规则直接指向学生学习的流程，5个评价项目由简到难，形成一个清晰的学习结构逻辑。让学生学有所依，法有可循，简单明了，利于理解。从课堂效果看，各组学生的学习成果展示，目标明确，重点突出，感受深刻。实现了教—学—评的一致性。在初三的特殊时期，实现了提高初三课堂教学效率的目的。

4. 教师总结梳理，归纳点拨到位

每一个学习小组讲完，教师都会结合板书带领全班同学对诗歌进行总结和梳理。这个环节在笔者以往的深度学习教学中，是很少有的，很多教师听了笔者的课后提出了疑问，即课堂中教师的作用在哪里？其实这样的课堂，学生能够在台上讲、演、画、论，讲说得比教师都好，就是教师在单元课堂之前指导的功夫。还有的时候，研究课的时间有限，笔者把时间都给了学生，期望学生在台上不仅获得知识还有掌声和成就感，这对学生而言更有意义。该课笔者有意识地加入了教师简短点评的环节，一方面凸显教师在课堂中的总结梳理归纳重点知识的作用；另一方面也可以加深学生对初次这样深入学习诗歌的印象，还有就是让听课教师也能打消疑虑。从课堂效果看，这个环节还是很有必要的，也得到了听课教师的好评。

总之，这个诗歌单元的教学设计与实施，对笔者而言，是一个很好的尝试和突破，师生在这样的学习过程中，实现了教学相长、互相促进、共同成长！

附：课堂实录（节选自第6课时）

师：经过自主学习，我们学会评点诗歌，体会诗情诗意。又通过小组合作探究学习，我们进一步地理解了诗歌的内容，体会到了本单元诗歌作者们的不同情感。结合我们的生活经历，对诗歌的内容也有了自己的启示和感悟。今天我们就继续以小组为单位展示大家的学习成果。首先请第一组，她们组在组长马同学的带领下，站在整个单元的高度谈谈对本单元诗歌的理解。

第一组上台展示学习成果。

生1：本单元都是写爱的诗歌，这些爱我们组通过解读认为可以分为大爱、小爱和由小爱到大爱。具体来说，《沁园春·雪》《我爱这土地》《我看》这3首诗是大爱。前两篇诗歌都是写爱国，《我看》写出了对自由的渴望和对自然的赞美。

生2：《乡愁》这首诗歌是由小爱到大爱。小爱写出了亲情和爱情；大爱写出了对民族的爱和对国家的爱。

生3：《你是人间的四月天》是小爱。作者写出了对爱的赞颂和对美好生活的渴望。

生4：那本单元的诗歌内容学习和我们有什么关系呢？我们组认为，我们应该珍惜我们身边的亲情、友情，要有感受爱的能力，要热爱生命。热爱生命、珍惜身边的爱很宝贵，我们生活在和平的年代应该更加珍惜生命，不做威胁自己生命的行为。而且我们应该更加感谢这样的和平年代能让我们好好学习。我们更应该珍惜现在的学习环境，要活在当下，追寻梦想。好好学习，然后报效祖国。我们组就讲这么多。谢谢大家！（掌声）

下面我们给大家配乐朗读《乡愁》。（略）

老师：好的，我们看一下这张图，刚才这组讲的你们有没有异议？有没有不同的看法？有没有？他们这样去整合理解这个单元的几首诗歌，你们有没有不同的看法？整个单元的每一首诗歌我们都有不同的小组在讲，比如，他们把

《沁园春·雪》《我爱这土地》都归为：爱国。你们有没有不同的看法？金同学，你们组讲的是《我爱这土地》，他们把这首诗归为爱国，你们认同吗？是指哪一类的爱？在什么时期？

生5：全民族抗战时期。

师：全民族抗战时期。

生5：表达了诗人对祖国的热爱，对祖国深沉的爱。

师：好的，请坐，然后《沁园春·雪》抒发对祖国大好河山的热爱，他们把它归到爱国里，我觉得有爱国，但更重要的这里面体现的是作者的这种自信、豪迈的情感，同时抒发的是"数风流人物还看今朝"，就是无产阶级革命必将取得胜利的这种自信的情感，所以应该稍微再细一点。然后我们再来看后面的这首，讲这首的同学们，你们对他们的理解认不认可？《你是人间的四月天》，哪组负责讲的？黄同学，你们组负责讲这首诗，你认同他们这样的理解吗？

生6：他们的这个差不多，我们只是再细化一些，主题的话，算是爱，没有问题。

师：算是爱，一会儿他们讲的时候会给我们介绍《你是人间的四月天》。有人说，这首诗是林徽因写给已经在天国的朋友徐志摩的，也有的人说是写给她刚刚出生的儿子的。昨天也有同学问我，这首诗究竟要表达什么样的情感？我们一会儿再去具体地理解一下。最终我们这个单元诗歌的学习要落在哪里呢？我特别认同他们组的这儿——我们应该怎么做？这可能是我们应该要思考的，下面就把时间留给同学们。《乡愁》，有两个组讲，是吧？提醒一下，第二组讲的时候，如果第一组讲过了，你们就不要讲了。老师请几个同学按照评价，为各个组打下分数。我们就不在课上来评了，因为我们对这些评价都非常熟。各组组长不打自己小组的分数，给其他小组打分，然后各个小组的分数是组长们给出的平均分。我说清楚了吧？

下面就请第二组给大家讲《乡愁》。

师：你们用实物投影吗？是先朗诵还是后朗诵？

生1：不用，后朗诵。

生2：由我来分享一下这首诗的意象，这首诗的意象是邮票、船票、海峡。这首诗的创作背景主要就是作者余光中1950年去台湾，然后到了1972年因为政治原因在那里回不来，直到1992年他才返回祖国大陆，应该是隔了40多年，他这首诗是根据4个时段：小时候、长大后、他母亲去世后和现在来分着写。邮票、船票、坟墓和海峡，是距离的增大，而且随着这种距离的增大，他的乡愁也越来越浓。然后我再给大家分析一下写作手法，这首诗全篇使用比喻，将抽象的乡愁，具体化成邮票、船票、坟墓和海峡，表达出作者情感越来越强烈。

生1：这个情感，我们分4段来说。第一段他讲的是小时候，小时候他还没有离开自己的故乡，所以我觉得第一段表达的是一种对故乡的思念。然后第二段是他长大以后结婚了，他和自己的新娘要离开故乡，这里也表达了他对自己故乡的思念。因为这首诗他写到了他的新娘，所以我觉得这里也应该有对亲人的思念。

师：我给他们补充一下，是作者婚后去美国读书。

生3：后来他的母亲去世了，他一定非常悲伤，所以他把乡愁比作坟墓，更加深了那种悲伤的情感，表达了他对母亲的思念。前面刚才马同学他们组说了这前3段讲的都是小爱，讲的是对故乡的思念和对亲人的思念。到了最后一段，他把乡愁比作海峡，因为他当时在台湾，他的故乡是大陆，海峡两岸是被隔断的，他回不去。在这里他希望祖国早日统一，让他回归大陆。所以这是对祖国统一的渴望，也是整篇文章流露出来的大爱，这些情感加起来也是这篇文章的主题：对亲人、故乡的思念，以及对祖国统一的渴望。下面由郭同学讲一下读后的感悟。

生4：这首诗主要使用了递进的情感结构。由思乡、思亲升华到思念伟大的祖国。那一湾浅浅的海峡隔断不了大陆和台湾之间的呼唤、期盼和守候。作者通过具象化的乡愁，表达了他对祖国统一的渴望。而我们应该怎么做？应该就是把握当下，学习和追逐梦想，热爱生命，坚持祖国统一、祖国领土完整。谢谢大家。

小组分工配乐朗诵（略）。

师：谢谢这个组，另外一个组有没有补充？他们两个组都讲完了老师再补充。他们组讲过的，你们就不要讲了。

生5：我们组认为，这首诗是按照时间顺序来写的，随着作者长大，乡愁有所变化，也越来越难实现了。

生6：我的感受是，这首诗让我记起自己未曾实现的愿望，感到很伤感，并对作者的遭遇产生了同情。其他的，他们组都说过了，我们就不再说了。

师：还有要补充的吗？我给同学们串一遍，大家看一下它的意象："小小的邮票"，我在这头，母亲在那头。他们刚才说按照时间的顺序来写作者的一生，对吧！作者说自己的经历，说他小的时候是寄宿生活，所以通过写小时候的寄宿生活表达对母亲的思念（板书：思念母亲）。然后我们再看第 2 节的意象"窄窄的船票"，他去美国读书的时候，是坐船去的，作者在写这首诗的时候，他解读自己坐轮船往返美国和中国台湾之间，所以按照时间顺序，写的是对妻子的想念（板书：妻子的想念）。我们再往下看，他经历了什么？和母亲的生离死别，诗中的意象是什么？"后来啊乡愁是一方矮矮的坟墓"——成年后的生死之隔（板书：生死之隔）。这些都是作者自己的经历。到最后一节，"而现在，乡愁是一湾浅浅的海峡"，到这一小节，我们能体会出作者期盼海峡两岸能够统一。所以看一下作者的情感，按着时间的顺序，从幼时、青年到成年，作者的感情是层层递进的。从这首诗中，我们也能体会出作者沧桑的人生体验。这首诗还有叠词的使用，"小小的""窄窄的""矮矮的"，体会到了吗？下面大家打开书，我们一起朗读一遍。慢一点，结合刚才两个组讲的和老师补充的分析，去体会作者的情感！

生：有感情地齐读。

师：我们接着学习下一首《你是人间的四月天》。哪一组先讲？侯同学这一组先讲，大家把书打开。

第三组上台展示学习成果。

生 1：首先，我把这首诗的背景和意象连起来讲一下。大家知道这首诗的背景，一种说法是这首诗是为了纪念她已经逝去的相当于爱人吧。

师：朋友。

生 1：朋友徐志摩。另一种说法就是她是写给她刚出生的儿子的，是一种母爱情怀。首先我来讲一下第 1 种说法，写给徐志摩的理由是在结尾："你是爱、是暖、是希望"，前两个分句"是爱""是暖"偏向友情、爱情，不像是母爱的情感。新生命的诞生更偏向希望。"是爱""是暖"更偏向于陪伴许久的亲人或者友人。再往前看，也就是第 2 段，"星子在无意中闪"这句诗，这句诗我的理解就是因为徐志摩已经去了天国，但是对他的美好记忆还时不时地在作者的思绪中闪现。所以"无意中闪"可以理解为她对徐志摩时不时的思念和怀念。然后再从第 2 种说法来看，也就是从母爱的角度来看，第 3 段第 3 句中，"戴着百花的冠冕"，这句诗从两个角度都能解释得通，因为可以理解为她赞颂友人，也可以理解为赞颂儿女。但是后半面这句"天真"，不大可能是对成年人的形容，所以可以判断"天真"就是对儿子的赞颂体现。而第 4 段就更明显了，比如"雪化后那片鹅黄，新鲜初放芽的绿"，这两者都是体现生命力和生机的事物，而只有儿女出生的时候，才会有生命力，她怀念友人，不会有生命力的表现，更何况她的友人已经去世了，所以这一段也是非常有力的证明，这首诗是一首母爱诗。但是诗的后面有一句"白莲"，白莲我查了一下，它象征着纯洁，对一个成年人来说，纯洁的形容可能不大好，一般都是形容孩童的。所以，我认为，第4段都是用来印证这首诗是一首母爱的诗，但无论如何，从意象上我们都能看出，对"黄昏、星子、各种花"的描写是对世界的描写，体现出她对世界万物的爱，也可以说是一种大爱。诗中还写了对友人、家庭的这种爱，是一种小爱。但是如果我们把这两者结合在一起，大爱和小爱并不矛盾，相当于诗不仅是对世界的赞美，还有对爱人、友人的赞颂，还有对大爱、小爱、世间所有的爱的一种赞颂——对爱本身的赞颂。我讲的就是这些，下面请我们组下一位同学。

生2：我们把这首诗里所有的意象都总结在这里，这些都是意象。我们再来逐段地分析一下。

生3：由我来讲一下第1段的手法，第1段"我说你是人间的四月天"运用了比喻的手法，奠定了整首诗的基调，后面两句我们可以理解为是为解释说明第一句的"四月天"。第3段"雪化后那片鹅黄"是诗中感情的升华，有各种画面感。而最后一段，"你是一树一树的花开，是燕在梁间呢喃"，"花开"和"呢喃"这两句与前面是不一样的，呼应了第一段总起的感情。

生4：第2段，她用了3个意象，"云烟、星子、细雨"来表现爱是云烟拂面，星光点点，细雨如织。表现了林徽因的那种爱意。然后第3段将你和四月天融为一体，在感受四月天美的同时，我们可以联想沐浴在春风春雨中的自然万物。通过上面的意象分析，我们可以把主题归纳一下，这首诗歌咏四月天的那种美好，意象美丽，意境浓浓而又温馨，抒发了诗人心中的爱与希望。所以这首诗的主题词就是：爱、暖与希望。

生2：刚才这位同学主要是从作者的情感角度分析的，而我现在要分析这首诗的语言和内容给了我们什么样的感受？第1点，这首诗的色彩丰富，诗中写了鹅黄、绿、白莲等色彩，大家可以圈画一些表达色彩的词语，诗的色调清新淡雅，表现出四月天充满希望的景象，给读者一种温暖和生命力。第2点，诗中运用了很多带动态之感的词语，比如"吹着、闪、点洒、浮动"这样的词语，给人一种画面感，也运用了动静结合的写法，给人一种轻柔灵动的感觉。第3点，这首诗运用了多重感官，比如第一段的"笑响点亮了四面风"，由听觉到视觉引出了后文，这也是一个总起，又写了一束一束的花开，听觉上也有"燕在梁间呢喃"。这样就给读者多重感官上的冲击，充分表现了四月天的灵动和美好，感官的运用相得益彰。表达对爱的赞美。下面我们给大家配乐朗诵一下。

小组同学分工配乐朗诵。（略）（掌声！）

师：还有一个组讲，你们组有补充吗？没有了。好，老师给大家补充一下，四月天是什么季节？

生：春天。

师：我们看作者的描写。第一小节，春天有什么景色。我们再看第二小节，春天有哪些景色？云烟拂面、星光点点，还有星子闪、细雨点洒在花前。我们从里面找关键的意象，由此体会出春天带来的爱意与暖意，再往下看，争艳的百花，写出了它们妩媚优美的姿态，这里还是写出了对生命、生活充满希望，最后我们看下一小节，我从里面找到的意象：鹅黄、嫩绿、白莲。最后就是他们组给我们分析的：你是爱、是暖、是人间的四月天。写出希望。这是一首爱的赞歌，描绘出作者对未来生活的期盼。我特别喜欢这首诗，所以我想最后送给同学们一句话：我希望我们每一位同学的生活都过成人间的四月天。好了，这节课就上到这儿，谢谢同学们，下课！

第二节 逆境中的诗心
——走近"诗豪"刘禹锡

邱巍

一、单元教学设计

确定预期的学习目标

1. 学习主题：逆境中的诗心
学习主题解读

（1）单元课标相关要求

《义务教育语文课程标准（2022年版）》第四学段（7～9年级）

【阅读与鉴赏】

① 能用普通话正确、流利、有感情地朗读。

② 在通读课文的基础上，厘清思路，理解、分析主要内容，体味和推敲重

要词句在语言环境中的意义与作用。对课文的内容和表达有自己的心得，能提出自己的看法，并能与他人合作，共同探讨、分析、解决疑难问题。

③诵读古代诗词，阅读浅显的文言文，能借助注释和工具书理解基本内容。注重积累、感悟和运用，提高自己的欣赏品位。背诵优秀诗文80篇（段）。

（2）单元内容分析

本专题包括刘禹锡的两首古诗和一篇文言文，是教材整合后的古诗文阅读专题教学。

《秋词》是七年级上第六单元课外古诗诵读第一首，诗人一反过去文人悲秋的传统，赞颂了秋天的美好，并借白鹤直冲云霄的描写，表现了奋发进取的豪情和豁达乐观的情怀。《陋室铭》是七年级下第四单元"修身正己"主题下的一篇短文，通过对陋室的描绘和歌颂，表达了作者甘于淡泊、不为物役的高尚情操。《酬乐天扬州初逢席上见赠》是九年级上第三单元古诗文单元中的一首，诗人借酬答朋友之机，写仕途的艰辛、知交的零落；但他并没有沉沦于个人的遭遇，反而从挫折中振起，抒发了积极进取、乐观向上的豪迈情怀。

刘禹锡的这3篇诗文，尽管分散于不同年级、不同册次的教材中，但整合在一起进行学习是非常有价值的。

首先，从形式上看，这几篇诗文整饬雅致，音韵和谐。学习这部分内容，首先要注重朗读，让学生通过反复朗读发现、感受古诗词的声韵之美。

其次，从情感上看，这几篇诗文表现了刘禹锡作品所特有的明朗、高亢的格调。20多年来，他一贬再贬，但是却越挫越勇，毫不气馁，始终保持着积极进取的斗争精神。初一年级的学生正处于人生的重要阶段，这也是健康成长的关键时期。同时学习这几篇诗文，可以走进刘禹锡的情感世界，从而得到思想的启迪和美感的陶冶。

此外，《酬乐天扬州初逢席上见赠》虽然是九年级的课文，但是前面有了《秋词》中刘禹锡对秋天的赞美，《陋室铭》中所表现的身处逆境的坦然自安，对于"沉舟侧畔千帆过，病树前头万木春"的理解也就水到渠成了。

（3）学情分析

初一的学生，在小学阶段已经积累了一定量的古诗，但是通过调查发现，小学阶段学习古诗的方法较为简单，以朗读和背诵为主，在此基础上，对诗歌大意有初步的认知。对于文言文的学习，则较少涉及。

升入初中后，学生在该单元之前学习了4首古诗、4篇文言文。通过这些作品的学习，学生对于朗读在古诗文学习中的重要性有了进一步的认识，朗读能力也在逐步提升中（如可以准确、大声地朗读，不中断也不拖泥带水等），但是距离流畅、优美的朗读（如古诗文要读得慢些，读出音韵美感，读出景美情美等）还有一定的距离。此外，如何正确地处理重音、停连、语调、节奏等，将朗读建立在古诗文理解的基础上，更是学生们学习中有挑战性的问题。这些朗读能力的培养，仍然需要循序渐进、坚持不懈地进行。

同时，通过这些作品的学习，学生在感知诗歌大意层面更进了一步，能够结合写作背景、诗中关键词语，初步对诗的情境有所认识，对诗的思想情感有所感悟，对诗的艺术手法有所领悟。对于文言文的学习，学生初步掌握了方法，能够借助注释和工具书疏通文义，能从文言文故事和寓言中欣赏古代人物的风采，收获思想的启迪。这些都为本专题的学习打下了良好的基础。

2. 学习目标

（1）基础学习目标

目标1：反复朗读，体会古代诗文语言简洁、音韵和谐的特点。

目标2：仔细品读，能在理解诗文基本内容的基础上，说出诗人表达的情、志、理。

目标3：知人论世，能简单说出诗人生平经历、时代背景与诗人情感之间的关系。

目标4：比较阅读，从诗人不同时期的诗文作品中感受逆境中的诗心。

（2）深度学习目标

从刘禹锡不同时期的诗文作品中感受其逆境中的诗心。

（3）学习问题设计

1）基本问题

问题1：初读诗文，读出音韵美。

问题2：品读诗文，读出情感美。

问题3：拓展阅读，读出境界美。

2）深度学习问题

体会关键词句和创作手法在诗词表情达意上的重要作用，领悟诗人越挫越勇的豪壮情怀，并通过朗读传达出自己对诗歌、对诗人的理解。

二、单元教学实施

（一）安排课堂教学内容，指导学生学习活动

1. 第 1、第 2 课时

学习目标：指向单元基础学习目标。

目标 1：预习《秋词》《陋室铭》《酬乐天扬州初逢席上见赠》，疏通字音、文义。

目标 2：反复朗读，圈画重音、停顿、语调及节奏变化。

学习方式：教师指导下的自主学习。

学习任务：预习《秋词》《陋室铭》《酬乐天扬州初逢席上见赠》，疏通字音、文义。反复朗读，圈画重音、停顿、语调及节奏变化。

学习环节

环节一：教师提出任务，学生明确自主学习内容。

预习《秋词》《陋室铭》《酬乐天扬州初逢席上见赠》，疏通字音、文义。反复朗读，圈画重音、停顿、语调及节奏变化。

基础学习问题

问题 1：疏通《秋词》《陋室铭》《酬乐天扬州初逢席上见赠》字音、文义。

问题 2：用"．""/""↗↘→"在纸上标出每句诗的重音、停顿和语调。

问题 3：用折线图 在纸上标出 4 句的节奏变化。

环节二：学生在教师指导下完成自主学习笔记。

课后作业：在课堂学习任务的基础上，完善自主学习笔记。

2. 第 3、第 4 课时

学习目标：指向单元深度学习目标。

深度学习目标：在诗词品读的基础上，把握感情基调，能正确使用重音、停顿、语调和节奏等技巧朗诵《秋词》《陋室铭》《酬乐天扬州初逢席上见赠》。

学习方式：教师指导下的合作探究学习。

学习任务：分组合作探究完成情境学习任务，依据评价改进本组的表现。

学习环节

环节一：教师布置小组探究合作情境任务，讲解持续性评价。

情境学习任务：

① 小组合作，用符号标注诗文的句内停顿，把握感情基调和语调，组内根据标注练习朗读。

② 小组合作，用符号标注诗文的重音，用折线图表示节奏变化，结合诗句探讨标注理由。全班交流，在品读词句中明确朗读技巧的运用，体会诗人情感。

③ 课上拓展阅读刘禹锡其他时期的代表作，课外拓展阅读《刘禹锡传》，感受刘禹锡的刚毅豪猛之气。

情境学习任务持续性评价规则如表 2-3 所示。

表 2-3　情境学习任务持续性评价规则（2）

项目	评价规则描述	等级
重音、停顿、语调	① 用 "." "/" "↗↘→" 在纸上标出每句诗的重音、停顿和语调。 ② 结合诗句内容及诗人情感讨论：为什么要这样标注？	每项评价分 4 个等级，分别为：优秀、良好、一般、待提高
节奏	① 用折线图 ┤┤┤┤→ 在纸上标出 4 句的节奏变化。 ② 结合诗句内容及诗人情感讨论：为什么这样画？	
朗读	运用上面的朗读技巧进行朗读练习：① 齐读。② 每人读一句。③ 男女生分读。④ 推荐组内一名同学朗读。⑤ 按小组喜欢的方式朗读	

环节二：教师巡视指导。学生在组长的带领下，完成情境任务，分工书写小组合作学习成果。

环节三：各个学习小组在组长的带领下，分工练习展示学习成果，依据持续性评价改进本小组的表现。

3. 第5、第6课时

学习目标：指向单元深度学习目标。

深度学习目标：结合单元学习内容，学生能够理解刘禹锡作品的豪迈刚健。

学习方式：各个学习小组上台综合展示情境学习任务成果。

学习环节

环节一：各个学习小组上台展示情境学习任务。

小组展示汇报内容及具体要求，如表2-4所示。

表2-4　汇报内容及具体要求

汇报内容	具体要求
纸质成果展示	能用符号标注出每句的重音、停顿、语调。 能用折线图表示出4句诗的节奏变化
阐释理由	能结合诗句内容及诗人情感，逐句阐释清楚这样标注的理由
朗读展示	能综合运用重音、停顿、语调、节奏等朗读技巧进行有感情地朗读

环节二：教师和学生依据具体要求为各个小组提出反馈和建议。

环节三：教师总结本专题教学内容，并板书。

（二）课后反思

1. 基于"深度学习"理念，进行专题设计

该专题是笔者根据"深度学习"的理念和实践模型进行的课堂实践。该单元以小组合作探究基调、重音、停顿、语调和节奏等朗读技巧在古诗文中的运用为主要活动，借助小组合作学习和小组汇报等持续性评价帮助学生达成"体会关键词句和创作手法在诗词表情达意上的重要作用，领悟诗人越挫越勇的豪壮情怀，并朗读传达出自己对诗歌、对诗人的理解"的学习目标。在课堂上，我们可以看到学生积极参与，全身心投入，学习热情高涨，真正成为学习的主人。这就是"深度学习"教学改进项目带来的可喜的课堂变化。

2. 基于教学重点进行活动设计

该专题的核心任务是：如何通过朗读把《秋词》《陋室铭》《酬乐天扬州初逢席上见赠》的情感更好地传达出来，即把朗读建立在理解的基础之上，进而体会古诗文之美。这是初中阶段古诗文教学的重要内容。课程标准中强调朗读对于语文学习的重要性。而古诗文具有真挚的情感、和谐的旋律、凝练的语言、深邃的意境等特点，大声反复朗读自然更能体会到其中的韵味。在小学阶段，

学生们已经训练过朗读。在初中阶段，应在小学阶段以诵读为主感知诗文大意的基础上，引导学生反复朗读古诗文，在朗读中理解作品大意，感悟思想情感，对艺术手法有所领悟，进而激发他们对古代诗文的学习热情，让其浸润于古诗文作品中，潜移默化地被熏陶感染。

3. 基于"核心素养"进行问题设计

以《秋词》中"为什么'胜'字要重读？"为例。这一问题培养了学生语言建构与运用的能力，学生需要在充分理解诗歌内容和情感的基础上，用语言清晰地陈述出自己的理由，以达到和小组进行合作探究及全班交流的目的。另外，追问"胜"字重读的原因促进了学生思维的发展与提升。例如，学生可能只从解词连句的角度来分析："胜"字，是胜过的意思，在刘禹锡的眼中，秋天比春天还要美好，所以重读。为了促进学生思维的发展与提升，教师可以追问：刘禹锡认为秋天比春天好不是很正常的事情吗？咱们同学刚刚也说了喜欢秋天的很多理由啊。这时，学生们可能就意识到要联系第一句来谈，自古以来人们都认为秋天冷清萧条，而刘禹锡认为秋天比春天还要美好。这就是用联系、对比的方式来思考问题了。接下来，教师还可以继续追问：为什么自古以来人们遇到秋天都悲叹其冷清萧条呢？你能展开想象说一说他们眼中秋天的画面吗？这个问题可以激发学生的联想、想象，把诗句中的语言文字变成脑海中鲜明的形象或画面，培养审美鉴赏与创造能力。另外，要适时引导学生阅读教材中的补充资料，了解悲秋是古诗中的常见主题，增强学生对中国传统文化的理解与感悟。

附：情境学习任务展示课堂实录

师：上课之前，老师想问个问题，你们喜欢秋天吗？为什么？

生1：老师，我喜欢秋天，因为秋天有美景给我们欣赏。

师：好，他说得特别好。可以赏景，是吧？好，你说。

生2：我当然也喜欢秋天了，因为秋天是收获的季节，我们可以吃上很多新鲜美味的食物，比如苹果。

师：秋天可以观景，还可以赏味。秋天是收获的季节，它包含着丰富的含义，给我们带来很多的乐趣，很好。还有别的角度吗？你说。

生3：老师，我觉得秋天是有诗意的，因为秋天有那么多景色，我们可以即兴作诗。

师：你真敢说呀，万一我要接下去，你会不会作诗一首，你是提前准备了吗？

生3：不是。

师：你就这么一说，是吧，哈哈哈哈。

生4：那当然，还有美味的阳澄湖大闸蟹。

师：还有别的角度吗？你说。

生5：我不喜欢秋天，秋天各种疾病高发。

生6：我也不喜欢，秋天多阴雨，出去也玩不好，虽然景色挺美的，万一你玩着玩着就开始下起雨呢。我不太喜欢。

师：一场秋雨，一场寒。感觉特别的凄冷。

生7：我倒是觉得冷点无所谓了，夏天的时候太热。秋天的时候正好稍微凉一点，秋高气爽。

师：有对比了哈，好，请坐。没人说，我能说吗？哎，我今天早上来我就想万一哪个同学要是反问我一句呢，说："老师，你喜欢秋天吗？"我怎么说？正好我从食堂出来，路过操场旁边的那棵玉兰树，叶子飘落了一地。我就童心大发，我就踩，我踩过去之后，我就听，听见咯吱咯吱的声音。我回头一看，一位男老师好像也童心大发，他也在那儿踩树叶。看来，秋天还可以让我们听到美丽的声音对不对？

师：同学们有这么多喜爱秋天的理由。今天，我们要来学一首刘禹锡的《秋词》，来看一看刘禹锡，他喜欢秋天吗？他的理由又是什么。请同学们把语文书拿出来。首先请同学们自由朗读，你觉得，刘禹锡他喜欢秋天吗？你是从诗句中的哪些地方读出来的？好，现在开始自由朗读。

师：读完了是吧？谁来说说，刘禹锡喜欢秋天吗？

生1：我觉得他肯定是喜欢秋天的。我言秋日胜春朝，春朝，它非常美好，鸟语花香，刘禹锡却说秋天比春天还要好。

师：他抓住了特别关键的句子，我言秋日胜春朝。刘禹锡是喜爱秋天的。那么，既然刘禹锡是喜爱秋天的，我们在朗读一首诗歌的时候，应该带着怎样的感情基调呢？

生：赞美的，愉快的，轻快的，亲切的。

师：还有吗？

生：豪放的，热情的。

师：好。喜悦的，歌颂的。好，我不一一说了，总之我从同学们的这些词当中能够感受到，应该用昂扬向上的感情基调去读它。是不是？好，那现在老师给你们时间，你们自由地再练习一下，用这样的感情基调把这首诗再来读一读。

生：读。

师：好，我们来齐读一遍。

生：齐读。

师：张同学，我感觉你朗读得特别好，你来点评一下，你觉得同学们刚才的齐读怎么样？

生1：我觉得读得挺好的，挺有感情的。

师：已经很有感情了，非常好。还能读得更好吗？你觉得同学们还有潜力吗？

生1：还能读得更好。应该还能读得再稍微齐一些。

师：哈哈，你觉得读得不齐哈。我必须得出示PPT，一般我们在说朗读的评价标准的时候，是不是老师一般都会说，请你正确、流利、有感情地朗读。张同学对大家的评价是，你们已经读得非常有感情了，但不太齐。小目标我觉得太好达到了。能不能我们再有感情点？和刚才的我们再比较一下，咱们试一试。

师：朗读对于学习古诗是非常非常重要的，在朗读古诗的过程当中，我们能够感受到诗歌的音韵美、节奏美。能够感受到凝练的语言中蕴含的丰富的内容，也能够感悟诗歌中寄寓的情感。下面我们就一起去仔细地品读《秋词》这首诗，看一看我们如何能用我们的声音，把对这首诗的理解能够更好地朗读出来。请同学们看小组合作学习的具体内容，我不读，自己看有没有问题。时间只有十分钟，每项内容你们只有两分钟。时间非常紧张，请组长控制一下时间。

生：小组讨论。

师：可以了吗？哪个组先来？

生1：自古断句，逢秋断句，悲加重，还要延长。原因是悲是动词，我们要加重一下，表达诗人的情感。自古逢秋悲寂寥，这句话是写自古以来，每当遇到秋天呢，气氛都是有点悲伤的，我们认为这份情感应该往下一点，显出一些悲伤的气氛。但是后面那句，我言秋日胜春朝，说出了诗人刘禹锡特别喜欢秋天，比春天更喜欢。我们认为这句应该往上，因为体现了诗人对秋天的喜爱。晴空一鹤排云上，看见一只鹤，推着云飞上了天空，诗人看到应该是更加高兴的，我们的情感还是要往上扬。便引诗情到碧霄，展现了诗人的志向，对秋天的喜爱。这是我们小组画的关于诗人情感的折线。第一句，我们的情感是稍微在水平线以下有点偏悲伤的，我们第一句是往下画了两格。第二句，我言秋日胜春朝，"胜"字就很好地体现了诗人对秋天的喜爱，胜于对春天的喜爱。而春天，花红柳绿是非常美好的，春天是生机勃勃、万物复苏的季节，而诗人对秋天的喜爱甚至胜于对春天的喜爱。我们知道情感一定是上扬的，我们就向上画了三格。晴空一鹤排云上，看到了秋日晴空万里，还有鹤推云直上，这都是秋的美景，诗人看到心里难道不会高兴吗？那必然是再往上，这首诗的情感到达巅峰，便引诗情到碧霄，没有之前那么激动，没有那么高兴，但是仍然是比较愉悦、激动的心情。我们往下降两格，但是总体来讲还是高兴的。我们的折线统计图先下降再上升，到达巅峰之后再下降。

师：说完了？我发现你们小脑子特好使。大家还有哪些补充意见或者不同意见？我给一分钟时间快速讨论，一会儿来说。

生：讨论。

生2：我们组都认为第一句肯定是比较悲，它下来了。第二句和第三句，到达了感情的高潮，第四句相对于第二、第三句显得过于平静了，说明他的感情相对下来了。

师：那我们看看，两幅图的不同在于第几句。第一句，其实你们觉得走势是一致的，对不对？都是第一句是比较低的，对不对？第一句在写什么内容？

生：第一句在写自古以来那些文人墨客对秋天的冷清萧条的悲叹。

师：这首诗，首先是议论起笔，调子往下走的没问题吧？第二句是在讲自己的观点，抒发自己对秋天的一种喜爱之情。很明显我们可以从走势就能看出来，它是怎样的写作手法？

生：对比。

师：非常好，两相对比。前两句没有问题了，现在我们的矛盾之处就在于第三句到底怎么走？

生1：我还是认为第三句应该要比第二句的感情更上扬一些。我们现在对秋天也是非常喜欢的，咱们校园里有那么多玉兰，都很美丽，当你在秋天看到晴空一鹤排云上，晴空万里一只鹤就那么推着云飞到蓝天上，是不是大家心里会更加高兴呢？我认为应该不完全是持平的，应该还是要高一些的。

师：为啥呢？为啥看到这景象我就高兴了呢？

生1：因为，晴空一鹤排云上引出豪迈的诗。

师：说到第四句了哈，你说？

生3：我们认为晴空一鹤排云上，他看到这样美丽的情景应该是激动的，我认为晴空一鹤不应该断开，应该是连着的。

师：我明白了，你是想让晴空和一鹤组成一幅画面。

你们俩的焦点是第三句，解决问题最好的方法是我们再回到诗句里面去，我们抓住诗句当中的一些关键的字词。你先说。

生4：我认为他应该是看到了晴空一鹤排云上，他才能作诗的，他的喜悦之情溢于言表。跟《观沧海》差不多。

生5：我的观点也是往上走，因为你看诗里面有"排"和"上"字。大家想一下什么东西青云直上呢？前面一鹤到底是指一排鹤呢，还是一只鹤呢？不错、不错，是一只鹤。它就一定是一只仙鹤，它是排云上的，"排"是不常用的动词。还有"上"字，代表着诗人的感情，也应该往上的。

师：你说的点太多了，我得仔细地分析。来先说"排"字，诗人写诗，确实特别注重炼字，对不对？选择字他可是有讲究的，不是随便抓。"排"是什么意思？看注释。

生：推开。

师：那现在我们尝试给它换一换。比方说，我不说晴空一鹤排云上，我说晴空一鹤飞云上，好不好？

生6：我认为"飞"是不行的，因为"飞"太直接了，没有一种渲染意境的能力，没有诗意了。

生7：我认为不能加"飞"，这个字太寻常了，没有任何艺术情感在里面。

生8："排"还有一种拟人的感觉在里面，因为有一种特别有力的感觉。

师：特别有力量是吧？来，那我再给你换字，晴空一鹤破云上，有力量吗？

生9：书上面说了，隐约能感觉到，诗人因支持变法遭到贬谪越挫越勇的豪壮情怀。

师：有阻碍对不对？云好像一些阻碍对不对？"排"，推开那些困难是吧？"破"呢？好像还挺容易的，它就飞上去了。那我们再读一读。我们从声音的角度再来感受一下。

师生共读。

师：比较一下，气势没了是吧？晴空一鹤排云上。飞上去了，气势就出来了，力量也就出来了。

师：继续刚才这位同学的问题，那你说为啥不是一群鹤呢？一群鹤飞上天，推开云朵上去，那不是更有气势吗。

生10：结合背景，他不是一群人。

师：既然两名同学都提到了教材给我们的学习指导，那咱们拿笔把这句话画一下。

师：画好了是吧？也就是说这首诗是写于作者被贬谪的背景下，对不对，所以好像同学们不是看到一只鹤了，而看到的是诗人自己。那为啥他偏说是鹤呢？

生11：老师，我突然想到了鹤立鸡群。

师：哎哟，你这联想太好了哈，我也给你说一个，风声鹤唳、闲云野鹤、松鹤延年……

生11：鹤是为了表达自己比较高洁嘛。虽然他变法失败了，但是他不管被贬到什么程度，他认为自己都是高洁的。

师：他说鹤有一种高洁的味道在里面，就是说这只鹤有精神、有意志了，对不对？一群，那是以数量取胜，但是一只鹤呢，是以它的意志和力量，因精神而取胜。

师：我们再说一下，一只鹤是在什么样的背景下排云直上的？

生12：这只鹤是在天空布满云彩的时候，它是推开飞上天去的。如果我们将鹤比作诗人的话，那云其实就可以代表诗人所遭遇的贬谪、他所遭遇的挫折。虽然不被人理解，但是依然会飞到蓝天上去。

师：说得非常好。他已经发现不仅鹤背后有内涵了，他分析出点意思了。

师：既然这样，那鹤它不在晴空飞吗？为什么要在晴空和一鹤之间要断一下？晴空一鹤不就得了吗？

生13：晴空和一鹤是两个不同的事物，所以我认为他们两个断一下还是有点必要的，比较浅层的。

师：从意义上来说，是两个词儿，晴空是晴空，一鹤是一鹤，要根据音节来断一下，说得很好。

生14：我觉得如果把它连起来变成晴空一鹤，就只突出了鹤，如果断开，既突出了"晴"也突出了"鹤"。而且我觉得为什么不写蓝天一鹤或者阴天一鹤，要写晴空一鹤呢？

师：你说得真好。你看下一首诗，巴山夜雨涨秋池，那和晴空可就不是一个感觉，意象的选择是特别重要的，是不是？后面还有一句跟晴空同义的词，是什么？

生：碧霄。

师：晴空、碧霄，都是蓝天的意思。品味一下，是不是把语词放开，还能让我们有空间去想象一下画面。我们看到了怎样的秋天？

生：响晴的。

师：秋天是响晴的、明亮的，从空间感上来说特别的广阔。在这样晴朗的、明亮的、广阔的背景下，我们看到一只鹤推开云朵直冲云霄。第三句可以了吗？

生2：不同意。第三句是第二句的原因。

师：好。朗读可以有自己的理解。咱们再来朗读试试。当我在读第三句的时候，我们感受一下是怎样的走势。

生：齐读。

师：你读的时候，胜春朝、排云上还要往上是吧？当然，也许你觉得两句都很高昂，这种理解没问题。好，我们继续讨论最后一句。

生15：我认为应该上去。因为要让诗情冲过天空到达云霄了，难道这时候不应该更激动吗？我认为这时候不能往下掉，应该更往上才对。

师：诗情本来是无形的，但是在这里边好像变成了有形的，我好像就看着诗情到了碧霄。

生2：大家关注诗里面的词，"便"这个字可以连接上面，因为我言秋日胜春朝，晴空一鹤排云上，所以才引起我的诗情到了碧霄。它是有因果关系的，应该是诗人的心情更归于平静。

师：我的情感还余味悠长是吧？非常的复杂。

师：那我们看一看他在贬谪期间，他又生发了怎样的诗情。

师生共读《浪淘沙》（其一）（其八）、《酬乐天扬州初逢席上见赠》。

师：刘禹锡被贬，一贬就是23年，我们可以想象他会遭遇哪些人生磨难。但是我们从他的这些诗情来看，他有没有改变人生底色呢？他的人生底色是什么呢？

生：豪迈、乐观、坚持不懈、积极进取、坚定自信、越挫越勇……

师：有篇文章说，刘禹锡差不多如苏轼一样，屡遭贬谪，屡受暴击，但越活越精神，越活越旷达，越活越有生命气象，最终历经七代帝王回到长安，照样大碗喝酒，大口吃肉，指点江山，不亦快哉？

师：那么就让我们带着一种豪迈的感情，把这首诗再来读一读。

生：齐读。

师：同学们，在秋意浓浓的日子里，我们一起品读了一首秋词。秋天里，我们可以闻声、赏味、观景，我们也可以品诗、知人、悟情，正是因为有这样的美好，让我们在秋天里更加乐意无限。下课！

第三节　探索点亮智慧
——数学八年级上册第十二章单元教学设计与实施

谢琳

一、单元教学设计

确定预期的学习目标

1. 学习主题：探索点亮智慧
学习主题解读

（1）单元课标相关要求

《义务教育数学课程》标准（2022）年版第四学段（7～9年级）中有如下内容。

课程理念：课程目标以学生发展为本，以核心素养为导向，进一步强调学生数学基础知识、基本技能、基本思想和基本活动经验（简称"四基"）的获得与发展，发展运用数学知识与方法发现、提出、分析和解决问题的能力（简称"四能"），形成正确的情感、态度和价值观。

丰富教学方式：改变单一的讲授式教学方式，注重启发式、探究式、参与式、互动式等，探索大单元教学，积极开展跨学科的主题式学习和项目式学习等综合性教学活动。根据不同的学习任务和学习对象，选择合适的教学方式或多种方式相结合，组织开展教学。通过丰富的教学方式，让学生在实践、探究、体验、反思、合作、交流等学习过程中感悟基本思想，积累基本活动经验，发挥每一种教学方式的育人价值，促进学生核心素养发展。

重视单元整体教学设计：改变过于注重以课时为单位的教学设计，推进单元整体教学设计，体现数学知识之间的内在逻辑关系，以及学习内容与核心素养表现的关联。

　　单元整体教学设计要整体分析数学内容本质和学生认知规律，合理整合教学内容，分析主题—单元—课时的数学知识和核心素养主要表现，确定单元教学目标，并落实到教学活动各个环节，整体设计、分步实施，促进学生对数学教学内容的整体理解与把握，逐步培养学生的核心素养。

　　强化情境设计与问题提出：注重发挥情境设计与问题提出对学生主动参与教学活动的促进作用，使学生在活动中逐步发展核心素养。

　　评价结果的呈现与运用：评价结果的呈现应更多地关注学生的进步，关注学生已有的学业水平与提升空间，为后续教学提供参考。评价结果的运用应有利于增强学生学习数学的自信心，提高学生学习数学的兴趣，使学生养成良好的学习习惯，促进学生核心素养的发展。

　　（2）单元内容分析

　　本单元的知识内容为人教版八年级上册第十二章"全等三角形"，立足"探索点亮智慧"主题开展本章教学设计，突出对全等三角形问题探究方法的培养。

　　中学阶段重点研究的两个平面图形间的关系就是全等和相似，本章将以三角形为例研究全等，对全等三角形研究的方法对于后面探究几何问题提供了思路。本章将借助对全等三角形的探究进一步培养学生的推理论证能力，主要包括用分析法分析条件与结论的关系，用综合法书写证明格式，以及掌握证明几何命题的一般过程。在学习过程中，渗透图形结合的探究意识，体现对几何图形研究的基本思想和方法。

　　第12.1节首先介绍了现实世界中的全等现象，从"重合"角度引入全等形的概念，通过对图形的特征归纳，明确定义，引出对全等三角形性质的探究。

　　第12.2节教材构建了一个完整的探究三角形全等条件的活动，根据对各判定方法学习要求的差别设置了不同的学习方式，通过学生作图实验、猜想结论明确判定方法。

　　第12.3节以探究平分角的仪器的工作原理引出对角平分线性质和判定，并理解逆定理的概念。

　　（3）学情分析

　　在之前的学习中，学生通过几何学习直观认识了线段相等和角相等的关系，知道了两条直线平行和相应角相等之间的关系、平移前后新旧图形具有全等关系，了解了三角形中所蕴含的线段或角的相等关系，而学生在生活中的折纸等活动帮助建立重合的经验，通过探究活动建立与全等三角形的联系。利用已有研究平面图形的经验，通过作图、测量等活动对角平分线的性质判定进行研究，为后续几何学习奠定基础，培养学生利用已有研究实现自主探究。

综上所述，在几何学习中，学生的动手操作和自主探究对于运用几何思想、发现几何结论具有积极的意义，要聚焦深度学习的"学会什么""怎么学"的核心问题，立足学生核心素养的培养，相关学情分析如表2-5所示。

表2-5 学情分析（2）

	学生已知	学生将提高
知识技能	与三角形有关的线段，与三角形有关的角、多边形及内角和	全等三角形的概念、全等三角形的性质和判定、角平分线的性质和判定、从研究一个三角形提升为研究两个三角形的关联
数学思考	基于三角形的学习熟悉观察、实验、猜想的活动经验，掌握合情推理和简单的演绎推理	发展证明、综合实践等数学活动经验，发展合情推理和演绎推理能力，清晰地表达自己的想法
问题解决	初步学会从数学的角度发现问题和提出问题，获得分析问题和解决问题的一些基本方法	体验解决全等三角形相关问题方法的多样性，发展创新意识
情感态度	积极参与数学活动，对数学有好奇心和求知欲	通过探究活动的参与，养成独立思考、合作交流、反思质疑等学习习惯
数学学科活动	1. 全等图形在图案设计中的利用； 2. 用全等三角形研究"筝形"	

2. 学习目标

（1）基础学习目标

目标1：理解全等三角形的概念，能够准确地识别全等三角形的对应元素。

目标2：探究三角形全等的判定方法、角平分线的性质，掌握判定三角形全等的基本事实。

目标3：能利用三角形全等进行推理证明，用三角形全等证明角平分线的性质。

目标4：会做角的平分线、会做一个角等于已知角。

（2）深度学习目标

通过本单元的学习，使学生充分经历探究过程，明确探究目标，形成探究思路，发现探究结论，掌握探究工具，从而提升推理论证的能力。

（3）学习问题设计

1）基本问题

问题1：探究什么是全等三角形，全等三角形具有哪些性质。

问题2：探究如何判定两个三角形全等。

问题3：探究角平分线具有哪些性质。

2）深度学习问题

如何综合运用所学全等三角形知识建立数学模型，以解决现实情境中零件制作的问题？

二、单元教学实施

（一）安排课堂教学内容，指导学生学习活动

1. 第1、第2、第3课时

学习目标：指向单元基础学习目标。

目标1：理解全等三角形的概念，能够准确地识别全等三角形的对应元素。

目标2：探究三角形全等的性质。

学习方式：教师指导下的自主学习。

学习任务：交流汇报——全等三角形知多少？

学习环节

环节一：如何理解全等三角形的定义？如何探究发现全等三角形的性质？

问题1：什么是全等形？什么是全等三角形？

问题2：构成三角形的几何元素有哪些？如何准确识别全等三角形的对应元素？

问题3：平移、旋转、轴对称后的三角形与原三角形有什么关系？

问题4：全等三角形具有哪些性质？

环节二：如何探究发现全等三角形的判定？

问题1：两个全等三角形满足三组边相等，三组角相等，能否在上述条件中选择部分条件，简捷地判定两个三角形全等呢？

问题2：探究满足3个相等条件的三角形是否与原三角形全等。

问题3：对于两个直角三角形，除了直角相等的条件，还要满足几个条件，才能证明这两个直角三角形全等？

问题4：全等三角形的判定方式有哪些?

环节三：探究角平分线的性质和判定。

问题1：探究角平分仪蕴含的数学原理是什么。

问题2：探究角平分线的性质是什么。

问题3：探究角平分线上的点具有什么特征。

问题4：体会从验证到证明的过程有哪些不同感受。

课后作业：

① 总结梳理全等三角形的定义、性质和判定，绘制一个平移、旋转和轴对称后的三角形，识别全等三角形对应的几何元素;

② 小组汇报展示一道运用全等三角形性质判定解决的证明题;

③ 继续改进制作角平分仪,体会角平分线性质,判定其在问题解决时的价值。

2. 第4、第5课时

学习目标：指向单元深度学习目标。

深度学习目标：通过综合运用全等三角形和角平分线的相关知识，多元解决实际问题，培养学生的探究意识。

学习方式：教师指导下的合作探究学习。

学习任务：分组合作探究完成情境学习任务，依据评价改进本组的表现。

学习环节

环节一：教师布置小组探究合作情境任务，讲解持续性评价。

情境学习任务：居里夫人凭借坚持不懈、科学探究的精神，造就了伟大跨越时代的发现，可见科学探究对于改变未来生活具有非凡的意义。

因此创设以下问题情境：

未来工厂负责加工飞船零部件——制作满足一组邻边 CD、CB 相等的四边形 ABCD。

制作要求：AC 平分 ∠BAD；∠ABC+ ∠ADC=180°

图纸说明：

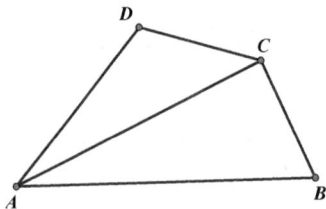

情境学习任务持续性评价规则如表 2-6 所示。

表 2-6　情境学习任务持续性评价规则（3）

项目	评价规则描述	等级
积极发现问题	能够理解实际问题情境，提取制作零件的关键信息，初步建立条件之间的关联，确立知识与情境之间的关联，初步确立数学模型	每项评价分 4 个等级，分别为：优秀、良好、一般、待提高
多元探究问题	结合图形挖掘条件的解题价值，积极探究多种解决方式，加深对问题本质的理解，体现蕴含的数学思想	
清晰逻辑表达	发展合情推理和演绎推理的能力，几何语言表达条理清楚、逻辑清晰、简洁规范	
优秀小组合作	小组成员各自发挥优势、共同学习、互相合作	

环节二：教师答疑指导。学生合理分工，在组长的带领下，完成小组学习任务，分工书写，以思维导图的形式呈现小组学习成果。

环节三：各个学习小组在组长的带领下，依据持续性评价标准，改善小组学习成果，分工练习展示学习成果。

3. 第 6 课时

学习目标：指向单元深度学习目标。

深度学习目标：结合单元学习内容，学生能够理解科学研究的精神。

学习方式：各个学习小组上台综合展示情境学习任务成果。

学习环节

环节一：各个学习小组上台展示情境学习任务。

环节二：教师和学生各个小组依据评价为各个小组提出反馈与建议。

环节三：教师总结本教学内容，并板书。

（二）课后反思

该设计是基于"深度学习"理念的初中数学单元教学设计与实施，该单元教学内容是全等三角形，教材内容为 3 节，设计为 6 课时。通过指导学生总结梳理全等三角形的定义、性质和判定，绘制一个平移、旋转和轴对称后的三角形，使学习能够自学并识别全等三角形对应的几何元素，能够掌握单元基础知识内容。接下来教师布置单元情境学习任务，师生共同制定情境学习任务的评价，采用小组合作探究的教学方式，指导学生运用单元学习的知识解决生活中的实际问题，让学生经历发现问题——探究问题——大胆猜想——提出假设——调整方案——解决问题这样的科学研究的过程，体会严谨的科学研究的精神。

在这样的学习过程中，学生将学科知识建立起联系，运用学科知识解决生活中的实际问题，在解决问题的过程中，落实了学科核心素养，提高了解题和处理复杂问题的能力。

不足之处是，如果情境学习任务的设计能更贴近学生的生活就更好了！

附：情境学习任务活动课堂实录

师：之前语文老师带领我们领略了居里夫人的人文科学精神，下面我们共同来看一下居里夫人说过的一句话，下面请一位同学声音洪亮地给咱们读一下，你来，好吗？

生：科学的研究与探讨，其本身就含有至美，其本身带给人们的愉快就是酬报。

师：同学们细细地品味一下，这句话想表达的是什么呢？同学你来说说，最关键的是什么？取得成功依靠的是什么？

生：探讨和研究！

师：非常好，是探讨和研究。探讨和研究带给居里夫人的是快乐，所以探讨和研究也一定具有改变未来的力量。下面的环节就开始数学的学习。今天我们来研究一点神秘的内容——变形记，从角平分线谈几何构图。同学们打开笔记本。

首先我们来看未来交给我们的任务。未来工厂负责加工飞船零部件，加工出来的合格零部件应该满足一组邻边 CD、CB 相等的关系，其中说到两点要求：AC 平分 $\angle BAD$，$\angle ABC$ 加上 $\angle ADC$ 等于 $180°$，这边是我们看到的图纸。

同学们，面对这样的一个实际问题，我们心中有怎样的思考呢？你需要解决的问题和你原始想法是什么呢？我们要从哪个角度切入以解决数学实际问题呢？同学们随便说。

生：先过点 C 向 AB 做两条垂线保证 $180°$。

师：哦，方法都出来了。对这个问题的思考，一定是基于什么？

学生：条件。

师：对，基于题目的制作要求从几何的角度说叫作条件。那好，既然有了条件，就一定有什么呢？就有我要实现的目标！

生：结论。

师：好，所以在分析一个问题的时候，真正地按照咱们的思维的路径展开。第一个我们先要对实际问题来进行分析。从几何角度来说，我要分析这个问题的题设，也称之为条件，我还要去分析这个问题的结论。现在我们是不是非常清楚了它的题设和结论部分？好，那么下面的时间就交给大家。我们来提一下要求。要求是这样的，给大家8分钟时间，其中4分钟是独立思考，不讨论；尽量用多样的方法解决这个问题，当然你们都是最棒的。在进行问题解决的时候若添加辅助线要写清楚辅助线添加方式，证明过程简写思路即可；不用将解题过程写出来；另外的4分钟是我们小组交流时间，同学们要互相展示、总结研究的成果，明确汇报任务的细致分工；我们要控制讨论音量，不影响他人。好吗？下面的时间就交给大家。

（学生思考，4分钟后）

师：相信大家对这个问题都有了自己的想法，下面的4分钟我们进行小组内部的交流。一方面交流解法，另一方面按照小组所坐的位置，每位同学按照顺序承担组内分工任务。比如说第一位同学负责汇集辅助线作图；第二位同学讲解每一种辅助线添加方法是什么，这是重点；第三位同学要善于表达，能够把大家的意见和想法汇总，表达清楚；第四位同学可以回答其他组对于讲解中的疑问，下面开始讨论。

（学生讨论，4分钟后）

师：好了，下面我们来看一下讲解过程中的评价标准，希望你们上来讲的时候比老师讲得好。一定要关注以下几个维度：第一是讲解时语言要表达清楚，不要着急，书写板演工整，把你添加辅助线的方式写在图形上端，要与图形匹配。第二是我们的解析证明过程要关注核心知识，大家可以看到我们的板书中有核心知识，如果你在讲解这道题时用到的核心知识前面的同学们没有提到，你将它写在黑板上进行补充。第三是分析的时候要求清楚到位，逻辑思路清晰。不能有的地方含糊过去。一定要小组配合，如果他在某个地方没有讲清楚，其他同学补充一下。另外还要总结，思考我们的解题过程，探索一般性的规律，从题中跳出来，看到更多解决一类题目的方法。下面的时间就交给同学们，谁来做第一组？同学们，来掌声！

其他同学一定要落实，打开笔记本，拿出这道题，先做好学习的准备。

好了，还有声音，安静，看黑板。

生：这道题最终保证 AC 平分 $\angle BAD$，$\angle ABC$ 加上 $\angle ADC$ 等于 $180°$。我们需要作出 AC 平分 $\angle BAD$，做法我写在这里了，就是说做角两边的延长线一边至 O，一边至 P，以 A 为圆心画一个圆弧，再分别以 E、F 为圆心，以大于 EF 为半径画弧交于一点，交点在 $\angle AOP$ 内所以上面一定有点 C，点 C 在 $\angle BAD$ 的角平分线上，做射线 OC，所以 OC 即为 $\angle BAD$ 的角平分线了。这时候根据角平分线的定理，从点 C 分别做 CH、CG 垂直于 AO 和 AP，根据角平分线的定理我们知道 CH 等于 CG。

还有第二个条件就是 $\angle ABC$ 加上 $\angle ADC$ 等于 $180°$，此时必须得证明点 D 得处在这个位置，点 B 必须在角平分线的外面，又因为直线外平角定理，可以推出这两个角相等，然后根据 AAS 证明两个三角形全等，所以就可以推出 DC 等于 BC 了。

师：好，同学们听明白了吗？

生：听明白了。

师：有没有质疑？

生：没有。

师：都听明白了？我可有质疑的地方？我可以提问吗？

生：完全可以。

师：第一个问题就是在这个实际问题的解决过程当中，已知条件是什么？

生：应该是保证 AC 平分 $\angle BAD$，$\angle ABC$ 加上 $\angle ADC$ 等于 $180°$。

师：好，既然它是已知条件，我是否还需要再用画图的过程来验证它的成立？

生：不需要。

师：那么在解决问题的过程当中，咱们再明确一下什么是已知条件，同学们一起回答。

生：AC 平分 $\angle BAD$，$\angle ABC$ 加上 $\angle ADC$ 等于 $180°$。

师：好。它是不是已经在图形当中成立的？

生：是。

师：我们要证明的仅仅是它的什么？

生：结论。

师：所以在解决过程当中哪一个是多余的？你来说说。

生：证明角的平分线可以不用。

师：还有什么疑问吗？在处理问题当中应该用什么样的视角来看这个图？你们为什么这样去加辅助线？

生：我觉得应该是由定理推出，因为你要证明的是 $CB=CD$，它们与边的夹角是不一样的，你发现有180°，发现等角的补角是相等的，是新发现，要通过全等去证明。

师：谁和谁全等你能用阴影标出来吗？

（学生标注阴影）

师：好，标注给同学们看，是什么样的变换方式？感觉△OCB是怎么样到达△OGB的位置？

生：旋转！

师：试图角度我们可以写上旋转，感谢第一组同学。还有其他的解法吗？第二组同学上。咱们有没有核心知识与上一组不一样的？写辅助线的同学在这儿写。其他同学如果这种方法你没有实施的话请你记在笔记本上。第二组同学可以了吗？

生：我们组做的辅助线是 CQ，使 $CB=CQ$，所以就构造出△CQB 为等腰三角形。

在题中已知∠ABC 加上∠ADC 等于180°，因为等边对等角，所以这两个角相等。又因为等量代换，所以这个角加这个角也是180°，由平角定理可以知道这两个角互补，所以就证明出这个角等于这个角。然后咱们再看△ADC 和△AQC，因为 AC 是∠BAD 的角平分线，所以这两个角相等，因为有一条公共边，刚刚证明出来这两个角相等，通过角角边就能够证明这两个三角形全等。由构造等腰三角形可以知道 $CB=CQ$，又由全等可以知道 $CD=CQ$，全等三角形对应边相等，所以通过等量代换就可以证明出 $CD=CB$。

师：听明白了吗？但是我有一个疑问，同学们有没有疑问？

生：没有。

师：从落实书写的角度出发怎么书写更加简洁？

生：可以标号！∠1、∠2、∠3。

师：还有其他标角的方式吗？

生：α、β。

师：非常好，那么α、β和∠1、∠2、∠3标角有什么差异？

生：α是个字母，可以表示相等的角；β也是个字母，也可以表示相等的角，可以使这个图更加清楚。

师：同学们再点题，有什么差异？

生：因为两个角都用α表示，就更加清晰，一下子就直观地看出它俩是相等的。而如果标一个∠1、一个∠2就不知道这两个角是相等的。

师：也就是说相等是个什么关系？

生：数量关系。

师：是数量关系，如果我们能用α、β表示不同的量，书写就会更好落实。

师：有问题吗？好，你们来说。CB和CQ对应产生了α，然后标注∠D和∠AQC为β，解释一下。

生：因为我们做辅助线是$CQ=CB$的，所以等角对等边，两个底角α是相等的。由题设可以知道这个α和β的和是180°，而AB为一条线段，所以这个α和β的和也是180°。同角的补角相等，所以这两个就同是β。再由角平分线的定义可以知道，这两个角是 γ。

师：还有没有再简洁的了？其中哪个角可以被另外的角表示出来？

生：β。

师：β可以被怎么表示？

生：被α表示为180°−α。

师：还要注意表达简洁，思路清晰。感谢第二组同学。

（一位同学记辅助线，另一位同学准备说。）

生：我不知道对不对，就是刚刚想出来的。先延长AD使得$AE=AB$。这是角平分线，所以标注 ×，由已知条件标注∠B为α，∠ADC为β，此时可证△ACE与△ACB全等。因为$AE=AB$，两角等，公共边，运用SAS证明这两个大三角形全等。证完全等后，可以推出这个角等于这个角，所以α就过来这个三角形中。因为AE是条直线，所以这两个角也互补，因为等角对等边，所以$CE=CD$，又因为全等，所以$CE=CB$，就证明结论了。

师：非常好，还有吗？

生：我这个方法有一点点绕，但是我这个方法很新奇，作为增加的条件进行参考就可以了。过点 D 做 AC 的垂线段交 AB 于点 E，根据角平分线的定义我们标角 α，AC 与 DE 交于点 O，连接 EC。可推出 $EO=DO$。此时根据全等我们发现 $CD=CE$，此时我们又发现有很多角相等。通过推导我们可以证明 $\angle CEB = \angle CBE$，推出 $CE=CB$，最终推出 $CD=CB$。

师：你具有成为科学家的潜质，祝福你。咱们几种方法展示非常精彩，我不再在解法上进行补充。我们进行提升归纳，大家来看一下视图的角度。如果我们从视图角度来进行归类的话，那么这一类称它为旋转，把全等形按照点 C 旋转来进行构图。我们来看第二个视图，是利用等腰三角形构造全等，我觉得这个总结点还可以再提升。

生：轴对称。

师：非常好，这两个图形之间是什么关系？这个方法构造的两个三角形呢？

生：轴对称。

师：为什么？从角平分线本身去找原因。角平分线在角的对称轴上，具有对称性。最后一个图形我把它的线描出来，大家看它像什么？

生：风筝。

师：筝形中融合了很多等腰三角形所具有的性质。同学们可以下来把这些解法写一遍就都落实了。

分析问题以后，寻找题设和结论，然后猜想、证明、纠错，再探究，核心知识这块我们用到了几何相关知识。在数学思想方面，我们结合图形有直观的感受，这叫几何直观。敢看、敢想，然后在书写过程中培养推理能力，从实际问题中剥离出数学模型这叫作数学建模。最后在解决数学实际问题时，还需要特别重要的精神，对我们的未来非常有意义，就是应用创新的意识。最后留一个问题，我们能不能把这个零件做出来，在几何中"画图即证明"，画图也存在逻辑，所以希望大家能做出来。

12 班的同学，这堂课我们就上到这里，谢谢大家。

（指导教师：欧阳蕾）

第四节 科技改变未来
——八年级上册英语 Unit 7 *Will people have robots*？
教学设计与实施

刘丽萍

一、单元教学设计

确定预期的学习目标

1. 学习主题： Science and technology changes future（科技改变未来）
学习主题解读

（1）单元课标相关要求

《普通高中英语课程标准（2017 年版 2020 年修订）》提出了指向学科核心素养发展的英语学习活动观，即学生在主题意义的引领下，通过学习理解、应用实践、迁移创新等一系列体现综合性、关联性和实践性等特点的英语实践活动，基于已有的知识，依托不同类型的语篇，在分析问题和解决问题的过程中，促进自身语言知识学习、语言技能发展、多元思维发展、价值取向判断。

《义务教育英语课程标准（2022 年版）》中描述，英语课程围绕核心素养（语言能力、文化意识、思维品质、学习能力）达到如下目标：发展语言能力，培育文化意识，提升思维品质，提高学习能力。

学段目标中要求学生能在读的过程中，围绕语篇内容记录重点信息，整体理解和简要概括主要内容；能围绕相关主题，运用所学语言，与他人进行日常交流；有正确的价值观和积极向上的情感态度；有自信自强的良好品格，做到内化于心，外化于行；能发现语篇中事件的发展和变化，辨识信息之间的相关性，把握语篇的整体意义；能多角度、辩证地看待事物和分析问题；能提取、整理、概括稍长语篇的关键信息、主要内容、思想和观点，判断各种信息的异同和关联；能根据语篇推断人物的心理、行为动机等，推断信息之间简单的逻辑关系；能从不同角度解读语篇，推断语篇的深层含义，做出正确的价值判断。

（2）单元内容分析

该单元围绕"对未来的世界和生活进行预测"这一功能项目，通过听、说、读、写等活动，让学生通过将一般现在时、一般过去时进行对比，学习如何运用一般将来时进行预测；通过特定的主题语境（人与社会—未来生活）让学生了解未来生活状态、城市环境及机器人在未来生活中的作用。语法项目是一般将来时的意义、构成及用法。最后通过对比过去和现在，预测未来的世界及个人未来的生活。将个人的发展与科技主导的未来生活紧密结合起来。

Section A：主要围绕"未来的世界"这一话题，运用一般将来时谈论对未来的预测。该部分通过情境中的听说活动感知"一般将来时对未来进行预测"的表意功能。体会 there be 结构在将来时中的运用，关注该结构中 more、less 和 fewer 的使用和意义变化。学会在简单语境下熟练运用、内化目标语言，体会一般现在时与一般将来时的区别。通过系列学习活动的设计，引发学生深度思考，从宏观的角度明确未来世界的变化与我们个人的生活息息相关。

Section B：通过学习有关职业、交通和居住场所的话题词汇，让学生对比自己过去、现在生活的样子并预测未来的生活。通过阅读并以情境表演的形式重新解构未来机器人，了解机器人过去与现在的状况，以及两派科学家对其发展的不同预测。最后通过开放性的学习活动，让学生通过小组讨论的形式思考像机器人这样的高科技产物在未来的生活中将怎样改变我们的生活。

该单元以机器人代表的高科技产物对于日常生活、城市环境、个人成长的影响为话题主线，通过学生自主学习和合作学习的学习方式，在教师创设的递进式的看、听、说、读、写的学习活动中开展、学习，引导学生逐层深入地思考科技对生活和自我的改变，并辩证地思考自我该如何应对这样的变化。

（3）学情分析

相关学情分析如表 2-7 所示。

表 2-7 学情分析（3）

	学生已知	学生将提高
知识技能	描述外貌（be like）、相关职业、交通、住房等词汇。八上 U5 want to be, U6 be going to do 谈论未来的计划	描述外貌（be like）、扩大相关职业、交通、住房等话题词汇。谈论自己未来的生活、未来的世界的样态
语法	simple present, simple past, be going to	在特定的语境下灵活地使用一般将来时

续表

	学生已知	学生将提高
思维品质	对世界和生活有初步的认识，但不深刻	批判地认识我们的世界、我们的生活，积极地面对问题并提出改善方法，能将个人的发展与未来生活的样子紧密结合起来
相关话题	八上 Unit 5 *Make plans with the sentence pattern "want to be"* Unit 6 *Talk about future intentions*	

学生在前一单元中已经学过了用将来时结构 be going to 来描述和阐释未来意图，包括职业理想和新年计划，学生对一般将来时 will 也在过往学习中积累了一定的经验。但是对 will 表示预测的用法使用不够准确。另外，学生对科技话题非常感兴趣，因为科技已经深入他们的生活，但是学生对于科技和自我的关系没有进行过深入的思考。

综上所述，教学需要基于深度学习的理念，引导学生开展自主学习和合作学习，在教师所创设的真实情境中，习得目标语言，并运用目标语言解决真实问题，进行深度思考并发表个人观点。

2. 学习目标

（1）基础学习目标

目标 1：能提取一般将来时的结构，并梳理一般将来时的意义。

目标 2：能够正确使用一般将来时描述未来世界在日常生活、城市环境、个人成长方面的变化。

目标 3：能理解以机器人为代表的高科技产物对未来生活的影响。

目标 4：能够设想机器人在未来生活中所发挥的作用，并且调整自我以适应未来的变化。

（2）深度学习目标

通过运用一般将来时谈论未来的变化，思考高科技产物将带给我们的影响，理解科技改变未来，科学技术是把双刃剑。

（3）学习问题设计

1）基本问题

问题 1：未来人们的日常生活、城市环境、个人成长会发生哪些变化？

问题 2：在未来生活中，机器人是否会进入千家万户并怎样改变我们的生活？

问题 3：在你大学毕业后，你的生活将会发生怎样的变化？

2）深度学习问题

探究在未来生活中，以机器人为代表的高科技产物将在哪些方面影响着人们的生活。

为什么科技改变未来？如何理解科学技术是一把双刃剑？

二、单元教学实施

（一）安排课堂教学内容，指导学生学习活动

1. 第 1、第 2 课时

学习目标：指向单元基础学习目标。

目标 1：自主梳理一般将来时的结构和意义，并能够初步运用。

目标 2：能用一般将来时对未来的日常生活、城市环境进行预测。

学习方式：教师指导下的自主学习。

学习任务：学习汇报（Learning Report）——我眼中的未来生活与环境（Life and City Environment in the Future）。

学习环节

环节一：基础学习问题，How will be world be different 100 years from now?

问题 1：Will kids have to go to school?（学习方式）

问题 2：Will people have much free time or less time?（日常生活）

问题 3：Will there be only one country?（世界发展）

环节二：基础学习问题，What will the city environment be like in the future?

问题 1：Will there be more people or fewer people?（人口增长）

问题 2：Will there be more pollution or less pollution?（污染状况）

问题 3：Will there be more trees, cars, blue skies or fewer of them?（城市环境）

课后作业：以演讲稿的形式汇报学习成果——我眼中的未来生活与环境（Life and City Environment in the Future）。

2. 第 3、第 4 课时

学习目标：指向单元深度学习目标。

深度学习目标：通过运用一般将来时谈论未来的变化，思考高科技产物将带给我们的影响，我们将如何应对这样的变化。理解科技改变未来，科学技术是把双刃剑。

学习方式：教师指导下的合作探究学习。

学习任务：分组合作探究完成情境学习任务，依据评价改进本组的表现。

学习环节

环节一：教师布置小组探究合作情境任务，讲解持续性评价。

情境学习任务：

居里夫人的发现把我们带入了一个新的时代，也帮助我们解决目前的问题。现在请大家小组合作完成任务——基于文章内容，绘制思维导图，重新解构并用新的形式理解文章内容。

Madam Curies discovery has taken the world into a new era and is helping us deal with problems at present. Now let's talk about the future based on the article in our book.

情境学习任务持续性评价规则如表 2–8 所示。

表 2–8　情境学习任务持续性评价规则（4）

项目	评价规则描述	等级
Reasonable prediction	能基于现状对未来进行合理的预测	每项评价分 4 个等级，分别为：优秀、良好、一般、待提高
Correct grammar	能准确使用一般将来时的结构 will do	
Clear presentation	阐释条理清楚、逻辑清晰、语言精练	
Good cooperation	小组成员各自发挥优势、共同学习、互相合作	

环节二：教师答疑指导。学生合理分工，在组长的带领下，完成小组学习任务，分工书写，以思维导图的形式呈现小组学习成果。

环节三：各个学习小组在组长的带领下，依据持续性评价标准，改善小组学习成果，分工练习展示学习成果。

3.第5、第6课时

学习目标：指向单元深度学习目标。

深度学习目标：结合单元学习内容，学生能够用思维导图的形式重新解构课本文章，并用访谈的形式再现对文章的理解。学生能对未来的生活和个人成长进行大胆且合理的预测并顺应变化做出积极的改变。

学习方式：各个学习小组上台综合展示情境学习任务成果。

学习环节

环节一：抽取若干学习小组上台展示自己的思维导图、情境访谈和未来预测的海报。

环节二：教师和学生依据评价为各个小组提出反馈和建议。

环节三：教师总结该单元教学内容，并板书。

（二）课后反思

该单元的话题对学生充满吸引力和挑战性。教师以教材内容为蓝本，设计了以机器人为代表的高科技产物对日常生活、城市环境、个人成长三方面的影响为讨论话题，层层递进、逐层深入，既将教材中的听力文本和阅读文本等内容进行了梳理，又与语文学科的名人传记的阅读相结合，有意识地深挖文本内涵并进行适度的补充。学生在教师的引领下从观察周围世界、预测未来发展，到主动顺应变化、积极调整自我，思维的广度和深度不断拓宽与加深。在一系列的学习活动中，学生始终在课堂最中心的位置，学生独立的自主学习、生生之间的合作学习、师生之间课上课下的讨论互动都围绕着解决真实问题而展开。

不足之处是，如果小组展示的呈现形式能够更加多样就更好了！

附：情境活动任务展示课堂教学实录

Teacher: Madam Curies discovery has taken the world into a new era and is helping us deal with problems at present. Now let's talk about our future life based on the reading materials in our books.

First, let's review the article in our books. You don't need to open your books. Let's welcome Lian and her group. When they present their reading report, don't forget to grade them.

Student Lian: Reading about those famous people in the past is just like having a feast for our soul. Learning to deal with the problems in our life is just like finding a light in the dark. Through the past and the present, the future is waiting for us ahead. The future must be very different because of science and technology. Robots, as the sign of high-tech, have come into our life and changed our life a lot.

Today, I am very glad to invite some friends to share what they know about robots with us. They are the movie fan Li, the car worker Hou, the scientist Liu, and the middle school student Ye. First, let's welcome Li.

Hi, Mr. Li, we know that you are a movie fan. Different kinds of robots are often shown in movies about the future. Could you please tell us what robots are like in movies? And what robots can do in movies?

Student Li: Ok, I think most of us have watched the movies about future before. These movies are about robots. They work as servants. They do housework such as cleaning the window, doing the dishes and mopping the floor. Besides, they can also work in dirty and dangerous places. So they are very helpful for human beings.

Student Lian: Thank you very much. While the world in movies is usually unreal. So what robots can do in movies may not happen in real life. Now let's welcome Ms. Hou a worker in a car factory. Hi, Ms. Hou, you have been working with robots for a while so what is a robot like in our real life and what can they do to help people?

Student Hou: I am a factory worker and robots really help me a lot in building the cars. Nowadays, in many factories, workers do many jobs with the help of robots. They can do simple jobs that are very boring but they will do it over and over again because they will never get bored. Besides, in Japan, some robots can walk and dance like humans do. It is very fun to watch. In India, there are some robots that look like snakes. But the difference is if you are in danger, it will help you at the fastest speed. To robots, if we don't give the order, they will never stop helping us do the things that we want. Because the robot is very convenient, I am worried that maybe someday, I will lose my job.

Student Lian: Thank you, Ms. Hou. Robots really help us a lot in some fields. We know that scientists have invented robots and they are still working on making new robots. But do all the scientists have same opinions on robot making? Now let's listen to Liu, a famous scientist.

Student Liu: Scientists have different opinions too. Some scientists like me we think that robots can almost be humans. We are trying to make robots look like humans, do the same things as we do. We also make them more like people and be able to talk with us. It will take 25 to 50 years, or even hundreds of years. Robots will have different shapes too like animals or humans. It will make more lovely and approachable. But some scientists disagree about this. They think that robots won't be like a human. Like my colleague James White, he thinks robots won't be able to wake up and know where they are. But with time and technology, we can't make sure what robots will become. Maybe one day, we can't tell a robot from a human by his appearance and behavior.

Student Lian: Thanks a lot. With the development of science and technology, robots will be developed more intelligently.

What will the future robots be like? Let's interview a junior school student Ye. Hi, do you like robots? What do you think the future robots will be like?

Student Ye: Well, I'm crazy about robots. And in the future first, there will be more robots for sure then the robots will have more shapes. Some will look like humans and some might look like animals besides. These robots will have more abilities including talking like humans. Finally, it will take scientists more time to invent these robots so we never know what will happen in the future and we are looking forward to new robots in the future.

Student Lian: What will you do?

Student Ye: Facing the development of science and technology, I think I should study hard from now on and when I grow up I should contribute to the technology and I can start from small things like actively explore and practice and contribute to the society.

Student Lian: Thank you all. Robots have become a part of our life more or less. As a teenager, let's get ready for the amazing changes in the future life and welcome a new world in the near future. Thank you.

Teacher: Do you think they really did a good job? (Students: Yes.)Don't forget to give them a high mark. Thank you for helping us to review the passage in your own words and in the form of interview. Now let's come back to the title of this passage and try to give an answer to this question: Do you think you will have your own robots? (Students: Yes.) Then what will your life be like with your own robots?

Student 1: I think I do many things by myself now. Maybe in the future, the robots can help me do something.

Teacher: Yeah, maybe your life will be more convenient with your own robot. Now, I'd like to show you a video. After watching the video, maybe you will have more ideas about the future life with your own robot.

Video: Robots in the future life. Do you want to know what life will be like in the future? Well, robots will be your family members. One day, when you wake up in the morning, Robot will open the windows for you. Sunshine through windows shoots in your room. A beautiful day is open by a robot. Robot will turn on the coffee maker. And then he will turn on the TV. At time for learning, Robot will help you learn. After learning, its relaxing time. Robot will play games or play music with you. At time for bed, robot will close the windows. Good night, Robot.

Teacher: According to this video, in what ways, robots change our life?

Student 2: I think robots change our life in a physical way. As robots make our life more convenient, we have more time to do other meaningful and useful things.

Student 3: I think robots can be our family members or friends because we can study with them together and we can play with them.

Teacher: The first point you mean is that robots can be our family members. So robots change our family life. Do you agree? And robots can help you study better, right? So robots change your learning style, do you think so? A robot is a sign of hi-tech products. With the development of science and technology, more and more hi-tech products will come into our life. By then, what will life be like in the future? Time for you do discuss. Eight minutes. You can write down your ideas in the paper. You can make a simple list, make a chart or just draw a very simple mind map. Group leaders, be sure everyone has a chance to speak while discussing. Later, one group come here and gives a speech on your future prediction.

Group 1:

Student A: First, we will talk about the life style. We think the robots can help us do housework, help us cook the meals, play with us and they can also make plans for us and they can make a form and we can do things according to the form.

Student B: Speaking of the study, maybe in the future, we won't need to go to school. We can just study at home online because there are some advantages. You can know more knowledge, read more books.

Student C: Let's talk about the transportation in the future. First, I think we can take rockets as transportation because they are fast and convenient. Maybe we can go to the other planets. Maybe we have cities in other planets. And maybe we can go anywhere we want.

Student D: So I think our life in the future will be colorful and convenient. We can't predict our future. We just need to do better from now on.

Teacher: So you hope you will fly rockets to school. Then we must have a bigger playground for your rockets.

Group 2:

Student A: First, we think we will be much happier. In the future, our parents will be busy doing things. You don't have many good friends to play with. So robot is a good choice to spend and play with you. Parents can work more effectively.

Student B: The transportation will be much faster. There won't be many traffic jams. The cars will be driven under the ground. Cars can save the energy. I think it is very convenient.

Student C: The third one, we think there will be less pollution. The factories will have fewer emissions. Because I think in the future we will have many technologies so that they will reduce the house gases in the air. The earth will be more livable.

Student D: In the future, we will get better education. Because you can study on the computer and we can save a lot of time.

Student C: In the future, the food will be much healthier because maybe we will have the food that grows in outer space. That will be much healthier to our body. And the gas will be much cleaner. For example, the air will be much cleaner and the chicken won't eat the bad food. The chicken will much cleaner and we will grow a healthy life.

We can live to 200 years maybe.

Teacher: I feel so sad when you say you will have no friends but just robots. Because I think people still need to communicate with real people not just robots. But at the same time, I feel happy because you think in the future maybe we will grow food in the outer space. That is worth looking forward to.

Thank you all for all your imaginary predictions. With the development of science and technology, more and more hi-tech products like robots will come into our life. They must play a very important part in our life. So science and technology change our life and our future. At the same time, they change ourselves as well. Then what will you do? What will you be like to face the challenges? Maybe the following students will tell us.

（指导教师：欧阳蕾）

第五节　让爱呈现
——七年级下册劳技第三单元教学设计与实施

姚建来

一、单元教学设计

确定预期的学习目标

1. 学习主题：让爱呈现
学习主题解读

（1）单元课标相关要求

《义务教育劳动课程标准（2022年版）》第四学段（7～9年级）任务群6，工业生产劳动"内容要求：选择1～2项工业生产项目，如木工、金工、电子、服装、造纸、纺织等，进行产品设计与加工，体验工业生产劳动过程，熟悉所选项目的工具特点、设备特点、加工材料要求。根据产品使用要求选择材料并制定符合人机关系的创意设计方案，识读并绘制简单的产品技术图样，根据图样加工产品模型和原型，完成产品组装、测试、优化。理解工业生产劳动对人类生活、生产的重要作用。"

"素养表现：掌握某项工业生产项目工具、设备的操作方法，以及加工材料的要求。能根据需求设计并制作、加工简单的产品模型或原型，养成安全、规范地进行工业生产劳动的良好劳动习惯，养成合理利用材料、环保节约的劳动意识，提升产品质量意识和精益求精的劳动精神。"

7～9年级劳动素养要求："能在生产劳动中发现存在的需求和问题，进行劳动方案的选择和劳动过程的规划，按照安全规范要求，选择适当的材料和工艺、工具和设备，综合运用劳动技能解决问题，并能根据实施情况对方案进行必要的改进与优化，发展创造性劳动能力。"

课程标准中的第六部分"课程实施"的第2点"劳动过程指导建议"，强调了情境创设指导应注意以下3点。

①注重真实性。立足学生真实生活经历或体验，面向现实生活。一方面可以从真实的劳动需求出发，创设情境；另一方面也可从真实的问题出发，指导学生明确劳动任务。

②凸显教育性。注重创设有利于学生理解劳动任务价值、激发劳动热情、解决挑战性问题等劳动实践学习的情境，注重劳动文化在情境创设中的有机融入。

③体现开放性。既可根据当前劳动项目的实际进程，创设学习情境，也可结合特定节日创设学习情境。

第4点"反思阶段指导"提出：在劳动反思阶段，围绕劳动过程体验、成果评价、价值体认，引导学生理解劳动实践的价值与意义，感悟劳动成果来之不易，养成反思交流的习惯。组织学生开展成果展示、讨论、演讲、辩论等活动，通过讲述劳动故事、撰写劳动日志、制作劳动微视频等方式进行反思交流。

（2）单元内容分析

初一学生历经一个学期的木工学习与实践，迎来的"木相框的设计与制作"项目是木工技术的综合运用单元，是工程思维建立的基础。该项目主要分为"模型设计与制作""支架设计与下料图绘制""相框制作""作品装饰与展示"4个任务单元。在项目学习过程中，体验设计的一般流程过程，实现技术的基础知识、基本技能、基本思想、基本态度的学习和基本经验的积累，形成对技术的亲近感、敏感性、理性精神、责任意识，以及对技术的文化感悟，为未来技术课程的学习和实践打下基础。

（3）学情分析

相关学情分析如表 2-9 所示。

表 2-9　学情分析（4）

分析项目	简要阐述
学习基础	初一年级学生的学习热情很高，思维也很活跃。学生通过前面单元的学习，对木工技术的基本知识和技能已有较为全面的认知与感受，掌握木工技术中材料的识别、工具的应用、直线锯割、曲线锯割、镂空锯割及木工打磨技术的实施等基本知识技能，初步具备木工加工制作的能力和素养，初步了解设计的基本要求
生活经验	1. 生活中，学生们对相框比较熟悉，有一定的使用经验，能够比较容易地分析出其主要功能。 2. 学生们虽然有着强烈的设计与制作意愿，但对其结构缺乏系统分析和认知，设计能力较为欠缺
学习的障碍点	1. 虽然生活中的相框与要设计制作的木相框有着相同的结构，但从形态上来看两者并不一致，需要一定的引导及知识迁移。 2. 学生没有制作立体结构作品的经历，设计思维未实现从平面到立体的转换。 3. 学生们没有经历过系统设计与制作的项目，不了解该从何处入手设计，尚未建立模型思维
发展空间	本设计将通过一系列的学生活动，从"生活经验""认知水平""知识技能基础"3 个方面，为学生搭建"成长路径"，帮助学生实现思维从平面到立体的转换，各环节串在一起，便是"设计的一般流程"，在培养学生技术意识的同时，对其未来的设计制作将起到积极的指导作用

2. 学习目标

（1）基础学习目标

目标 1：通过该单元项目的系统学习与实施，使学生能够体验、了解设计的一般流程，领悟基本的技术思想，形成初步的系统与工程思维，发展创造性思维，养成利用技术解决实际问题的良好习惯。

目标 2：通过分析关键要素在功能实践中的作用，体会从整体到局部，再回到整体的规划，体验用模型表达思路的方法，实现思维由平面到立体的转变，培养工程思维及物化能力。

目标 3：规范技术操作，培养节约意识。

目标 4：通过对设计制作过程中常见问题的思考，培养学生对设计方案不断进行反思及修改的设计意识，提高解决真实问题的能力。

（2）深度学习目标

用自主学习结合小组合作探究的学习方式，通过单元系统学习，体验设计制作的一般流程，逐步培养技术意识，并能够寓情于物，在设计与制作中体会爱的表达。

（3）学习问题设计

1）基本问题

问题1：你了解设计的基本要求吗？

问题2：你想设计一个怎样的相框？

问题3：你在设计与制作的过程中遇到了哪些问题与困惑？你是怎样解决的呢？

2）深度学习问题

我们要设计一个怎样的木相框来表达我们对父亲的爱？

二、单元教学实施

（一）安排课堂教学内容，指导学生学习活动

1. 第1课时

学习目标：指向单元基础学习目标。

目标1：通过分析相框各部分的主要功能，归纳提炼出相框的主体结构。

目标2：根据设计的具体要求，进行构思及创意设计。

目标3：自主设计并制作相框立体结构模型，体会模型在整个设计过程中的重要作用。

学习方式：教师指导下的自主学习。

学习任务：分析结构、提炼要点、形成思路、模型表达。

学习环节

环节一：明确设计的基本要求。

问题1：连线回答你理解的设计的基本要求是什么？

环节二：明确相框的主体结构及各部分功能。

问题1：通过拆解相框，分析相框的主体结构分为几部分？各部分的主要功能是什么？

问题2：照片与相框前板的内外轮廓之间大小关系是怎样的？

环节三：根据评价标准，小组讨论设计相框。

任务：用硬卡纸代替木板，按照设计要求，设计并制作1∶1相框主体结构立体模型。设计制作完成后，要通过小组间的交流评价，进行优化设计，最后进行小组间展示交流。

问题：我要设计一个怎样的相框？（学案问题：尺寸、结构、造型、主题创新等）。

课后作业：优化自己的设计方案并思考支架的设计。

2. 第2、第3课时

学习目标：指向单元基础学习目标。

目标1：通过结构合理性分析，设计支架的结构，并用模型实现，继续强化模型表达设计的手段及方法，同时在设计的过程中，鼓励学生大胆创新，充分保护其发散思维能力，发展创造思维。

目标2：依据模型绘制下料图，发展学生的图样表达及物化能力，形成技术素养，养成节约意识。

目标3：完成锯割及打磨，体验将设计转化为作品的惊喜过程。

学习方式：教师指导下的自主学习。

学习任务：完善、优化设计，绘制下料图，锯割加工。

学习环节

环节一：设计支架。

问题1：支架的基本功能是什么？基于这些功能你想到哪些对应的设计要求？

问题2：除了木板，你还想用哪种材料来制作支架？说说你的想法和设计思路。

环节二：绘制下料图。

问题1：以下两种排料画线的方式哪种更好？为什么？

问题2：你觉得在画线的过程中应该注意哪些细节？

环节三：完成锯割及打磨。

任务：绘制下料图并完成锯割及打磨。

要求：将你的模型轻轻拆开，压在木板上绘制下料图，注意排料画线的基本原则及注意事项。注意锯割及打磨的技术要领。

问题：让我们共同回顾直线锯割、曲线锯割及镂空锯割的基本要领有哪些？

课后作业：结合你想要表达的主题，再次完善你的设计，将你对父亲的爱更完美地呈现出来（可以通过色彩、徽标等来体现）。

3. 第 4 课时

学习目标：指向单元深度学习目标。

深度学习目标

目标 1：用自主学习结合小组合作探究的学习方式，通过单元系统学习，体验设计制作的一般流程，逐步培养技术意识。

目标 2：在设计与制作的过程中遇到问题并解决问题，促进自我反思，不断改进与提升，培养学生迎接挑战的能力。

目标 3：通过为作品取名字，紧扣主题的同时表达内心情感，能够寓情于物，使整个设计制作过程都沉浸在爱的表达中。

目标 4：在与同伴交流分享的过程中，体会乐学善学，学有所思，学有所得，以评价促学习。

学习方式：教师指导下的合作探究学习。

学习任务：分组合作探究完成情境学习任务，依据评价改进该组的表现。

学习环节

环节一：教师布置小组探究合作情境任务，讲解持续性评价。

情境学习任务：

我们已经初步制作完成了送给父亲的木相框，但一定还有一些细节等待我们去补充和完善，比如父亲喜欢的运动、钟爱的电影、你和他之间的秘密及让他感觉舒适的颜色等，这堂课就让我们继续完善我们的作品。

具体任务：给你的作品涂上颜色及图案，并增加象征特殊含义的装饰，给它取一个名字。完成后，请结合你的作品，说一说你的设计理念及创新想法，并讲一讲你和父亲之间的故事。当然，也可以跟大家分享你在设计制作中遇到的问题、困惑等，以及你是如何解决的。在此过程中，小组成员相互评价。

情境学习任务持续性评价规则如表 2–10 所示。

表 2-10　情境学习任务持续性评价规则（5）

项目	评价规则描述	等级
外观	精美，可以完美展示照片	每项评价分 4 个等级，分别为：优秀、良好、一般、待提高
做工	精致，沿线锯割打磨光滑	
主题	鲜明，具有个性和特点	
情感	充沛，表达对父亲的爱	
感受	直观，对设计制作过程中遇到的问题能细心分析，不断优化改进	

环节二：你想表达的主题是什么？还有哪些突出的元素可以融入？

环节三：你在设计与制作的过程中遇到了哪些问题与困惑？你是怎样解决的？

（二）课后反思

1. 用简单的载体承载不简单的技术意识与思维转换培养

木相框设计制作项目虽然较为简单，但笔者在教学设计中更加注重在结构分析、整体构思、模型设计制作等方面，向学生逐步渗透技术意识，在设计的过程中着重加入了模型设计制作环节，让学生体验用模型表达设计思路的方法，感受用硬卡纸进行模型设计而带来的"易修改、易成功、经济环保"等诸多优点，同时培养学生一定的立体思维能力，帮助学生更为顺畅地实现从平面到立体的思维转换。

2. "小相框——大思维"，体验用工程思维解决生活中的真实问题

该节课经由"相框的任务确定——分析明确结构——制定设计方案——制作纸质模型——评价与优化"等环节，让学生真实体验设计的一般流程，鼓励学生在今后的设计制作过程中尝试运用并固化该流程，用工程思维解决生活中的真实问题，感受技术与生活之间的紧密联系，形成对技术文化的理解与主动适应，激发继续学习、探究的热情。

不足之处是：过于关注预设教学环节的时间分配，导致没有给学生留充分的时间表达感受。

附：情境学习任务课堂实录

一、创设情境，确定主题

（一）创设情境

课前播放关于父亲主题的配乐PPT，通过父亲在成为"父亲"前后的对比，让学生体会父亲角色的变化，感受父爱如山。借助父亲节主题，结合课前调研，与学生共同确定制作木相框项目任务。确定主题：让爱呈现。

此时，教师以轻松愉快的语气，与学生充分沟通课前准备情况，了解他们选取"照片"的含义及照片背后的故事，以"当时和现在的变化大吗？""为什么选择这张照片呢？有什么故事吗？"等问题，激起学生准备设计并制作一个独一无二的相框，在父亲节送给父亲的渴望。同时，根据不同的照片选取，提醒设计中需要注意的问题。

（二）导入

师：上课，同学们好！

生：老师好！

师：请坐。刚才通过看了这一段视频，我想一定勾起了许多同学童年的一些回忆，是不是？的确，父爱如山，与温柔的母爱相比，父亲含蓄而深厚的爱有时竟然让我们忘记了回应。6月的第3个星期日，就是父亲节，我们课前做过调研，有的同学希望能够使用我们之前学过的木工技术，设计并制作一个木相框，镶嵌上我们认为最珍贵的照片送给父亲，以此来表达对父亲的祝福和爱。那么，下面我们就用4节课的时间一起来实现这个愿望吧。

（板书题目）

二、了解设计的基本要求

师：既然要设计相框，首先就让我们一起来了解设计的基本要求。现在大屏幕左侧展示的这5项就是设计的基本要求，后面这5项是基本解读。下面就请同学来连线进行一一对应。从这组开始，一个一个来连线进行对应。比如说：设计的可行性，应该对应的是哪种解读？

生：结构合理（其他学生摇头）。

一起回答：材料与技术可实现。

师：材料与技术可实现体现的就是设计的可行性。好，没错。第二个：实用性？

生：有用、好用。

师：没错。美观性是哪方面呢？

生：契合主题与环境。

师：大家领会得都不错。那科学性呢？

生：结构合理。

师：结构，最重要的是结构要合理。创新性呢？

生：最后一个，设计新颖又独特。

师：说到创新性，我想要说的是，所谓创新就是要有改变。对于木相框来讲，相片展示的方式、相片展示的多少及木相框一些特殊的功能，都可以体现设计的创新，只要你在其中的一小点，有那么一点点与其他人不同，那么你就是在创新。

三、拆解相框，分析主体结构

师：好，我已经能够感受到大家的跃跃欲试了。那么在进行正式的设计之前，我们要对木相框进行拆解，了解这个木相框的主体结构，然后通过分组讨论来回答以下两个问题。

第1个问题：相框的主体结构分为哪几个部分？这几个部分的主要功能分别是什么？

第2个问题：照片与相框前板的内、外轮廓之间的大小关系是怎样的？

讨论时间两分钟，现在讨论开始。

（开始讨论。老师到学生中关注讨论过程，并进行简单指导。）

师：提醒大家在拆相框的时候注意一下前面的玻璃，别伤了手。如果不好拆，大家可以看看桌上摆着的学生的作品，是木质的相框。

师：好，怎么样，有结果了吗？讨论结束，咱们进行问答环节，你们肯定都有答案了。下面第1个问题：相框的主体结构分为哪几个部分？各部分的主要功能是什么？哪个小组愿意推选代表来回答这个问题？这组怎么样？刚才看见你们讨论挺热烈。你来试一试，没关系的。

生：我们把这个相框拆了一下，发现它有一个支撑的支架，用来支撑这个相框。

师：（板书）支架，好继续。

生：然后上面有一个卡着的东西，这个可以直接卡着，挡住相片不会掉下来。

师：好，挡住相片不掉下来。

生：然后就可以把相片放在里面了。最前面有一个玻璃挡板，可以防止照片变脏，还可以防止照片掉出来和发生一些意外。然后还有一个框用来连接整个结构。

师：还包括要有一个展示的功能，对吧？

生：对。

师：好，请坐，还有没有同学要补充？刚才这位同学说得比较完整了，她说相框主要分为几部分，有刚才说的支架，还有就是需要挡住照片的这个部分，不让它掉下来，然后还有外边的展示用的一个框和一个背板，当然还有玻璃是为了让相框更美观，防止灰尘。

好，下面我们就通过图形来强化一下，哪些是更为主要不可或缺的部分。（边总结边板书主体结构）首先我们这个相框要有一个前板是用来展示照片的。接下来是哪一部分呢？在它的背面要粘贴一些边条来防止照片移动，也就是对照片进行定位。还有一部分，照片沿边条塞进去之后，我们要给它盖上一个背板，也就是说不让这个照片掉出来，起到固定的作用。这三部分就是相框的主体结构，是不可或缺的。同学说的另外一个也是非常重要的一部分，支架是它的一个重要的附件。

下面进行第 2 个问题，照片与相框前板的内、外轮廓之间的大小关系，有没有考虑？可能稍微有一点困难，下面通过图形来展示一下。我们现在有一张照片，照片的外面应该就是这个前板的外轮廓，那么在照片里面的这个位置要掏一个前板的内轮廓，通过这些大家可能就感受到照片与前板的内、外轮廓之间的大小关系了。那么现在有谁愿意说一下它们之间的大小关系呢？

师生一起：相框的内轮廓要更小一些，小于照片，外轮廓要大于（照片），在比较极端的情况下也可以等于，只要不露出来就可以了。

四、明确任务，设计制作

师：下面我们就要开始模型制作阶段了。

我们的任务是要用硬卡纸来代替木板，设计并制作相框的主体结构。要求能够满足设计的基本要求，让照片能够实现插入和更换的功能。我们之后会有两个小环节，就是组内交流和小组展示这两个环节。好吧，现在就开始我们的模型制作，时间是 20 分钟。

（在学案中设计思考：我要设计一个怎样的相框呢？围绕该问题提出系列思考角度。）

生：开始模型设计与制作。

师：在学生中间给予现场指导。

五、组内交流环节

同学间相互交流评价，并按照学案中的要求进行设计意图讲解，针对遇到的问题及解决方法等进行交流，相互提出修改建议，最后使用量表进行打分。

六、小组交流展示环节

师：这位同学来给大家展示一下他的作品。大家来看一下他的作品，连支架都做了。

生：我个人的想法是，实用性应该是第一的，然后大家先看一下背面，我先想的是首先要让照片固定在它上面，但是由于材料限制，我就把后板改造成了两条，这么贴上去来充当后板。下面为了防止它滑落做了一个小装置。最后作为改进，我把支架插在这上面，正好可以让它立起来，也是比较简单易行吧，但是美观性还需要进一步的改进，我个人认为。

师：好，大家掌声鼓励一下。下面哪位同学能为他的设计进行一下点评或给一点小的建议。他好在哪儿？他需要改进的地方有没有？如果是你的话，你会怎样想或怎样去进行进一步的改进？

生：创新。

师：创新？好，你来说一说。

生：根据评价要素的5点要求，它的可行性可以有，实用性可以有，美观性还需要进一步加强。科学性，还是比较科学的。剩下的就是创新性。他的设计有点太死板了。

师：好，这是你的意见，那么你再来说说。

生：刚才仔细看了看他的设计，照片并不是在正中间。其他人的创新都在别的地方、在其他功能，而他的创新就在这个边框，粗边框，照片又没在正中间，预留空间是非常有设计感的。并不是一味强调其他的创新性，刚才他说创新性还需要加强，我觉得这样已经很好了。

师：这位同学的意见大家觉得怎么样？这位同学的作品刚才大家看到了，

确实符合了我们刚才评价的这几个要素。比如说可行性、实用性，这都可以，大家都看到了。之前比较有争议的是创新性，刚才这位女同学提到了，他的创新是在这个显著的位置上面。他自己说觉得外观有待进一步的提升。他在右侧留了白，也就是说他可能在下次设计的过程中，要着重进行外观方面的设计。另外一个就是创新，大家看到了他这个小片片是两个下面的小角，可能跟我们的设计边条不是特别一样，那咱们能不能分析一下他这个设计是不是合理的？

师：是合理的？为什么？你来说说。

生：他其实是在省材料。一般的情况要弄3个，每一边有一个（边条），他这样的话在那个角上可以同时兼顾两个边的稳定，而且是两个角，所以说它的稳定性其实比边条还要稍微好一点。

师：好，这位同学说了它的稳定性，还兼顾了材料的节约性。确实他是有一定的想法的，但是在实际使用的过程中，因为这两个小角是需要胶来进行固定的，如果放在这儿，在穿插照片的时候，可能因为位置不是特别的精准，不能准确放在你要展示照片的位置，但如果换成边条的话，可能就会比较精准地插到那个位置。他整个设计特别有创新，而且特别用心。刚才同学们进行分析，现在应该是已经掌握了这个照片的主体结构，而且也进行了深入的思考，谢谢。

七、总结

我们的每一个设计，其实都是我们内心情感的一种表达，这种情感表达的背后需要我们一定的技术素养去进行支撑。今天，我们通过木相框的设计，从整体出发学会了系统分析的方法，由最初的有一个初步的想法，后来提升到有了设计方案，然后我们又尝试着用模型去落实自己的设计意图，然后通过我们小组之间的评价和交流，对我们的模型进行了再设计、再优化，最后，我们又确定了具体的设计方案。这个过程，就是我们提升技术素养的一个过程，同时在这个过程中，大家也体现了自己的情感，也表达了自己的爱，让爱呈现。

师：下面布置作业。第1个作业，回去要继续优化自己的设计方案。

第2个作业，构思支架或者挂钩的设计方案，这个应该是特别有创新点的一个部分，所以老师也特别期待下一堂课大家的表现。

好，这节课上到这儿。下课，起立，同学们再见！

生：老师再见！

（指导教师：欧阳蕾）

第六节　结构与设计之薯片保卫战
——高一《技术与设计2》第一章教学设计与实施

陈碧云

一、单元教学设计

确定预期的学习目标

1. 学习主题：结构与设计——薯片保卫战
学习主题解读

（1）单元课标相关要求

《普通高中通用技术课程标准（2017年版2020年修订）》指出，通用技术以提高学生学科核心素养为宗旨，以设计学习和操作学习为主要特征，是一门立足实践、注重创造、体现科技与人文相统一的课程。通过对学生技术意识、工程思维、创新设计、图样表达、物化能力5个学科核心素养的培养，实现使学生成为有理念、会设计、能动手、善创造的社会主义建设者和接班人的课程目标。

（2）单元内容分析

作为《技术与设计2》第一章的学习内容，"结构与设计"既是《技术与设计1》中"体验设计实践"等章节学习的再深入，又是《技术与设计2》中后续章节学习的基础。在《技术与设计2》(地质版)教材第一章"结构与设计"中，共设置了5节的教学内容，分别为：初识结构、典型结构案例分析——结构是怎样受力的、结构的强度与稳定性、学做结构设计、欣赏和评价典型结构设计。整合来看可分为3个小的单元："初识结构""分析结构""结构设计及赏析"，这3个教学单元之间呈递进关系。"初识结构"单元主要介绍什么是结构和结构的力学分类；"分析结构"单元主要介绍结构是怎样受力的、结构的强度与稳定性及其影响因素；"结构设计及赏析"单元主要介绍如何进行简单结构设计、如何制作简单结构和如何评价典型结构设计。

经过上述分析，可以看出"结构的强度与稳定性"是"结构与设计"这一章的重点知识内容。对"结构的强度与稳定性"的学习需要学生在了解结构的概念，并对结构分类与功能及结构受力特点有初步认识的基础上，进行核心知识点的深入学习与理解，这样才能为后续进行简单结构的设计和制作打下坚实的基础。

（3）学情分析

该节课的授课对象为高一年级学生，该学段的学生已具备了一定的物理知识，可以从物体受力的角度去理解结构的作用。在日常生活中，学生经常会看到一些建筑物、生产器械、生活或学习用具等，也知道它们都具有一定的结构特点，但不能从理论上科学地定义，更没有在实际生活中进行结构设计与制作的经历。

高一年级的学生思维较为活跃，有一定的自主探究意识和较强的学习能力，具备一定的分析问题与解决问题的能力，具备较强的动手操作能力，对通用技术课程学习存在比较大的兴趣。学生在该节课的学习过程中，可能会对结构相关概念产生混淆，对影响创新结构设计的因素考虑不全面，导致结构设计存在较多问题，不能满足预期需求。

（4）学习环境分析

线上网络教学与线下课堂教学存在较大的差异，特别是在通用技术课程的教学环节有很明显的体现。例如，居家学习环境无法实现学生在专业技术教室通过实际动手操作，获得学习经验的目标。师生进行长时间的线上单一的案例分析与设计交流，容易使学生产生厌倦感，从而降低对通用技术课程学习的期望等。

在不断探索，并逐渐适应线上教学的过程中，笔者发现了很多课堂教学达不到的学习效果。例如，居家环境给了学生更好的空间去感受、体验生活中的设计与应用，为培养学生从生活中发现问题并针对问题提出有效解决方案的能力，利用生活中的材料和工具进行模型的设计与制作提供了良好的契机，有利于培养学生的学科核心素养。除此之外，线上多媒体资源的使用可以更加高效地保证每一位学生根据自身学习诉求，清晰地学习并记录课程知识要素。

但同时，线上教学对通用技术教师教学设计也提出了更高的要求，如教学项目的优化设计、线上课堂教学的组织策略、师生互动与技术交流方式、针对学生进行个性化的学习指导等。

根据以上分析，确定该单元的深度学习项目主题——薯片保卫战。

2.学习目标

（1）基础学习目标

目标1：从力学的角度理解结构对技术产品及其功能实现的独特价值，了解结构的一般分类和简单的受力分析，并从技术和文化的角度赏析经典结构案例。

目标2：通过技术试验或技术探究分析影响结构强度和稳定性的因素，并写出试验报告。

目标3：结合生活中的实际需求进行简单的结构设计，并绘制设计图样，做出模型或原型。

（2）深度学习目标

结合单元学习内容，学生能够学会并体验结构设计的基本流程，理解结构对技术产品及其功能实现的独特价值。

（3）学习问题设计

1）基本问题

问题1：什么是结构？结构有哪些类型？不同结构类型分别具有什么特点？

问题2：如何利用结构特点保证结构的强度与稳定性？

问题3：如何评价结构的设计与制作？

2）深度学习问题

如何根据实际需求选择并使用结构？

二、单元教学实施

（一）安排课堂教学内容，指导学生学习活动

1.第1、第2、第3课时

学习目标：指向单元基础学习目标。

目标1：探索并了解结构的分类和应用场景，结合情境明确结构的搭建对薯片运输过程起到的保护作用。

目标2：制作薯片保护装置并进行一次邮寄检验试验，结合试验结果对保护装置的结构进行受力分析，通过典型结构案例的分析，深度认识不同结构在不同情景下的选用准则。

目标3：结合情境分析薯片保护装置获得成功或者失败的关键要素，深度认识影响结构的强度与稳定性的关键要素。

目标4：对不同材料使用的结构提出优化建议。

学习方式：自主探究的创意挑战学习。

学习任务：阅读教材，结合创意挑战主题情境与可选材料特性进行一次挑

战，完成单元教材基础知识的学习与理解。

学习环节

环节一：教师提出挑战任务，学生明确挑战项目内容。

阅读教材，自学教材单元基础知识。运用教材单元知识，完成薯片保护装置的设计。

基础学习问题

问题1：什么是结构？结构分为哪些种类？

问题2：不同应用场景下的结构有什么特点？

问题3：保护装置结构设计的选择需要考虑什么关键因素？

环节二：学生借助资料，利用可选材料完成薯片保护装置的制作并进行邮寄试验。

在教师指导下，学生完成薯片保护装置一次制作与试验。

环节三：记录并分析邮寄试验结果，完成挑战任务成败归因分析，总结梳理保护装置的结构设计需要考虑的关键因素。

在教师引导下，总结分析出挑战任务获得成功需要考虑的关键要素，并明确下一阶段挑战任务。

课后作业：在课堂学习活动的基础上，学生进一步交流对挑战任务的理解并完成3人一组的分组任务，为完整体验结构设计流程的学习并完成最终深度学习任务做准备。

2. 第4、第5、第6、第7课时

学习目标：指向单元深度学习目标。

深度学习目标：结合单元学习内容，学生能够学会并体验结构设计的基本流程，理解结构对技术产品及其功能实现的独特价值。

学习方式：教师指导下的小组合作探究式学习。

学习任务：分组合作探究以完成挑战情境下的学习任务，依据试验结果进行交流分享，客观评价本组的表现。

学习环节

环节一：教师布置小组探究合作情境任务，讲解试验评价指标和持续性评价规则。

情境学习任务：

脆弱的"薯片君"即将独自经历第二次邮寄之旅，请以小组为单位，优化设计需要的"坚固的保护罩"，帮助它安全到达目的地。

明确制作要求。

① 使用提供的材料完成保护结构的设计制作，且薯片不能成为保护结构的一部分。

② 薯片到达目的地时，可以在保证结构完整性的前提下，使得装置结构顺利拆下。

③ 结构制作技术试验评价指标包括：质量尽量轻、薯片破损尽量小、装置结构保持完整。

情境学习任务持续性评价规则如表 2–11 所示。

表 2–11　情境学习任务持续性评价规则（6）

项目	评价规则描述	等级
发现问题	能根据问题情境，结合生活常识与认知，明确问题发生的角度，问题真实有效	每项评价分 4 个等级，分别为：优秀、良好、一般、待提高
分析问题	结合先验知识与该章核心知识，分析产生问题的深层原因，有理有据	
解决方案	针对问题，结合该章第三节的内容，就如何设计制作薯片保护装置提出具体解决方案	
验证方案	根据具体解决方案，完成材料的选择与制作，进行邮寄试验以验证方案的可行性	
合作分工	结合现实条件团结合作、明确分工	

环节二：教师分组指导。学生在组长的带领下完成情境任务，分工完成头脑风暴并进行需求分析，整合形成思维导图；进行结构设计与优化，完成结构草图绘制；进行材料选择与结构模型制作；分组进行邮寄试验并记录结果，进行成败归因分析。

环节三：各个学习小组在组长的带领下，依据持续性评价反思改进本组的合作表现，撰写小组合作学习报告，准备小组学习成果的展示与交流。

3. 第 8 课时

学习目标：指向单元深度学习目标。

深度学习目标：结合单元学习内容，学生能够学会并体验结构设计的基本流程，理解结构对技术产品及其功能实现的独特价值。

学习方式：各个学习小组通过屏幕共享 PPT，综合展示情境学习任务成果。

学习环节

环节一：各个学习小组展示情境学习任务完成计划与成果情况。

环节二：教师和学生依据评价为各个小组提出反馈和建议。

环节三：教师总结挑战学习任务完成情况，并颁发奖章。

（二）课后反思

1.关于该课程设计的思考

该课程设计首次从课程设计者的视角运用"深度学习"理念，从学习结果开始进行课程设计的逆向思考，注意避开"聚焦活动的教学"和"聚焦灌输的教学"两大教学设计误区，进行线上教学学习体验设计，以"薯片保卫战"为主题，开展项目式教学活动。首先，分析课程标准，确定预期结果（学习目标），进行结合情境的终极目标和阶段性目标设计；其次，确定评估证据（教学评估），进行学习支架的设计；最后，设计学习体验（学习计划），确定课程单元教学框架。

在整个思考设计的过程中，重点关注以下几个方面。

① 让学生知道此单元的学习方向和预期结果。

② 把握学生学习情况和保持学生兴趣。

③ 武装学生，帮助他们体验主要观点和探索问题。

④ 提供机会去反思和修改他们的理解及学习表现。

⑤ 允许学生评价他们的学习表现。

⑥ 对于学生不同的需要、兴趣和能力做到量体裁衣（个性化）。

⑦ 组织教学，使其最大程度地提升学生的学习动机与持续参与的热情，提升学习效果。

整个设计思路相对明确，但是也存在一些问题，例如：通用技术课程教学经验不足，导致无法尽可能多地考虑到学生可能出现的问题，从而无法做好完备的应对策略来支撑课程的顺利进行。线上教学过程中，小组学习策略无法得到有效实施，评价方式过于单一，能够量化体现的只有学生自评和教师评价，学生互评只可能出现在语言交流分享环节等。学生小组学习成果展示的评价规则还需要改进完善。学生学习过程中教师的学法指导还需要更加细化。

2.关于教学（前、中、后）出现的"真问题"的反思

该节课教学前，学生应该做到对前面结构分类与不同种类结构的应用学习有所思考，并应用到"薯片保护装置"的设计中来，但是从收到的经过邮寄试验的作品效果，以及课前与个别学生进行的设计交流情况看，应用效果并不理想。这种情况的产生对于后续课程的学习及设计的优化既有好处又有坏处：好处是，试验效果可以给学生强烈的认知冲突，从而达到有效驱动知识技能学习的目的。坏处是，先验知识技能应用不达标，证明前面的课程学习效果不佳，这就提醒教师要进行个性化、有针对性的学习指导，帮助学生查漏补缺。

教学过程中，整体逻辑相对清晰，能够引导学生在自身真实试验失败的情况下进行有效思考，从而进行该课程知识内容的学习，尽可能地设想出针对教师提出的问题学生可能给出的答案，进行预案设计，帮助学生解决可能出现的各种问题，使其解决问题的能力得到提升。但是在课程开始阶段学生的分享环节内容设置得不够，需要结合学生实际制作情况更多地引导学生进行试验失败归因，帮助学生更加有效地明确问题所在，有目的地进行课程学习。如果能够全程根据学生表现来设计课程案例分析，效果应该更佳。

教学完成后，及时升级并发布二次挑战任务，这样可以有效帮助学生明确地设计下一个目标，引导学生完成设计任务，在保持学生不断挑战的同时，实现"做中学"的目的。可以在后续的课程设计中继续使用并逐步优化任务设计。

除此之外，学生提出了一个值得教师思考并改进的问题：每位学生均邮寄包裹进行结构设计试验，虽然选择了同一家快递公司，但是作品的运输距离和运输过程不同可能会对试验效果造成影响。关于这个问题，笔者已经有了初步的解决方案，家庭居住地相近的学生可以自主分为一组，采用统一寄出的方式进行邮寄试验，将小组内试验结果进行对比评价。这个过程也真正实现了"教学相长"。

3.关于线上教学的思考

（1）线上教学项目的开发

技术学科的学习项目设计更多地需要考虑如何突破地域限制，给学生以课堂现场感。例如：通过快递进行探究试验，以试验前后的作品作为沟通师生之间的桥梁，这样既能帮助教师及时有效地了解学生学习状况，进行个性化学习指导，又能通过新的方式激发学生学习的兴趣，增强学习体验，有助于帮助学生提升解决问题的能力，一举两得。

（2）线上教学组织策略

线上教学组织在增强学生的参与度方面对教师提出了更高的要求，使学生融入每个环节，真正做到以学生为主体，引导其从真实发生的问题入手，提供学习支架及资源，实现线上教学的有效组织。

例如：鼓励学生将设计制作思路用思维导图软件进行记录，学生进行分享时可共享屏幕，增强分享效果；引导学生接龙回答问题，当自己解决或回答不了问题时，可指定同学"帮帮答"等，助力教学内容有序进行，在线学习也可实现提升学生合作解决问题的能力。

在实际线上教学过程中，关于通过小组合作完成项目式深度学习的实施，还有待落实和提高。

附：情境活动任务指导课课堂实录

一、情境导入

（一）回顾前期情境内容和探究任务，明确主题

师：同学们大家好，大家还记得吗？在上一节课我们给大家布置了一个任务，就是薯片保卫战，要求大家给我们的薯片制作一个坚固的保护罩，帮助我们的薯片君经历一段快递路程。关于保护罩我们给大家列举了可以使用的材料清单，大家可以在材料清单里面进行选择，选择完成之后，按照我们的需求，用提供的材料去完成保护装置的制作，而且薯片不能成为保护结构的一部分。我们的评分方法有两条：第一就是让我们保护装置的质量尽量轻；第二就是大家收到快递的时候，薯片的破损要尽量小。

（二）一次试验设计与效果分享，产生认知冲突，发现问题

师：经过同学们积极地制作，现在老师已经收到了大家的作品，在这个作品的拆解过程中，老师发现周同学的这件作品制作非常有意思，周同学现在方便跟大家分享一下你的制作历程吗？

周同学：我在做的时候主要考虑如何避免被外界的物体压碎，所以设计的时候考虑两点：一个就是三角形更加稳定；另一个就是实体结构和框架结构并

不合适，所以选择了用扑克牌做一个壳体结构来保护里边的薯片。

师：非常好，刚才周同学和大家分享了我们上节课讲到的结构类型的选择内容，他在制作的过程中主要考虑了我们的框架结构和实体结构并不合适，为了保护我们的薯片装置，最终采取了壳体结构。为了防止薯片被外界压碎，他又选择了三角形这样比较稳固的一个设计结构，现在大家可以在屏幕上看到周同学设计的这一款保护装置，大家可以明显观察到，经过快递的运输过程，还是出现了结构的破损。老师在进行快递拆封检查的时候，把每一位同学的作品实际情况进行拍照，给大家反馈了回去。大家现在可以回看一下你们的作品图，包括称重结果，将你观察到的事实详细地记录在我们的学案上，包括我们薯片的裂缝数目及碎片的数目，还有称重，最后自己给自己一个评价。

师：好，通过这张图大家可以看到，老师在一开始收到大家寄过来的快递的情形，可以说是"战况"十分惨烈。这一堂课老师带领大家继续学习结构的强度与稳定性这一节。通过这一节的学习，看看大家能不能再去发现新的设计点，去优化我们的薯片保护装置。

二、分析案例，探索新知

（一）关于结构强度的概念、案例、影响因素的学习

师：好，首先我们来看一看结构的强度，从定义的角度来讲，它是物体结构承受外力时抵抗破坏的能力，这样的一种能力是以强度来表述的，其中又涉及了内力和应力这两个概念。内力指的是什么呢？当外力作用在我们的构件上，使我们的构件发生形变的同时，构件内部分子之间随之就会产生一种抵抗变形的抵抗力，这种抵抗力就被称为内力，内力用来抵抗外力与变形，并力图使变形的部分复原。那应力又是什么呢？作用在单位面积上的内力，称之为应力。应力就可以用我们现在屏幕上看到的这样一个公式来表示，其中 σ 代表的就是应力，大写的 N 代表的就是内力，S 代表的就是构件的截面积，单位是 N/mm^2。

师：好，现在展示在大家面前的是石墨碳原子的层状结构和金刚石碳原子的网状结构，根据我们的学习经验，大家来判断一下石墨碳原子的层状结构和金刚石碳原子的网状结构，哪一种结构的强度更大呢？

段同学：金刚石的强度比较大。

师：非常好，段同学回答金刚石碳原子的网状结构强度比较大。由此我们也可以判断出来，影响结构强度的因素之一，就是我们结构的形状。

师：好，现在我们再来继续看这一张图，这是我们都见过的，左侧是安全帽，右侧就是钢盔。这两种物体都属于壳体结构，现在大家来思考一个问题，哪种壳体结构强度更大一些？

段同学：肯定是钢盔的强度更大。

师：段同学继续回答了这个问题，肯定是钢盔的强度更大。现在段同学能不能来跟大家表述一下，为什么你觉得钢盔的强度更大？

段同学：因为塑料制品的强度肯定比不过钢制的。

师：所以由此我们就可以得出一个结论，影响结构强度的因素，除了前面我们说的形状，还可能是材料。

师：好，下面我们再来继续看，现在大家看到的这张图是老师绘制的制作板凳（木质板凳）的这样一张图，在制作的过程中，左侧的凳腿选择了钉连接的方式，右侧的凳腿选择了榫卯连接的方式。现在大家来想一下，哪一侧它的强度更大，为什么？

周同学：我觉得应该是榫卯连接的强度更大。

师：为什么这么肯定呢？

周同学：因为钉子感觉容易被压弯。

师：钉子容易被压弯，我们说强度指的是结构抵抗破坏力的一种能力，所以结构的连接方式也是影响结构强度的因素之一，钉连接的这种方式更容易受到破坏，所以榫卯连接的强度就会更大一些。

师（总结）：好，经过我们上述的分析，可以得出影响结构强度的主要因素有3个：第一就是形成结构的形状；第二就是我们所选用的材料；第三就是材料的连接方式。

（二）结构稳定性概念、案例、影响因素的学习

师：好，强度我们就分析到这里，现在大家可以看到一张动图，有没有同学能够跟大家分析一下不倒翁不倒的主要原因是什么？

段同学：因为它的重心低。

师：同学说因为重心低，好，重心位置决定了不倒翁可以在扰动消失之后能够恢复原状。我们就称之为稳定。如果受到扰动之后，物体倒了，它就是不稳定的。

师：好，通过刚才同学的回答，我们已经明确了重心位置的高低会影响到

结构的稳定性。接下来我们再看一张熟悉的图片，来思考一下动图里面的平衡鸟为什么能依靠嘴巴来保持稳定？有没有同学知道？

段同学：因为平衡鸟身体的重心就在鸟嘴的位置。

师：段同学看来对重心颇有研究，没错，重心位置在鸟嘴这里，那么老师现在再提一个问题，如果我们稍微改变一下鸟嘴的位置，这个时候平衡鸟还能够保持平衡吗？

段同学：我觉得应该就不能了。

师：段同学说不能了。好，我们现在记一下这个问题，然后来看现在展示在大家面前的这张图，看一下这张受力分析图。这是一个框架结构的长方体，然后我去推动长方体，保证它的底面位置不变，推动它使它变形。这个时候大家再想，我是不是让长方体稍微一变形它就容易倒下呢？

周同学：不会。

师：你认为它什么时候会倒下呢？还是说我推它就是不会倒？

周同学：应该是它的重心位置超过长方体地面区域，大概就会倒下。

师：周同学说当重心的位置超过了长方体地面挨着的这一片区域时它就会倒下。好，我们明确了一点，当结构重心所在点的铅垂方向，也就是它受重力的方向，落在结构支撑面或者支撑点的范围之内的时候，我们就可以保证结构是一个稳定的状态。如果重心所在点的铅垂方向超过了支撑面的范围，它就会倒下。

师：好，现在我们再重温上一个问题。平衡鸟的重心位置在变化之后，还能继续保持稳定吗？如果可以，我们需要满足什么样的条件？不知道现在段同学有没有思考清楚这个问题。

段同学：它应该是可以继续保持稳定的，如果它的重心位置和鸟嘴的连接线的方向与重力方向一致的话，就可以保持平衡。

师：段同学现在改变了刚才的意见，刚才他认为平衡鸟不会继续保持平衡，现在她给大家解释说当鸟嘴的位置与鸟的重心位置，这两个点的连接线的方向与重力的方向一致的时候，就可以保持平衡，这也就满足了我们刚才解释的重心所在点的铅垂方向如果落在结构的支撑点，它就可以保持平衡。

师：好，由此我们就知道了重心位置影响结构的稳定性的因素。它有两个：一个是重心位置的高低变化；另一个是重心所在点的铅垂方向，也就是重力方向是否落在结构支撑面或者支撑点的范围内。

师：解决了重心位置的问题，下面我们再来看一下这幅图，左侧大家可以看到是一个三脚架，右侧是一个落地扇，这两个结构分别稳定地站立在了地面上，其中三脚架与地面有 3 个支撑点，落地扇与地面的接触支撑位置构成了一个圆，并且圆上可以找到 3 个完全相同的位置与三脚架的 3 个支撑点的位置及距离是一样的。这个时候老师要问大家一个问题了，这两种结构哪一个更稳定呢？为什么？

段同学：三脚架更稳定，因为三脚架下面它是一个三角形，三角形更具有稳定性。

师：段同学说三角形更具有稳定性，所以他认为三脚架更稳定，说得好像很有道理。现在老师要带领大家来回忆一下什么是稳定。我现在来找同学回答，周同学。

周同学：应该是扰动停止后可以恢复它本来的原状，就是稳定。

师：非常好。刚刚我们还讲了重心位置是如何影响结构的稳定性的。我们刚才说了它有两点：第一就是位置的高低；第二就是重力线是否经过支撑点或者支撑面。现在大家思考一下，当三脚架和电风扇都被扰动的时候，谁的重心更容易超出下面的支撑面的范围？大家现在来思考一下，有没有同学可以回答？

周同学：我感觉圆的面积大，所以它受扰动后重心位置可能活动范围更大一点。

师：周同学给我们提出了一点，说当这 3 个点的距离和位置完全一样的时候，圆的支撑面的面积要比三角形的面积更大，所以当受到扰动之后，重心可移动的范围就广一些。这个时候电风扇恢复到原状的能力就要比三脚架强。所以说周同学，哪一个的稳定性更强一些？

周同学：我认为是圆的。

师：圆的，也就是说电风扇的对不对？好，非常好，刚才周同学给我们表述得非常正确，支撑底面的形状和底面积会对我们结构的稳定性有所影响。

师：经过前面的分析，影响结构稳定性的主要因素已经很明确了，第一个是重心的位置，包括重心位置的高低，还有重心的垂线是否落在结构的支撑面的范围内；第二个是结构的形状。

师：生活中不只需要稳定的结构，不稳定的结构也大有用处。比如现在大家看到的百米跨栏，又比如行车道的道闸。不稳定的结构和稳定的结构在应用中如何取舍？大家要根据应用场景的需求来选择。

师：我们进行了结构的强度与结构稳定性的知识补充，其中影响结构强度的有几个因素：结构、形状、材料及材料的连接方式。重心的位置会影响结构的稳定性，支撑面结构的形状也会影响结构的稳定性。

三、任务驱动，优化设计，深度分享

师：经过刚刚的知识技能的补充，同学们的知识有了很明显的一个提升，下面就给大家 10 分钟的时间，从结构设计的角度分析薯片保护装置结构破损的原因。老师已经把破损情况拍摄图片反馈给大家了，现在大家就利用这 10 分钟的时间，从结构设计的角度来进行一个方案的优化。到时间后，我们会找同学来进行分享。

师：好，时间到，下面我们就请同学来展示一下你是如何优化的，跟大家来进行一个分享。为了保证我们的效率，让更多的同学有机会展示，今天我们换个方式。现在大家可以看到老师的这张 PPT 上面写了 4 句话，一会儿我们按照这样的一个语言体系来进行分享。"我曾经以为我设计的什么结构是如何的合理，经过学习我获得了某知识或者某技能，现在我认为如何进行优化会更好"，好吧？有哪位同学愿意主动跟大家分享一下？

周同学：老师我说一下我那个纸牌的结构。首先，我曾经以为纸牌具有支撑的作用，经过学习我们之前讲的内容，我了解到纸牌材料本身强度不够，我现在认为如果把纸牌换成更厚的纸箱，或者一个金属的薄片，抗压能力会更好。

师：非常好。经过结构强度的学习，周同学认为他所选择的纸牌材料不够稳固，可以选择其他的材料进行设计会更好。

师：由于时间有限，今天我们课上就不再请其他同学进行交流分享了，课下我们可以随时和老师进行进一步的沟通与交流。

四、总结拓展，升级挑战任务，深度学习

师：好，第一次挑战我们就到这里，经过今天的课上的学习，相信大家已经有了对第二次挑战的新的设计思路。薯片君也即将独自经历第二段快递路程。我们下面要做的任务就是利用老师给大家的材料清单，再次对设计进行优化。我们之前提出了新的要求，在质量尽量轻和破损尽量小的情况下，

保证收到的保护装置的结构可以完整地剥开，取出薯片。这一次老师给大家进行了挑战任务的升级，期待大家下一次的优秀表现。这一节课结束之前老师有一句话要送给大家：我们不是先学习再改变世界，而是在改变世界过程中去不断地学习提升。期待大家下一堂课的精彩表现，今天我们就上到这里，同学们再见！

（指导教师：欧阳蕾）

第三章
综合学习，落实学科素养

第一节　走近文学大师史铁生
——语文综合性学习学法指导教学设计与实施

周建芬

一、专题教学设计

该专题是江苏教育出版社七年级上册综合性学习学法指导教学设计与实施。

确定预期的学习目标

1. 学习主题：走近文学大师史铁生
学习主题解读
（1）专题课标相关要求
《义务教育语文课程标准（2022 年版）》第四学段（7～9 年级）
【阅读与鉴赏】

欣赏文学作品，有自己的情感体验，初步领悟作品的内涵，从中获得对自然、社会、人生的有益启示。能对作品中感人的情境和形象说出自己的体验，品味作品中富于表现力的语言。

【梳理与探究】

①自主组织文学活动，在办刊、演出、讨论等活动过程中体验合作与成功的喜悦。关心学校、本地区和国内外大事，就共同关注的热点问题搜集资料、调查访问、相互讨论。利用文字、图表、图画、照片等形式展示学习成果。

②能提出学习和生活中感兴趣的问题，共同讨论，选出研究主题，制订简

单的研究计划。能从书刊或其他媒体中获取有关资料，讨论分析问题，独立或合作写出简单的研究报告。

（2）专题内容分析

该专题是部编版教材七年级上册中综合性学习的内容，围绕"走近文学大师"这一主题展开。在文学大师专栏任务驱动下，引导学生亲近文学，走进经典，走近文学大师。为完成文学大师专栏，班级组建编辑部。学生根据兴趣与能力，承担不同的活动任务。学生在品读作品的过程中，初步掌握不同文体的阅读方法。在筹备专栏的过程中，尝试策划、组织和实施，训练合作、沟通能力。在展示课上，通过形式丰富的分享及点评，锻炼语言能力。让学生在品读名家诗歌、小说、散文等文学作品中，感受语言之美，探索文学之趣，感悟生命之力，从而丰富人生体验，提高审美品位和思想境界。

（3）学情分析

初一的学生在学习《秋天的怀念》后，对史铁生其人、其文产生浓厚的兴趣，他们迫切地想了解史铁生的人生经历和在文学上取得的成就，并且阅读了他的一些散文、小说和诗歌。但是由于生活阅历和阅读水平有限，他们对史铁生的作品所蕴含的丰富而深奥的内涵难以理解。该综合性学习的最终任务是要完成"走近文学大师史铁生"专栏，学生对专栏基本结构（如专栏名、版块、作品）还不太了解，对如何确定版块名称、版块内容还需要方法上的学习。

2.学习目标

（1）基础学习目标

目标1：通读史铁生的多个作品，通过了解作者生平经历，理解作品内容及作者的思想感情。

目标2：能从网络等媒体获得文学评论类资料，通过讨论分析获得文学评论的常用方法。尝试从作品内容、写作手法、语言风格等进行初步评鉴。

（2）深度学习目标

目标1：创办文学刊物，完成组稿、编辑等步骤，解决真实生活中的学习任务。

目标2：感受文学大师的人格魅力，并从中汲取思想的力量，对照自身，完善自身。

（3）学习问题设计

1）基本问题

问题1："走近文学大师史铁生"的电子专栏应该有哪些版块？各版块的名称是什么？

问题2：在阅读史铁生作品时，遇到文本中不理解的地方怎么办？

2）深度学习问题

如何制作"走近文学大师史铁生"的电子专栏？

二、专题教学实施

（一）安排课堂教学内容，指导学生学习活动

第1、第2课时

（1）基础学习目标

目标1：通读史铁生的多篇文章，了解作者的生平经历，读懂作品内容及体会作者的思想感情。

目标2：能从网络等媒体获得文学评论类的资料，通过讨论分析，得出文学评论的常用方法。尝试从作品内容、写作手法、语言风格等方面对文章进行初步赏析。

（2）深度学习目标

目标1：完成组稿、编辑等步骤，学生能够讨论出创办学校电子文学刊物的设计稿。

目标2：学习史铁生遭遇人生磨难时不服输的精神，感受史铁生的人格魅力，获得对自己成长有益的人生启示。

学习方式：教师指导下的自主学习和合作探究学习。

学习任务：教师提出任务，学生明确自主学习内容。通读史铁生的作品，设计"走近文学大师史铁生"综合性学习的活动方案。

学习环节

环节一：查找资料，找出史铁生的代表作，小组确定通读篇目并进行阅读。

基础学习问题

问题1：史铁生有哪些代表作？你了解史铁生的生平经历吗？

问题2：通读代表作后，你最喜欢哪些作品？这些作品有哪些地方你读不懂？怎样才能读懂？

环节二：了解专栏的基本组成要素，能够运用正确的方法给专栏的各版块起名；探讨理解作品难点的方法。

问题1：制作电子专栏需要不同的版块，你认为这些版块可以有哪些方面的内容？请给专栏各个版块起一个恰当的名称。

问题2：如何理解《我二十一岁那年》"在科学的迷茫之处，在命运的混沌之点，人唯有乞灵于自己的精神"这句话的含义？

课后作业：

①运用课上学到的方法再次阅读，理解之前读不懂的作品。

②在两周内各个小组完成"走近文学大师史铁生"电子专栏的制作。

（二）课后反思

该设计是初中语文组承担的七年级上册"少年正是读书时"综合性学习的专题，是海淀区的两节区级研究课。我们在整个专题教学设计和实施中，进行了分工，笔者负责专题的前半部分，即带领学生在通读史铁生作品的基础上，指导学生给学校校刊《村韵》的"走近文学大师史铁生"栏目制作专栏。

前期教师指导学生阅读史铁生的作品、提出读不懂的问题。该节课的教学重点是教师教会学生确定专栏不同的版块、拟定专栏各个版块的名称。接下来教师指导学生解决作品内容中不理解的语句，针对阅读中的问题给出3个解决方法，然后师生运用教师指导的方法一起分析理解阅读中产生的问题。通过阅读中问题的解决，为学生确定专栏版块主题，策划版块内容。根据不同版块的主题，学生能撰写关于史铁生作品的介绍、点评、鉴赏和感悟。

该节课最突出的特点就是注重学法指导。从课上效果来看，教师指导的学习方法实用有效，达到了预期的教学目标。

不足之处就是学校条件有限，如果能够采用计算机联网教学，学生在课上能够运用教师教给的借助互联网的方法解决读不懂的问题，课堂效果就更好了！

附："走近文学大师史铁生"导读课堂实录

师：上课！同学们好！

生：老师好！

师：请坐！

师：我们最近学习了史铁生的《秋天的怀念》，学过这篇文章以后，很多同学对他和他的作品产生了浓厚的兴趣，而我们文学部落的同学更是一头扎进了他的作品中，我们读了他的散文，看到了一个苦苦思索的史铁生。我们也读了他的小说，认识了一心寻找药方的老盲人和小盲人。还读了他的诗歌，读到了史铁生生死同一的思想之光。但是我们觉得还不够。昨天讨论后一致同意在我们的校刊《村韵》上开辟一个"走近文学大师史铁生"的专栏,进行一次综合性学习,让我们离大师近一点,再近一点。今天这堂课我们就来学习如何制作电子专栏。制作专栏,我们就应该有一些不同的版块。

师:那么可以有哪些版块呢?

生1:因为这些版块肯定不只读过史铁生作品的人来看,还有一些根本就不了解史铁生的人也来看,所以我认为版块应该有作者的生平和作品精选。

师:(板书——作者生平和作品精选)还应有其他版块吗?

生1:在"作品精选"里应该有一个版块是赏析,赏析他的一些文段和对他作品的评价。

师:那我们在评价这些作品的时候,可以从哪几个方面进行?

生1:从情感和思想进行评价?

师:(板书——情感和思想)除了这两方面,还有别的评价吗?

生1:还有作品的写作手法。

师:(板书——写作手法)非常好!我们在读史铁生的作品时一定有自己的感受和观点,这个版块可以叫什么?

生:读后感。

师:我们共同定下了这个专栏的版块,它们是丰富的,是多样的。(板书——版块丰富、多样)有了版块,我们是不是应该给它起一个恰当一点的名字呀?因为这些名字有点太平常了。老师找了5个版块的名字,它们出自《中外文摘》和《语文园地》。请一个同学把这5个名字读一下。

生2:"温故""阅读中""精品实录""咬文嚼字""语海拾贝"。

师:同学们,看这5个名字在语言上有什么特点?

生2:我觉得它们都是很优美的。

师:哪几个最优美?

生2:我觉得是"咬文嚼字"和"温故"。"咬文嚼字"是一个成语,温故,"温"是温习,"故"是旧的东西。所以比较优美。

师:"咬文嚼字"是真的去咬去嚼文字吗?

生2:不是!是细细品味。

师:那这里用了什么修辞手法?有什么好处?

生2:比喻。非常生动形象。

师：这几个名称中还有类似的吗？

生2：语海拾贝。

师：这两个名称归为一类，生动形象，有文采。另外3个归为一类，它们有什么特点？

生3：很精简。

师：除了精简，还有什么特点？

生3：平实。不像其他名称那么有文艺气息。

师：总结一下，我们取版块名称的时候，要求精炼，2～6个字。语言或优美或平实。（板书——取版名，精炼、平实／文艺）下面请各个小组选取你们感兴趣的一两个版块，各起一个名字，要求4个字，或平实或文艺。3分钟内完成。

师：时间差不多了，哪个组想好了就请发言。

生4：我们组选取的版块是介绍生平和作品精选。介绍生平版块我们取名为"走近名家"，作品精选取名为"经典重现"。

师：很好！平实型的。其他组呢？

生5：我们组把介绍生平版块命名为"身临其境"。我们觉得应该有一种代入感，要亲身去体会史铁生的生平经历，才能更好地理解作品。

师："身临其境"。版块的名字应让读者通过它明白版块的内容。如果取这个名字则应该在介绍史铁生的某部作品，让我们能身临其境，走进作品中。所以，你们再想一想。还有其他组想好了吗？

生6：我们组比较感兴趣的是"读后感"。取名为"心有所悟"，感即悟，用心去感悟的意思。

师：还不错，很贴切，也比较优美。还有其他组发言吗？

师：没想出来，是吗？那老师启发一下，我们都对"生平介绍"很感兴趣，史铁生有一篇文章概述了自己几十年生病、写作之路，这篇作品是什么？

生：《我二十一岁那年》。

师：还有一篇散文，它是——

生：《扶轮问路》。

师：用"扶轮问路"是不是也可以？我们是不是可以从他的作品中去寻找灵感？那你们有灵感了吗？

生7：我们组起的是"作品精选"和"读后感"版块。"作品精选"的名称叫"文海珍珠"。史铁生有无数的作品，"精选"就是出类拔萃的，所以我们起的是"文海珍珠",是作品大海中一颗颗珍珠。"读后感"版块起名为"感悟人生"。史铁生是对生活有很多感悟的,才写出了有思想的文章,我们要从他的感悟中去思考自己的人生,所以叫"感悟人生"。

师:太好了!这两个名称一个是那么优美而恰当,另一个又是那么平实而概括!给他们组鼓掌!

师:取版名就到这里吧。可能有的组没有起好,课下再思考思考,商量商量。

师:有了丰富多样的版块及或平实或优美的版块名字,我们的专栏制作就迈出了第一步,但是老师认为制作专栏的首要任务是要读书,因为只有读书你才能写出有质量的文章。前期我们在阅读过程当中碰到了一些困难,下面我来展示这些困惑。请同学来说一下各自的困惑。

生8:①作者在《我与地坛》中为什么写到中年夫妻、饮酒的老人、长跑家等人?

②我不理解《我二十一岁那年》中的"在科学的迷茫之处,在命运的混沌之点,人唯有乞灵于自己的精神"这句话的含义。

师:读得很好!这两个问题是我们散文阅读中的典型问题。主要集中在对散文主旨的理解和素材的选用上。

下面还有两个问题,谁来读一下?

生9:①在诗歌《最后的练习》中,为什么要描绘"灵魂像一只飞虻"那个画面?

②诗人在《节日》中表达了什么情感?为什么说"最好祈祷,是爱的重逢"?

师:在诗歌阅读中,我们的困惑大多集中在对内容和情感的理解上。确实,由于我们的生活阅历和体验有限,对史铁生的作品理解起来有一定的难度,让我们一起来想想办法,解决问题,突破难点。碰到阅读中的难点有什么办法来解决?你第一个想到的方法是什么?

生:回想作者的生平。

师:很好!知人论世!还有其他办法吗?

生:联系其他作品。联系作品的上下文。

师:还有吗?我们是互联网的一代呀,你们还想过别的办法吗?

生:上网查。

师:对呀!是不是也可以问问同学,问问老师,问问家长,问问身边的人呀。目前我们已经有了很多的办法,下面我来总结一下,同学们做笔记。

师：（出示 PPT）第一个办法是"联"，可以勾连前后文，联系作者生平，勾连作者的其他作品。第二是"借"，可以上网查找、借助专家解读。第三是"问"，询问身边的人。

借助这 3 个字来读文本一定会让你大有所获哦！（板书：懂文本——联借问）

师：下面我们试试用以上方法来解决一个问题。这个问题是：如何理解《我二十一岁那年》中的"在科学的迷茫之处，在命运的混沌之点，人唯有乞灵于自己的精神"这句话。请同学们齐读这句话。

师：要理解这句话，就要抓住句中的哪些重点词？

生：迷茫，混沌，精神。

师：还有补充的吗？

生：科学。

生：命运。

师：下面我们以小组为单位，用前面 3 种方法来理解这句话。在小组讨论之前先自主学习 3 分钟。现在请同学们翻开书第 63 页，齐读最后一段。

师：下面按照前面 3 种方法自主学习。

（学生自主学习 3 分钟后，小组讨论交流。教师巡视，引导启发）

师：时间到了，同学们是怎样理解的呢？谁来发言？

生 10：我联系到史铁生的生平经历，他生于 1972 年，他瘫痪了，后来在众人的鼓励下又重新燃起了对生活的希望。请同学们翻到第 58 页第 1 行，他说"慢慢有了活的价值感。"然后再翻到第 56 页，写道："主管大夫每天来查房。每天都在我的床前停留得最久。"这是主管大夫对他无声的鼓励。第 57 页的最后，他写得这么生动，也是因为他在这个医院的经历让他印象很深。所以我认为这句话中"科学迷茫之处"指的是现代医学对他的腿无能为力。"在命运的混沌之点"指的是他不知道该不该活下去，非常迷茫。

师：有道理。这个同学特别关注引导大家看她所说的依据在哪一页哪一行。希望下面的同学也做到这一点，她主要用到了联系史铁生的生平经历和勾连了上下文这两个方法。现在我们已经解释了两个词，那其有什么含义呢？

生 11：我勾连到了本文前面他描写的一些人，如唐大夫、王主任、张护士长这些内容。根据他描写这些人的言行，如神态、动作、语言，我认为这句话中的"精神"指的是这些医生和护士的安慰、关心、鼓励。如果没有这些，那他可能就活不下来了。大家看第58页第4行，说明他已经对生活失去希望，要自杀。就是因为王主任说"人活一天就不要白活"这句话给他鼓励，让他坚持到最后出院，让他慢慢有了价值感，有了生活的希望。所以我认为"精神"指的是他人的关心。

师："乞灵于自己的精神"这句话，特别强调了"自己"二字，说明是史铁生自己的精神，而不是别人的精神。这样理解对吗？

生12：我勾连到了本文前面史铁生自己的心路历程。请大家翻到第53页第34自然段，可以看出史铁生刚开始认为自己的病还可以治好。请大家翻到第57页，他把治好自己的病寄托到老朋友送他的莲子与上帝身上。此时他还有一定的侥幸心理，认为上帝会放过他。而从第57页第16自然段可以看出，他发现自己的病无法治好。他的心里先是完全的空白，由着一个"死"字填满。这个时候他非常绝望，但是医护人员对他的关心和鼓励让他有了价值感，对生活有了兴趣，让他活到了最后，并且有了写作的念头。所以我认为这里"乞灵于自己的精神"指的是人要有自己的信念，并为之付出才不会迷茫。

师：信念是"人活一天不能白活"，追求是追求写作。非常好！但是"乞灵于自己的精神"还是没有彻底理解，谁来补充一下？

生13：我联系到了史铁生写的《秋天的怀念》，那里头写到了母亲对他特别细致的关怀，临终前对他牵肠挂肚的爱。史铁生把母亲对他的爱，还有朋友对他的关怀，护士和医生对他的关心转化为自己活下去的信念，所以他乞灵于自己活下去的信念，也就是自己的精神。

生14：我勾连了本文第58页第17自然段。这里写道："我没死全靠友谊，还在乡下插队的同学不断地写信来，软硬兼施地鼓起我活下去的勇气。"第59页第18段提到同学帮助"我"与病魔做斗争。所以我理解"人唯有乞灵于自己的精神"指的是他对朋友的感激之情。

生15：我选择用第二种方法，请同学们看第56页第1行，文中写道："我确实在没人的时候双手合十向神灵祈求。"说明他也曾经依靠上帝，希望上帝放过他，但是第63页第25自然段说明上帝并没有保佑他，所以他理解到了"人唯有乞灵于自己的精神"，要靠自己的努力。

生8：我抓的关键词是"唯有"，请大家看第61页23段，五蛋因为事故而四肢肌肉萎缩，但是他还是很天真地认为只要自己真正认识到错误，一切都能变好。这是一个反例，请大家接着看第64页第24段，男人因为怕拖累女方而放弃了爱情。这两个反例都是为了说明人要有自己的追求，对生活不放弃。因此我认为这里的"精神"指的是自己的人生追求。

师：从以上的两个反例可以看出，面对生活不能逃避，应该积极努力，迎接挑战。我们通过以上 3 种方法对这句话有了比较深层次的理解。但是专家们怎么看这个问题呢？老师事先给大家在网上找了一份专家评价的资料。下面请一个同学来读一下，其他同学思考："人唯有乞灵于自己的精神"中的"精神"还可以指什么？（出示 PPT）

生 6：（大声朗读）"史铁生的双腿残疾了，但他努力读书，苦练写作，以自己原有的初中文化的底子而成为一名作家，创造出那么多启人深思，深受好评的作品。在写作中他完全沉入自己的世界，以自己独特的生命体验，创造出独特的文学世界。这样的写作，是将生命融入作品，这样的作品，又在更高层次上再现生命。史铁生在失去行动自由之后又找到了生命运动的天地。史铁生用笔撞开了一条路，此时的他精神从沉浸中奋起，向命运进行不屈的挑战。他把写作当成超越苦难、征服困境的战场，当成实现人生价值的机会。"节选自《从〈我与地坛〉谈史铁生的心路历程》，作者林翔。

师：很好！又洪亮又有情感，请坐。其他同学再快速浏览一遍，"精神"在这里还指什么？

生 16：是生活的目标，顽强的精神和执着的信念。

师：请你解释一下。

生 16：因为是写作支撑他活下去。虽然他在写作中遇到很多困难。但他一直坚持下去，体现了他执着的信念。

师：不错。文段里是否有明确表现"精神"的语句呢？

生 16：向命运进行不屈的挑战。

师：通过这个资料，我们对"精神"二字又有了更深层次的理解。所以借助其他专家的解读是一种理解难点的很好的方法。

师：老师这个资料是在哪里找到的呢？你们感兴趣吗？是在中国知网上找到的。我打开网站，在主题这个版块上输入"我与地坛"4 个字就能显示很多相关的资料。因此我们可以用关键字在网上进行资料搜索。还要找到专业的网站。再给大家推荐一个专业的网站——中国作家网。进入中国作家网，可以按内容来搜索，也可以按作家搜索。我们可以按作家来搜索史铁生的相关作品。

师：到目前为止，我们有了丰富的版块，也学会取版块名字的方法，我们还学习了读懂文本的方法，那我们是不是就可以开始专栏的制作了？下面我发布任务，每个小组在两周内完成"走近文学大师史铁生"电子专栏的制作。现在请一个同学来读一下完成任务的要求。

生2：（朗读）制作要求为以下几个方面。

①取好的版块名字也可以重新取，但风格要一致，要么平实要么文艺。

②再读相关文本。

③分工，3个人撰稿，1个人审稿，撰稿时内容要突出版块主题，语言通顺。

师：其实制作专栏只是手段，读懂文本、从文本中汲取营养才是我们的目的！最后老师想说：文学是人类心灵永恒的栖所，阅读是一段精彩的旅行。让我们在制作专栏的过程中，跟随着史铁生不断变换的轮椅，忽视无字的白纸，扯紧欢跳的琴弦，陶醉于他那遥远的清平湾，寻觅他那深沉睿智的心灵地坛。走进他的文学世界，触摸那不屈的灵魂，不断认识自己，发现自己，塑造美好的心灵吧。下课！

第二节　直面人生磨难，活出精彩人生
——语文综合性学习教学设计与实施

郑冲

一、专题教学设计

该专题是江苏教育出版社七年级上册综合性学习学生小组学习成果展示的教学设计与实施内容。

确定预期的学习目标

1.学习主题：直面人生磨难，活出精彩人生
学习主题解读
（1）专题课标相关要求
《义务教育语文课程标准（2022年版）》第四学段（7～9年级）
【阅读与鉴赏】
欣赏文学作品,有自己的情感体验,初步领悟作品的内涵,从中获得对自然、社会、人生的有益启示。能对作品中感人的情境和形象说出自己的体验。品味作品中富于表现力的语言。

【梳理与探究】

① 自主组织文学活动，在办刊、演出、讨论等活动过程中体验合作与成功的喜悦。关心学校、本地区和国内外大事，就共同关注的热点问题搜集资料、调查访问、相互讨论。能用文字、图表、图画、照片等形式展示学习成果。

② 能提出学习和生活中感兴趣的问题，共同讨论，选出研究主题，制订简单的研究计划。能从书刊或其他媒体中获取有关资料，讨论分析问题，独立或合作写出简单的研究报告。掌握查找材料、引用资料的基本方法，分清原始资料与间接资料，学会注明所援引资料的出处。

（2）专题内容分析

该专题是部编版教材七年级上册中综合性学习的内容，围绕"走近文学大师"这一主题开展。引导学生初读史铁生的系列作品。布置制作学校校刊《村韵》中的专栏任务。为完成专栏任务，各个学习小组分别确定本组的专栏主题，围绕专栏主题，教师指导学生完成不同的专栏内容撰写和展示活动。学生在制作专栏的过程中，学会基本的阅读文本的方法，根据专栏主题，学会知人论世，读懂作品。借助不同的表现形式理解作品内涵，获得有益的人生启示和感悟。学习史铁生面对人生中的巨大变故，在母亲的启发和亲人朋友甚至陌生人的鼓励下，从万念俱灰到重燃对人生的希望，发出"好好活着"的感慨。教育学生面对磨难要勇敢，找到适合自己的生存路径，活出自己的精彩人生。

（3）学情分析

《秋天的怀念》这篇文章对学生的触动很大，激起了他们想要走近史铁生的兴趣。教师适时引导推荐学生阅读史铁生的散文、小说和诗歌。由于史铁生的作品内涵深奥，富有深刻的人生哲理，学生缺少人生的阅历，对有的作品内容无法读懂，需要教师进行更加具体有效的学法指导。

制作校刊《村韵》中有关史铁生的专栏，是一个学习任务，学生对制作专栏的主题确定、内容策划、内容撰写等都很陌生，在教学中需要对学生进行细致的撰写指导。展示学习成果的学习方式，对学生有挑战，同样需要教师细致地进行写作方法指导，帮助学生完成学习任务。

2. 学习目标

（1）基础学习目标

目标1：教师推荐指导阅读史铁生的多篇作品，概括作品的主要内容。

目标2：知人论世，走近史铁生，分析人物形象，品味含义深刻的语句，理解作品主题。

目标3：布置真实学习任务，制作学校校刊《村韵》中"走近文学大师"专栏。确定本组的专栏主题，结合不同的主题在教师学法指导下，撰写专栏相关内容。遇到问题教师指导解决。

（2）深度学习目标

通过制作专栏、撰写专栏文章，学生能结合史铁生的人生经历，理解要勇敢面对人生中的各种磨难，在克服困难的过程中，活出自己别样的精彩人生。

（3）学习问题设计

1）基本问题

问题1：史铁生的多篇作品，分别写了哪些人？这些人经历了哪些事儿？

问题2：通过阅读作品和查阅资料，概述史铁生有怎样的变故？他是如何面对的？体现了他怎样的性格特征？结合作品内容谈谈作品中含义深刻的语句应怎样理解？作者写这些文章想要告诉我们什么道理？

问题3：怎样确定专栏的主题？怎样借助资料和多样的形式解读鉴赏作品？

2）深度学习问题

史铁生经历了很多磨难，请你结合作品内容谈谈如何活出自己别样的精彩人生？

二、专题教学实施

（一）安排课堂教学内容，指导学生学习活动

1. 第1、第2、第3、第4课时

学习目标：指向专题基础学习目标。

目标1：教师推荐指导阅读史铁生的多篇作品，概括作品的主要内容。

目标2：知人论世，走近史铁生，分析人物形象，品味含义深刻的语句，理解作品主题。

学习方式：教师指导下的自主学习。

学习任务：教师提出任务，学生明确自主学习内容，即通读史铁生的作品。

学习环节

环节一：教师推荐阅读史铁生的《秋天的怀念》《合欢树》《我与地坛》《我二十一岁那年》《扶轮问路》《想念地坛》《命若琴弦》系列相关作品，学生概括作品的主要内容。

问题1：史铁生的多篇作品，分别写了哪些人？这些人经历了哪些事儿？

学生课上自主阅读，边读边圈点勾画，在阅读资料上简要概括出作品的主要内容（或者用思维导图厘清文章的写作思路）。教师巡视指导。

环节二：教师指导学生读懂史铁生的不好理解的作品。

问题2：通过阅读作品和查阅资料，概述史铁生有怎样的变故？他是如何面对的？体现了他怎样的性格特征？结合作品内容谈谈作品中含义深刻的语句应怎样理解？作者写这些文章想要告诉我们什么道理？

学生可以查阅资料，了解史铁生的生平经历，从作品中找到以上问题的答案。要求学生用表格的形式做阅读笔记。

学生自主阅读学法指导如表3-1所示。

表3-1　学生自主阅读学法指导

走近文学大师史铁生		
作品	例：《我与地坛》	
阅读问题	结合作品内容回答	告诉我们的道理
遇到怎样的变故		
他是如何面对的		
体现怎样的形象		
含义深刻语句理解		

课后作业：完成课上没完成的阅读笔记表格。

2. 第5、第6、第7课时

学习目标：指向专题基础学习目标。

目标3：布置真实学习任务，制作学校校刊《村韵》中"走近文学大师"专栏。确定本组的专栏主题，根据不同的主题在教师学法指导下，撰写专栏相关内容。遇到问题教师指导解决。

学习方式：合作探究学习。

学习任务：教师提出任务，学生明确探究学习内容。

学习环节

环节一：布置情境学习任务，解读任务持续性评价。

校刊《村韵》，拟开辟专栏"走近文学大师"，展示全校学生在阅读文学作品过程中的收获与思考。初一10班承担一期的内容——走近作家史铁生。为了完成专栏内容，班级成立编辑部，分别由不同的小组承担不同的专栏任务，在教师的指导下采用论世、绘画、点评、鉴赏、诵读校本等多种形式撰写相关专栏的内容。各个学习小组分工合作共同完成专栏制作任务。情境学习任务持续性评价规则如表3-2所示。

表3-2 情境学习任务持续性评价规则（7）

项目	评价规则描述	等级
内容	符合版块内容设定，展示对作品的个性化理解，层次分明，逻辑性强；有感染力，能吸引读者	每项评价分4个等级，分为：优秀、良好、一般、待提高
形式	与版块内容契合；表现形式独特	
表达	声音洪亮，感情饱满；发音清晰，没有口头禅；有基本的临场应变能力	
体态	举止端庄、大方；手势、移动、点头等肢体语言自然；能与观众有基本的互动	
合作	分工明确；配合默契；参与度高	

环节二：结合问题，教师指导确定专栏主题的方法，即有哪些方式展现专栏的主题？

问题3：怎样确定专栏的主题？怎样借助资料和多样的形式解读鉴赏作品？

教师学法指导1：确定专栏版块特点——丰富多样。

教师学法指导2：确定专栏版块版名——巧用修辞，语言精练、平实、文艺。

教师学法指导 3：

学写专栏鉴赏点评——三字法 ⟨ 联：勾连作者生平、联系作者其他作品
借：网上查阅资料、借助专家解读作品
问：向身边的家长、老师、朋友询问

环节三：运用教师指导的学习方法，各个小组自主确定专栏的版块版名，聚焦相关作品选择采用写作鉴赏点评的呈现方式，组长根据组员的优势布置小组合作学习完成专栏版块的写作、绘画、点评、鉴赏、摘录并解读、读后感等任务。

表 3-3 是全班 9 个小组分别确定的专栏版名、学习成果呈现方式和聚焦史铁生的哪些相关作品。

表 3-3　小组展示内容

专栏版名	学习成果呈现方式	聚焦相关的作品
1. 人物轮廓	作家生平及作品介绍	借助网络资料和勾连作者作品
2. 阅读导言	给史铁生写颁奖词	所有推荐作品
3. 话中有画	经典画面再现：简笔画＋文字阐释	《秋天的怀念》《合欢树》
4. 百味地坛	名篇鉴赏与写作：实地考察地坛＋借助网络资料理解	《我与地坛》
5. 岁月独白	散文分析：品味鉴赏语言	《我二十一岁那年》《扶轮问路》《想念地坛》
6. 诗韵悠长	诗歌诵读脚本	《想念地坛》《命若琴弦》
7. 指尖琴音	小说主题探究	《我与地坛》
8. 美德箴言	名言警句推荐	所有推荐作品
9. 心灵启悟	阅读活动感受	所有推荐作品

环节四：根据情境学习任务，组长带领组员演练展示流程并合理分工。

课后作业：完成各个小组应承担的写作等学习任务。

3. 第 8、第 9 课时

学习目标：指向深度学习目标。

深度学习目标：通过制作专栏、撰写专栏文章，学生能结合史铁生的人生经历，理解要勇敢面对人生中的各种磨难，在克服困难的过程中，活出自己别样的精彩人生。

学习方式：小组全班展示。

学习任务：教师提出任务，学生展示学习成果。

学习环节：

各个小组分别上台展示学习成果

↓

师生依据持续性评价给出评价和改进建议

↓

学生对展示的小组提出疑问，展示小组解答

↓

教师总结并启发学生通过展示内容总结感悟

课后作业：各个小组完成专栏电子版内容，编辑组稿。

（二）课后反思

该设计是初一语文组承担的两节海淀区的区级研究课内容，课程内容由周建芬老师和笔者设计实施。我们在整个专题教学设计和实施中进行了分工，周老师负责专题的前半部分，即带领学生在通读史铁生作品的基础上，指导学生给学校校刊《村韵》的"走进文学大师史铁生"栏目制作专栏。笔者负责专栏的成果展示研究课。

我们所做的综合性学习专题是新教材中比较容易被教师忽视的内容，当然也是不好在教学中真正落实的内容。要想达到预期的教学效果，学生需要在前期充分准备。因此在整个教学设计与实施中，我们依据学情，多次调整改进教学设计与实施，最终达到了比较好的教学效果，在全海淀区初中新教材综合性学习课堂教学中起到了示范的作用，为其他教师今后的综合性教学提供了可借鉴的范例。具体来说，我们的收获有以下几个方面。

1. 群文阅读，指导读懂

该专题推荐阅读史铁生的系列作品，如何指导学生阅读，就成了我们教学中第一个需要解决的问题。在教学中为了突破这个难点，我和周老师首先通读作品，推荐学生阅读相关作品，为了能够看到学生阅读的效果，我们设计了自主阅读笔记表格，学生边阅读边完成表格阅读笔记，从而完成了概括主要内容、分析人物形象和体会含义深刻的语句等内容，进而把握作品的主题。在这个环节中，由于史铁生的经历过于坎坷，有些文章和语句学生很难理解，我们不仅指导学生要知人论世读懂文章，还带领学生到地坛实地考察，在考察中引导学生理解史铁生作品的深刻内涵。读懂了作品，就为下面的制作专栏做了很好的铺垫。

2. 学做专刊，注重学法

读懂了作品内容，理解了主题，接下来我们布置了情境学习任务——走近文学大师，学习制作专栏。从学情看，学生没有制作过专栏，这就需要教师进行细致有效的学法指导。为了帮助学生完成学习任务，我和周老师在教学中分别指导学生设计专栏主题、指导专栏写作内容。通过学法指导，各个学习小组确定了自己本组的专栏主题，运用教师教授的方法，分别聚焦不同的作品，采用丰富多样的呈现形式，来展示本组的写作成果。我们的感悟是，有效的学法指导是提高课堂效率的重要手段。

3. 情境任务，真实有效

该专题教学设计的情境学习任务是一个真实的任务，《村韵》是我们学校的校刊，我们征求校刊编辑同意，承办一期"走近文学大师史铁生"专刊，专刊内的各个栏目分别由班内不同学习小组的学生负责。由于任务真实，学生学习的积极性被充分调动起来，在完成任务的过程中，教师指导写作方法，但并不限制各个小组的写作内容和呈现方式。这样的设计也使学生能充分发挥自己所长，具有发展学生的多元智能的教学效果。从情境活动任务的展示来看，学生们的表现远远超出了我们的预期，在这样自主、合作、探究、展示的学习活动中，学生提高了朗读、阅读、理解、鉴赏的语文能力，也在系列学习活动中培养了语文的学科素养。

不足之处是由于教学时间有限，没有可借鉴的经验。转变以往教学方式，教师少讲，学生自主学习，对教师的挑战比较大，因此我们在教学中依据学情多次调整教学设计，教学中有的设计有重复。但我们相信，这次创新教学会为今后类似的教学设计积累宝贵的经验。

附：情境展示任务课堂实录

师：同学们好！

生：老师好！

师：请坐！走进文学大师，制作校刊专栏，我们已经如火如荼地开展了一个月的文学部落综合实践活动，今天由我们同学亲手制作的语文世界的万花筒，即将揭开它的面纱了。所以今天的这堂课，郑老师是助理，主角是你们，非常期待大家今天精彩的展示，在展示之前，一起来回顾一下我们共同讨论的展示课的评价标准。一会儿请同学们根据这样的评价标准有针对性地对我们展示的同学做评价。在这个过程中，我们也可以在自己的学案上做批注和记录。接下来就让我们把时间交给编辑。有请编辑说刊。

生1：大家好！首先我们通过一段视频来回忆一下这一个月来活动的历程。

生1：在近一个月的时间里，为完成专栏任务，我们经历了许多的第1次。第1次上课讨论专栏中的内容；第1次开小组分工会，确保全员参与、各取所长；第1次为了一篇文章，走进一个景点，追寻作者的足迹；第1次尝试写一篇完整的鉴评作品；第1次改编剧本，做导游；第1次当写手，被催稿；第1次为了出成品，夜里11点多还在线沟通；第1次作为编辑，多次开编前会议。我们真正体会到做组长的艰难，做组员的不易，全新的语文学习生活推动着我们每一天都在思考、寻找、发现、创新！通过活动，使我们的精神层面和知识层面都有提高。我们的专栏分为如下内容。

人物轮廓——作家生平及作品介绍。

阅读导言——给史铁生写颁奖词。

话中有画——经典画面再现。

百味地坛——名篇鉴赏与写作。

岁月独白——散文分析。

诗韵悠长——诗歌诵读脚本。

指尖琴音——小说主题探究。

美德箴言——名言警句推荐。

心灵启悟——阅读活动感受。

首先有请经典再现小组展示。

师：好，我们的总编辑稍微有那么一点紧张，所以我们再给他一次掌声的鼓励好吗？大家放松啊。好，有请第1个小组，"话中有画"小组。

第1组："话中有画"组上台展示。

生2：大家好！我们组阅读的重点是《秋天的怀念》与《合欢树》，想必这两篇文章在大家脑海里留下了非常深刻的印象，我们选择插画的形式表现阅读感受，下面请主创人员分享一下他们的创作灵感。

生3：大家好！这幅画所展示的是《秋天的怀念》中最后一段。母亲的去世对史铁生来说是一个沉重的打击。母亲生前曾说要带他去北海看菊花。当他看到了菊花，就想到了母亲，想起母亲千方百计地想帮他从困境中走出来，想起母亲抱憾而终前说的最后一句"我那个有病的儿子和那个未成年的女儿……"时，心中应该是无比的悲伤和遗憾的。我们再看一下这些菊花，文中写到菊花的颜色各异，开得热烈而深沉。因此我画的这些菊花代表着人生百态，而作者的经历也只是人生百态之一，此刻他已经明白了，母亲想带他去看菊花，就是希望他能像菊花那样有着开在冰霜里的坚强与勇敢。

生4：可是我记得作者在作品里并没有云、白鸽和太阳，为什么要画呢？

生3：白鸽代表了生机，而云和太阳则代表了云破日出。希望总会来临，虽然文章中没有提到，但是我认为这些景物与作者传达出的要勇敢面对人生的坎坷相合，所以添加了上去。

生4：说得太好了，妹妹脸上的是泪痕吗？

生3：是的，妹妹年纪尚小便遭到母亲去世的打击，因此我在她脸上画了泪痕。我们再看她下面的史铁生，他的手紧握着轮椅，把控着前进的方向。这正是努力控制自己命运，不断与病魔作斗争的史铁生。他的目光充满了坚定，最终因为母亲，他在生死之间做了选择，他要生，做出这个选择，都是母亲给予他的力量，可以看到母爱是多么的伟大！

生4：我们再来看一下《合欢树》，这幅画画面昏暗，想必是黄昏吧？

生5：是的，文章中虽然没有提到时间，但我们把时间设定在黄昏，代表了作者此时的处境和心境。黑夜过后，黎明总会来到，生活还是充满希望。我们还画了小屋与母亲。母亲正抱着孩子，表情温柔而欣慰，有一种宁静的喜悦在其中。看着他们，应该就想起了自己的母亲，自己的母亲也曾经像这位母亲一样，露出喜悦的笑。

生4：这个路灯又有什么意义呢？

生5：画面里出现了路灯，道路有时是黑暗的，一个路灯就会将它点亮。当你走过路灯，世界再次陷入黑暗时，你不着急，也不必着急，因为下一个照亮你人生的路灯就在前方等你。我们还在画中画了合欢树，很茂盛，因为这倾注了母爱的树已经繁荣生长，就像史铁生一样，有了成就，并且明白了要勇敢地面对生活的艰难。

生4：明白了，那把这两幅画放在一起有什么作用呢？

生3：我们之所以将这两幅画放在一起，是因为是以对比的方式来阅读这两篇文章的。这两篇文章内容不同：第一幅，是他从痛苦和暴躁中醒过来，在失去母亲的痛苦中坚定了活的信念；而第二幅，是他从不愿意去看合欢树，不愿意面对母亲去世这个现实，到他现在接受了这个现实，并且开始享受这份悲伤。这都是一种转变，虽然内容不同，但是所传达出的要享受生活、直面生活中的困难的主题是相同的，所以我们把它们放在一起。

生4：同学们，你们知道什么是对比阅读吗？请我们的组员来回答一下吧！

生2：我认为对比阅读就是把多篇作品放在一起对比着进行阅读，我觉得对比阅读最重要的就是对比的这个点的选择，对比的点可能是一个主题、写作的手法或者文章的结构、内容等。所以，对比阅读可以加深我们对文章的认识。

生3：说得非常好！我们组展示完了，谢谢大家！大家有想对我们组进行评价的吗？

生6：你们组的图画优美、语言简洁、声音洪亮，而且十分自然，紧扣主题，再加上以对话的形式表达出你们的理解，出彩的图片和文字分析结合在一起，让我们深刻体会到了作者当时的内心，让我们有所感触，体会到我们真正走进了作者的内心深处。

生3：谢谢，还有人想对我们评价一下吗？

生7：我想询问一下，如果你们不以这种绘画对比的方式，请问你们还有其他的方式来解读这两篇作品吗？

生3：我想我们会用思维导图的形式，或者从母亲的角度来写一写这篇文章，或者仿写一下，因为这两篇文章都是歌颂伟大的母爱，我想我们如果仿写也会是不错的。不过我认为，我们还是通过绘画来展示更好一些。请问你还有什么想说的吗？

生7：我想给你们提一个建议，在说话的时候，可以离屏幕远一点吗，挡着我们看你们的PPT。

生3：嗯，我们会改进的，好的，我们的展示完了，谢谢大家！

师：好，非常精当的点评啊，结合了我们评价当中的几个角度？3个角度，对不对？所以下一次再点评的时候，我们也一定要结合评价规则的内容去进行。同时，刚才我觉得他们的分享特别好，就是比较阅读需要我们干什么？我有一个问题想问问，你们怎么会想到用比较阅读的方式？

生3：因为我们曾经在课堂上学过《春》这篇文章及《济南的冬天》，您曾经让我们对比他们的写作方式来进行阅读。因此我就想到了，既然这两篇文章都是史铁生表达母爱的，所以也许我们可以拿它们来进行对比的阅读。

师：好，非常巧妙的、勾连的方式，可以让我们建立作品和作品之间的宏观的联系，是不是？好，我们接下来请第2组，"百味地坛"小组。

第2组："百味地坛"组上台展示。

生1：老师们、同学们，大家好！我们组给大家呈现的是"百味地坛"这个版块。《我与地坛》是史铁生最经典的作品之一。初读文章，我们用圈点批注的方法进行了细节的阅读。然后想通过绘制思维导图的方式，来把文章的主要内容和作者所要表达的思想进行一个框架的整理，但是《我与地坛》实在是太长了，内容太多了，是我们没有读过的长散文，所以在绘制思维导图的时候，思路是比较混乱的。小组成员有人读出了地坛里的人物、有人读出了母爱、有人按照文章的顺序梳理思维导图、有人分析了手法、有人得出了感悟。大家一起读出了母爱，读出了作者关于生与死的那份选择，但是很多内容大家还是没有读懂，比如，为什么要写地坛里的其他人？写地坛里的景物是不是对地坛的赞美？对整个文章而言，我们没有做到完全读懂。

生2：这时我们求助了郑老师，老师建议结合作者的人生经历进行阅读，小组同学先完成了史铁生生平坐标图，在学习《秋天的怀念》当中，我们简单地了解了史铁生这个人，这个坐标图能让大家更加清晰地看到史铁生青年时期曲折的人生经历。

史铁生1972年生病残疾，1989年便写出了这篇文章，其间经历了无数次的生死挣扎，还有母亲的去世，所以他的经历应该是非常复杂的，这个坐标图能让我们明白史铁生的人生起伏，也明白了积聚了15年的文章，一定是一篇感情非常复杂的文章。所以我们又求助了另外一位老师，在互联网上查阅相关资料。老师指导我们使用了各种专业的网站，通过输入关键词的办法，我们找到了好多关于《我与地坛》的解读，但是资料实在是太庞大了，光是输入"史铁生"就有1400多条，输入《我与地坛》后，又有216条，全部读完是不可能的。于是我们又调整了思路，把焦点放在文章当中，在我们最感兴趣的两个部分——写人和写景，分别检索到了十几篇评论。

生3：但我们仍然不能很好地理解这些人与这些景。于是我们在老师的带领下真的走进了地坛。在地坛，我们看到了文章描写的小路、林中的老麻雀，也试着猜史铁生走在哪里才不被母亲发现。也看到了钟楼，虽没听到鸽哨，却看到很多鸽子，还有就是好多游客、周边的孩子和老人。老师边走边向我们提问，"你在地坛里看到史铁生笔下的人了吗？为什么不写其他的人？他在这里都想了什么问题？"就这样边走边思考讨论，大家明白了：他写的是对他的思想有影响的几个人。虽然我们眼中的地坛肯定不是史铁生笔下的那个地坛了，但是我们还是在走进地坛的过程中离史铁生更近了一步。

回来后，我们再一次绘制了思维导图，从事件、人物形象、写景的手法来理解作者感悟的角度，写了两类介绍文章，现在由我们组员来读他的鉴赏文章。

生4：在《我与地坛》中，作者在地坛里寻找到另一个为写作而活着的自己，作者在地坛中观察到了许多不同的人，并对他们展开了思考。那个漂亮而不幸，美好而悲哀的小姑娘，在我眼中成为整个散文中的一大亮点，有几个正戏耍的少女，笑着喊着追逐着。作者连用数词来描写少女此时的神情，"惊惶""东跑西躲""不松手"，我看到了小姑娘纯真内心中的恐惧。在这时，作者终于发现了一个令人心碎的事实——这位可爱的姑娘有些智力缺陷。此时，姑娘的哥哥赶来了。"飞快""怒目而视""一声不吭""脸色如暴雨前的天空一样一会儿比一会儿苍白"，这些细致的神态描写，将愤怒、关爱与几丝无奈充分表露出来，让人感同身受。

世间总有些人是悲苦的。在悲苦中，史铁生顿悟："就命运而言休论公道"。上帝说："世界有许多苦难，残疾需你来承担。"于是，聪慧的史铁生，成了残疾的史铁生。身体上的残疾，慢慢感染到心灵之中。作者内心被无助胀满，愤怒地质问上帝："凭什么？为何让我承受这悲苦？为何让我生？"哭喊，无望，悲痛，挣扎。

上帝又说："那么回头想想你的母亲吧。"秋天，北海的菊花在风中摇曳。母亲对他说："好好儿活……"

作者回望着。

上帝说："你看看地坛里的人们。"于是，作者看到了这可爱的姑娘和他的哥哥，好像看到了自己和母亲，看到了悲苦与欢乐的交融。他看懂了上帝设的这部剧，悲痛、感悟、承担、放下。既然世间总要有苦难，就让我来承担吧，善良使人这样想。上帝又说："莫要悲哀，看看你又得到了什么，你的苦难究竟成就了什么？"

成就了这个史铁生与这一片安静的地坛！

生3：关于《我与地坛》我们还有很多没有读太懂的地方，比如第6章、第7章，郑老师说，没有读懂就不懂好了，因为慢慢长大慢慢就会懂的。谢谢大家！

师：非常好，有哪位同学对他们组的展示进行点评？

生：我觉得你们的展示特别细致，图也画得特别好，一定是花了很多功夫的。然后好多关键词，都提炼出来了。但是有一点缺陷就是陈同学的演讲速度有点快，语速慢一点的话，我觉得效果会更好。

师：非常好！

生：嗯，我来评价一下你们的表达，表达比较清楚，内容比较全，PPT上有红字的重点交代得也很全面。你们的形式就是人物的对话，有连接词，这很好。图画将文字转化成画面，很有画面感。能用自己的语言表达作品中人物的心理，这样也是比较好的，表达的语言抑扬顿挫。

生：我觉得你们分工合理，语言流利，每一个人都有表现的机会。另外，结构非常清晰，表达幽默、自然、有逻辑，向我们展示了亲身走进地坛所获得的阅读成果。用思维导图的形式，分析《我与地坛》，优美而令人深思的文字，分析了小姑娘的人物形象。结合多篇文章的阅读理解加上了自己阅读想法，让我们又一次深刻理解并且走近了史铁生。

师：好，请坐！因为时间的关系，我们对这个小组的点评就到这儿。

我有一个疑问，他们的幽默体现在哪里？

生：我觉得他们的幽默是，他们说另一个老师也就是互联网。

师：非常好，就是说他们是部分语言的幽默，而不是整个表达的幽默，对吗？我还有一个疑问，刚才还有一个点评，说他们的思路是什么？是思路比较严谨吗？还是层次比较清晰？好，具体的表现是什么？怎么体现他的清晰？在听的过程当中他感受到了这一点，我们感受到了吗？他清晰的是什么？哪位同学来分享一下吗？你们谈谈自己的成功之处，你们清晰在哪儿？

生：我觉得层次清晰，是开始他们介绍怎么做这个项目的，后面说怎么做的，最后自己有一个总结和实践，我觉得是这样的层次清晰。

师：就是说做这个活动的步骤，以及作者成长的历程非常清晰地呈现给我们了，对吗？好，非常好，在这个过程当中，就刚才同学们在点评这个组的内容当中说的，他借助了另外一个大师是什么？互联网。我们在听的过程当中回看，刚才咱们PPT中有读名家鉴评的内容，有很多的文章我们目前还不能读懂，但我们可以从名家鉴评的视角去感受作品细微的地方，来辅助我们写自己的鉴评，无论是从作品的着力点，还是作品的结构设计，甚至是语言的表达方面，都可以学习、模仿和借鉴。是这样的吗？非常好，好那我们继续下一组。

第3组："岁月独白"组上台展示。

生1：大家好，我们组研读的是几篇比较短小的散文，分别是《我二十一岁那年》《扶轮问路》《想念地坛》。为了更好地理解文章，我们绘制了鱼骨图和思维导图，将文章中涉及的事件人物与表达的中心展现出来。人最强大的对手是自己，阅读史铁生的散文，我们发现了史铁生常常在矛盾中，一个脆弱的和一个坚强的史铁生，一直在抗争着。当然坚强的有精神的史铁生赢了，所以我们选择将他与灵魂的对话展现出来。

生2：我很痛，我的身体在痛。上帝在我活到最狂妄的年龄上忽地残废了我的双脚。天啊，让我怎么接受自己不是一个健康的人。第一次走进病房，我对自己说：史铁生要么好，要么死。

生3："要么好，要么死。"这是因为我对医学和命运还没有了解得那么深。躺下来睡一觉，十天、一个月。好吧，3个月就回到原样了——我对自己说。

我很痛，我的心在痛，死了算了，房钱、药钱、饭钱，家里为我治病已经负债累累了，让我如何面对？

三号床传来声音："得了嘿，你有完没完！死死死，数你悲观！"好吧，听人劝。既来之则安之。我松开了握紧的拳头，把头埋进书里。

我很痛，我的神经在痛。3个月了，病更厉害了，双腿麻木、萎缩。上帝啊，如果不给我健康，能不能把能走路的腿给我留下。花园里桃红柳绿了，我只要能踱着步，晒着太阳就行了，就够了，就能填满心里的空白。

王主任说："还是看看书吧，你不是爱看书吗？人活一天就不要白活。"这句话像一束光，给我指了一条活着的路。唐大夫来了，护士们来了，他们同情我关心我。"别着急"，这是我听过次数最多的话。我的那些同学、朋友，朋友的朋友们来了，他们带来了书，带来了安慰和快乐。还有爱情的影子，就这样，把一个绝望的生命引领出了死谷。

生1：我很痛，我的思想在痛。我已经接受了死是一个必将降临的节日，下一步就是如何好好活着，为了活着，我开始写作。上天怜我，作品发表了，获奖了，我却迷失了。写作，要寻什么根？炫耀祖宗？展示身份和地位？为了比赛和排名榜？

我对自己说，史铁生回到地坛去！于是我回去了，感受它的安静。那是喧嚣中的宁静，那是荒旷下的生机。神说，不要做一个人质，回到零度，放下欲望，寻找你悠远的梦想，铺开一张纸去写吧，让心魂获得安宁。

生2：选择这种灵魂与灵魂对话的形式，就是想更好地对史铁生的心路历程进行解读。他的坚强来自身边的人们对他的影响，更来自他自己，他对病痛的隐忍，对写作的执着，对生死的超脱。史铁生我佩服你，史铁生我佩服自己，谢谢大家！

师：我们这个组和下一个组一起评价。接下来有请"诗韵悠长"小组。

第4组："诗韵悠长"组上台展示。

生1：大家好，我们组负责的是"诗韵悠长"版块。我们组想要通过诵读脚本的形式，与大家分享阅读收获。在史铁生的十几首诗当中，我们选择《节日》这首诗，诗中的"节日"应该指的是死亡。在《我与地坛》中，作者写道"死是一个必然会降临的节日。"所以全诗表达的是作者想象死亡到来时的情景，通过对这一"节日"的描述，表明自己面对死亡的态度。

史铁生在用智慧思考人生，在读史铁生其他作品的时候，我们已经能够体会他"幽默"地看待生死。所以，这首诗应该不是悲伤的沉重的心情，而是一种平静的、坦然的、从容的心情。

生2：下面我来跟大家分享一下最后一节的诵读脚本，最后一个"呵"，语气更加强烈，把胸中自我安慰、自我调节的情绪都抒发出来。"热烈"与"寂静"看起来矛盾。死亡来临是伤心的大事、是最大的痛。"热烈"是高兴的、激烈的，作者用"热烈"，戏谑地把死亡的那种严肃性消减了。"听"停顿，"热烈"强调出来，语音延长与寂静有强烈的对比。"谣言""谜语""幻影"，可能是史铁生之前说过的人的各种欲望，是说他已经超越了欲望。在史铁生不想活的时候，他说是亲情和友情支撑他活了下来。所以面对死亡，他最后的呼唤还是爱。"爱"，要重读。这两句我们处理成反复，以充分体现作者浓郁复杂的情感。下面请听我们组的诗歌朗诵。

生：啊，节日已经来临，请费心把我抬稳。躲开哀悼、挽联、黑沙和花篮。最后的路程，要随心所愿！

生：啊，节日已经来临，请费心把这囚笼烧净。让我从火中飞入烟缕、尘埃和无形。最后的归宿，是无果之行。

生：啊，节日已经来临，听远处那热烈的寂静。我已跳出喧嚣、谣言、谜语和幻影。最后的祈祷，是爱的重逢。

合：最后的迷茫，是爱的重逢。

师：好，我们要随时记录，我们现在3个小组放在一起，大家一会儿给他们做点评的时候，看看你要说些什么？或者在他展示的过程当中有哪些内容启发了你，触动了你，让你能够再一次回到文本中有新的发现，也可以跟大家分享，好，我们有请最后一个小组。

第5组："指尖琴音"组上台展示。

生：大家好！我们小组把《命若琴弦》内容改编成了剧本。通过两个盲人的故事表达史铁生对生命、对生活的态度，那就是要有坚定的信念和目标。我们在改编中，着重挑了两处冲突强烈的情节来表现人物。在剧本中我们加入了许多旁白，以及辅助任务表演的注释。第一幕，小盲人喜欢上兰秀，老盲人得知此事时，语重心长地劝告。另一幕是老盲人得知药方是白纸后，受到巨大打击，但仍去找小盲人，把药方给绝望的小盲人。一张药方支撑着老盲人走过了70多个春夏秋冬。他心中寄望着弹断1000根琴弦的时候就能拿到药方并看见光明。然而当琴弦断了1000根时，老盲人得到的只是一张白纸。他选择在小说结尾告诉小盲人要弹断1200根琴弦。小说揭示了深刻的人生哲理，也意味着绝望中的希望，追求药方的过程就意味着生命的长度，所以他将生活的目标和动力传递给了小盲人。

这两部剧，小盲人要呈现出对外面世界的向往，对美好情感的好奇与追求。师傅虽然劝说，但没有经过生活打击的他，只是表面上听了师傅的话。结果梦想幻灭的时候，他受不了这种沉重的打击，放弃求生的欲望。所以小盲人要表现出年轻人的莽撞热血、无所顾忌，遭遇变化后表现出绝望、痛苦。老盲人因为年轻时经历过像徒弟一样的事，知道追求也无用，最后只能自己受伤，所以自己对徒弟很关爱，避免徒弟经历自己经历过的痛苦，这里表现了他们的师徒之情。他满怀希望地拿着药方抓药时，发现药方只是一个骗局，多年的梦想一朝被摧毁，他也一定经历了巨大的失望和痛苦，但他想明白了自己师傅的用意，是希望自己活下去。

作为一个70多岁的老人，人生的经历与生命的智慧让他明白了活着的意义。

于是他找到了绝望的小盲人，用心良苦地告诉他那1200根琴弦的故事。在表演中老盲人既要呈现出历经岁月的沧桑，又要体现出师者对徒弟的厚爱。既有自己没有办法化解的伤痛，又要坚强地把活下去的希望传递给自己的徒弟，琴弦脆弱但有韧性，人的生命也应该如此。

我们的剧本已经进入紧张的后期排练阶段。新年联欢的时候将与大家见面，将用舞台剧的形式演绎这部经典，希望能更好地理解这部小说。谢谢大家！

师：好，这两天在放学后看到"指尖琴音"剧组在紧张地拍摄。演员、道具、导演都已经在状态了，元旦联欢的时候，期待他们组的精彩表演。现在我们展示的部分就先告一个段落。现在我们对3个小组的展示做一个点评。

生：我先对第一个小组的那个鱼骨图和车轮图提出一个疑问——你们为什么要用鱼骨图和车轮图？你们刚刚说了一下用鱼骨图、车轮图来梳理思路，之后一直在用朗读的形式，我就很好奇你们为什么要用鱼骨图和车轮图？你们能解答一下我的疑问吗？

生：主要是因为两篇文章都是散文，感情丰富，作品涉及很多内容，为了厘清我们的思路，我们画了鱼骨图和车轮图。在准备展示过程中，我觉得这个表现形式不如我们朗读更丰富，更能体现史铁生心中的矛盾，所以我们后来又选用了朗读的形式在台上展现。

师：好，有问题，请说。

生：前面同学读的那一段，史铁生的感情是非常激动的。后来他们读诗，感觉史铁生已经释然了，没有那么悲伤了，但是为什么音乐要选一个那么悲伤的呢？

师：你这个问题杂糅在一起了，这是两个组，这一组表明他们已经释然了，读诗的这一组理解到了史铁生面对生死的释然，对吧？散文组表现了史铁生内心的挣扎。所以问题是指向于为什么用这个音乐？还是他在朗读过程中为什么他的情绪是复杂的？

生：我主要是寻找到他们的问题，他们的优点就是解答得非常清楚。他们刚才解释了他们表现的是一个脆弱的史铁生；而诗歌那一组表现的史铁生已经释然了，已经没有那么悲观了。但是诵读的时候跟他们之前说的已经释然的史铁生有点对不上。

师：就是诵读的感情和他们理解的感情对不上，好，我明白你的意思了。我谨代表这位同学问一下，你在处理情绪的时候非常复杂，因为你代表的角色是什么?

生:我代表的角色是脆弱的史铁生。

师:所以呢?

生:所以我的情绪就是在自己很年轻的时候,忽然知道自己一生可能默默无闻、非常的挣扎、特别的痛苦,所以我就努力让自己进入当时的史铁生,去感受他的痛苦,因为在《我二十一岁那年》这部散文中,他还没有释然,就是我选择读的那一部分,他还是非常的痛苦,非常的纠结,不愿意去面对矛盾。

师:嗯,非常好,请问第一个问题,那另一位同学代表的是什么样的史铁生?坚强的,语言是干练的,果断的,对吗?第二个问题指向于朗诵这一组,你们的音乐为什么选的听起来似乎有些悲伤?郑老师不懂音乐啊,你自己选的,为什么选这个音乐?

生:因为我觉得朗诵的配乐要么就是纯音乐,要么就是热烈的,所以我找到了一个比较中性的。

师:好,我不知道音乐是否可以用中性这个词,但是我理解她的意思了,就是她想用一个纯粹的音乐来表明史铁生对待生死的时候那种纯粹的态度。他已经放下了、释然了、不在意了。是这样吗?非常好,我觉得他的问题也提得很好,但是下一次理理提问题的思路。还有想点评的吗?

生:我先点评一下诗歌组,你们的朗读非常让人感动,配上音乐之后我觉得非常震撼,但是我有一个问题,就是刚才已经提到了史铁生在此时已经释然,那么请问为什么你们在最后一句"是爱的重逢",这个地方要处理成齐读,而不是让一个人读呢?

师:好,谁来回答?

生:我们组在分析这首诗歌的时候,发现史铁生在面对死亡的时候没有特别害怕,是积极向上的那种,所以我们认为齐读可以体现史铁生的这种情感,这种方法也可以带动整个场面的气氛。

师:好,请坐!她关注了两点,第一个是情感已经释然了,看开了,所以很乐观,用一个词形容就是"向死而生"的一种精神状态,所以他们把它处理成了大家渐渐进入的形式,然后让语气越来越高昂。接下来我们再读一下最后一节,我们试着体会一下作者的情感。我先起个头:"啊,节日已经来临"

师生齐读:啊,节日已经来临,听,远处那热烈的寂静。我已跳出喧嚣、谣言、谜语和幻影,最后的祈祷是爱——的——重——逢!再来一遍,最后的祈祷是爱的重逢。

师：那我们用渐弱的方式处理和他们用渐强的方式处理，有没有情绪的变化？没有更好一些？原来的更好一些，是吗？还有呢？有没有其他的意见？为什么好？为什么郑老师带大家重新处理不好？我觉得我们的展现形式也很棒啊？

生：我觉得最后渐强的好处就是，因为诗歌的情感是要抒发的，最后渐强，最后的祈祷是爱的重逢，重逢！

师：充满期待。

生：抒发出自己的感情啊。

师：就是感情没有郁结在心中，诵读的过程当中每个人都可以有自己的看法，对吗？对于不同的内容不同的文章，我们可以从自己的角度去解读。也就是在读的过程当中，你可以展示你的情感。同学们，那么我们再回头去思考，我们走近文学大家，制作校刊专栏的这个环节，基本上设置的内容已经差不多了，是不是还是留了一个空白，就是我们之前在上课的时候让小组提供的专栏的主题还没有确定，以上是我给大家汇总的我们每一个小组提供的一个专栏的主题，现在我们小组讨论一下，找一个同学来分享，为什么当时你们小组用这样的一个关键词作为我们这个专栏的主题呢？哪个小组先来，我记得当时较早的时候有一个同学特别急切地想跟我分享一下，为什么选了这个词。

生：我们选的是第3个"曲折"，因为我觉得史铁生的人生就是曲折的，而且他从想死到不怕死，他的思想也是曲折的。

师：非常好，请坐！还有吗？还有哪个组？

师：我们选的《我与地坛》这篇文章做的分析，而且我们从中读出了地坛使得史铁生内心变得平静，相当于救赎了史铁生。史铁生开始时也是在生与死之间徘徊的，是地坛让他感到了生命的希望，救赎了他，让他选择了生，所以我们选择的是救赎和地坛。

师：是地坛救赎了他，更重要的是谁救赎了他？

生：地坛里的人们。

师：还有吗？外在的东西给他了，他还需要？

生：他还需要自己的思考。

师：更重要的是谁使他获得了救赎？对不对？他完成了一次精神的蜕变，一直在对自己提问，一直在矛盾和挣扎，对吗？在他的很多作品当中，我们都能看到这些，但是最后外在的朋友亲情、那些陌生的人给他带来了力量，融汇到了他的内心深处，变成了什么？他自己的力量！对吗？非常好，请坐！还有吗？分享一下，你们组的推荐。

生：我们组推荐"信仰"和"不息"，我们觉得史铁生的整个人生，虽然是一个悲剧，但是不息。史铁生的精神就是向死而生，现在就是死而后生。他的生命就像一个倒计时，所以我觉得这个应该是一个信仰。

师：非常好，他有一个词"死而后生"，在这个地方如果可以用的话如何理解？

生：我认为"死而后生"就是他的精神在一次一次地复活。

师：身体在一次一次的病痛中，在一次一次的坎坷中，他用的词特别好——"复活"。每一次在崩溃边缘的时候，在垂死挣扎的时候，他最后都怎么样地站起来？给一个词。坚强，还有吗？还有没有分享你们的主题的小组。

生：我们提供的是"生命"和"希望"，"生命"，所有人都可以看到，在我们的那个对白中，我们一次一次地去展现史铁生的脆弱，就是说想死或者怎么样。然后坚强的史铁生又坚持着，就像小何说的复活了，所以我们选择了生命。

师：嗯，非常好！请坐。我觉得我们读书读到这里，我们的活动做到这里，我相信啊，其实我们在座的每一个同学自己内心都有一个关键词作为这一次专栏的主题了，对吗？这样子看郑老师的关键词也在其中，猜我用的是哪一个？哦，小何了解我，"问路"是郑老师放进去的一个关键词。那我为什么用"问路"呢？谁能猜一猜？

史铁生人生的每一次经历，他都在探寻，每一次挣扎的时候，他都在寻找一条前进的方向，在寻找的过程当中，他的身后就留下了深深浅浅的足迹，探寻到了一条史铁生独有的坚强的成长之路，对吗？所以我觉得"问路"的主题也适合放在这儿。那这个时候我们去思考，我们制作校刊专栏首先做的是什么？第一节课，我们确定了版块的内容。然后呢，我们的小组长迅速地进入了角色，对不对？精细地去分工。接下来呢，进入了什么过程？开始干活了，撰写这个专栏的稿件。然后呢，组长在不停地催你们，收集你们的资料，是不是？这两天最忙的是谁呀？最忙的是郑老师，除了郑老师还有最忙的一组？编辑，他们在做什么？是不是在排版，为了呈现一个完美的刊物在给我们进行图文的排版。这是我们制作专栏的一个成长的过程。更重要的是在制作这个专栏的过程中，我们在阅读史铁生的作品。真正地感受到经典作品对于思想、精神、心灵的滋养。我们在阅读史铁生的众多的作品当中，感受到了史铁生的人格魅力，那种在病痛面前的坚强，在生死面前的释然、洒脱。对不对？在写作这个理想面前他一直怎样？坚持着，我们给他一个词，他怎么样地去追求？不懈地执着去追求，而且在追求的过程当中，他还表现得非常的纯粹。在《想念地坛》的这篇文章当中，要回到零度。当你从书中阅读到了这些信息的时候，我们已经实现了跟大师的哪里的对话？心灵的对话！把我们从作品当中汲取到的养分，用在自己的成长的过程当中的时候，是不是就给我们的成长带来了指引和激励。所以我们阅读最重要的还要干什么？自我光照，对吗？我想我们的同学在你的"阅读心语"当中已经呈现了你的阅读收获。那么今天在这一节分享之后，我相信这个阅读收获应该也可以有2.0版，还有3.0版。好了，郑老师就要开始画画了，我们的这个活动叫什么？《走近文学大师，制作校刊专栏》。所以，我记得第一节课的时候有同学问我，大师是什么？现在你对大师这个词有没有新的理解了呢？我们与大师距离远吗？不远，隔着什么，其实就隔着什么？隔着一页书的距离。所以，同学们翻开书你就走近了大师。好了，这堂课我们就上到这儿，更多的精彩，咱们下次再见，好吗？还有最后郑老师说一句，参与的你、展现的你，是最美的你！下课！

板书设计：

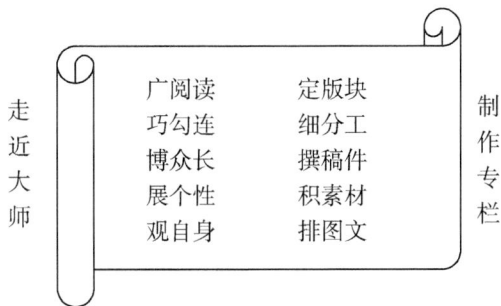

第四章

名著阅读，实现学科育人

第一节　品读经典，感悟成长
——语文《朝花夕拾》教学设计与实施

李楠

一、专题教学设计

确定预期的学习目标

1. 学习主题：影响

学习主题解读

（1）专题课标相关要求

《义务教育语文课程标准（2022年版）》第四学段（7～9年级）

【阅读与鉴赏】

①在通读课文的基础上，厘清思路，理解、分析主要内容，体味和推敲重要词句在语言环境中的意义和作用。

②欣赏文学作品，有自己的情感体验，初步领悟作品的内涵，从中获得对自然、社会、人生的有益启示。对作品中感人的情境和形象说出自己的体验，品味作品中富于表现力的语言。

③每学年阅读两三部名著，探索个性化的阅读方法，分享阅读感受，开展专题探究，建构阅读整本书的经验。感受经典名著的艺术魅力，丰富自己的精神世界。

（2）专题内容分析

《朝花夕拾》是鲁迅所写的一部回忆性散文集，原名为《旧事重提》。这组散文是鲁迅作品中最富生活情趣的篇章，我们可以以此了解鲁迅从幼年到青年时期的生活道路和心路历程。

在《朝花夕拾》中，鲁迅还写了许许多多的人和事，既有温情与童趣，也有对人情世故的洞察。鲁迅记录了自己生命中出现的一些人物，如淳朴善良的长妈妈、方正质朴的寿镜吾、心术不正的衍太太、治学严谨的藤野先生等，他们给鲁迅留下了深刻的印象，影响了鲁迅的成长。

《朝花夕拾》是鲁迅对往事的回忆，体现了鲁迅先生的思想变化，不时夹杂着有趣的议论或犀利的批判，鲁迅以独特的视角展现了当时中国的社会状况和风气。他爱人性的美好、温暖，也讽刺人生路上那些冷漠、心术不正的人，批判当时的社会风气，这就是《朝花夕拾》的价值所在。

本设计通过分析鲁迅的成长轨迹，探究关键的人和事对鲁迅成长的影响，帮助学生理解鲁迅这一人物形象，阅读经典，关联自己，丰富自己的情感体验。

（3）学情分析

《朝花夕拾》是学生升入初中后阅读的第一本经典名著。作品所反映的生活场景和我们的时代不同，教材中的阅读题目是：消除与经典的隔膜。初一的学生，刚从小学升入初中，阅读鲁迅的作品、理解鲁迅作品所表达的思想情感有难度。此外，小学名著阅读课以自读及教师做 PPT 分享为主，学生没有接受过如何进行整本书阅读的方法指导。

根据以上分析，确定该单元的"深度学习"学习主题——影响。

2. 学习目标

（1）基础学习目标

目标 1：教师指导学生通读《朝花夕拾》，概括 10 篇散文的内容，初步了解鲁迅先生的人生经历。

目标 2：再读《朝花夕拾》，重构文本，绘制鲁迅成长轨迹图，走近鲁迅先生。

目标 3：研读《朝花夕拾》，探究书中关键的人和事对鲁迅人生选择的影响，丰富情感体验。

目标 4：通过探究鲁迅的成长历程，关联自我，提升思维品质，促进精神成长。

（2）深度学习目标

理解成长过程中关键的人和事，可以对我们的成长与改变产生重要的影响。

（3）学习问题设计

1）基本问题

问题1：阅读《朝花夕拾》，依据内容所涉及的时间，绘制鲁迅成长轨迹图。

问题2：阅读《朝花夕拾》，思考作品中一些重要人物对鲁迅的成长有哪些影响？

问题3：阅读《朝花夕拾》，思考作品中一些重要事件对鲁迅的成长有哪些影响？

问题4：鲁迅的成长经历对你有何启迪？

2）深度学习问题

结合作品内容，谈谈为什么关键的人和事可以对我们的成长与选择产生重要的影响？

二、专题教学实施

（一）安排课堂教学内容，指导学生学习活动

1. 第1、第2课时

学习目标：指向单元基础学习目标。

目标1：教师指导学生通读《朝花夕拾》，概括10篇散文的内容，初步了解鲁迅先生的人生经历。

目标2：再读《朝花夕拾》，重构文本，绘制鲁迅成长轨迹图，走近鲁迅先生。

学习方式：教师指导下的自主学习。

学习任务：在通读整本书的基础上，完成读书笔记，绘制鲁迅成长轨迹图。

学习环节

环节一：初步了解鲁迅先生。

基础学习问题：

问题1：通读《朝花夕拾》，10篇散文分别写了哪些人和事？表达了作者怎样的情感？

问题2：将《朝花夕拾》中的10篇散文按照作者的成长轨迹，绘制鲁迅的成长时间轴。

环节二：走近鲁迅先生。

①完成作品内容概括。

②绘制鲁迅成长时间轴。

课后作业：重构《朝花夕拾》中的10篇散文，绘制鲁迅成长轨迹图。

2. 第3、第4课时

学习目标：指向单元基础学习目标3、目标4和深度学习目标。

基础学习目标

目标3：研读《朝花夕拾》，探究书中关键的人和事对鲁迅人生选择的影响，丰富情感体验。

目标4：通过探究鲁迅的成长历程，关联自我，提升思维品质，促进精神成长。

深度学习目标：理解成长过程中关键的人和事，可以对我们的成长与改变产生重要的影响。

学习方式：教师指导下的合作探究学习。

学习任务：分组合作探究完成情境学习任务，依据评价改进本组的表现。

学习环节

环节一：教师布置小组探究合作情境任务，讲解持续性评价。

情境学习任务：研读《朝花夕拾》，在自主学习的基础上合作学习，探究书中重要的人和事对鲁迅成长的影响，丰富自己的情感体验。以思维导图的形式呈现小组学习成果。

情境学习任务持续性评价规则如表4-1所示。

表4-1 情境学习任务持续性评价规则（8）

项目	评价规则描述	等级
①用图梳理	借助思维导图将本组学习成果梳理出来	每项评价分4个等级，分别为：优秀、良好、一般、待提高
②讲述内容	汇报展示，内容具体，声音洪亮，围绕主题，条理清晰	
③朗读理解	声情并茂地朗读，通过朗读理解作品内容	
④脱稿讲述	能够脱稿讲述本组学习成果	
⑤合作分工	团结合作，分工明确，内容具体	

环节二：教师答疑指导。学生结合单元学习问题，合理分工，在组长的带领下完成小组学习任务，分工书写，以思维导图的形式呈现小组学习成果。

基础学习问题：

问题3：阅读《朝花夕拾》，思考作品中一些重要事件对鲁迅的成长有哪些影响？

问题4：鲁迅的成长经历对你有何启迪？

深度学习问题：结合作品内容，谈谈为什么关键的人和事可以对我们的成长与选择产生重要的影响？

环节三：各个学习小组在组长的带领下，依据持续性评价标准改进小组学习成果，分工练习展示学习成果。

3. 第5、第6课时

学习目标：指向单元深度学习目标。

深度学习目标：探究书中人和事对鲁迅的影响，丰富自己的情感体验。理解成长过程中关键的人和事，可以对我们的成长与改变产生重要的影响。

学习方式：各个学习小组展示情境学习任务成果。

学习环节

环节一：各个学习小组依次上台展示情境学习任务成果。

环节二：教师和学生依据评价规则为各个小组提出反馈和建议。

环节三：教师总结本专题教学内容，并板书。

（二）课后反思

名著阅读专题学习以"影响"为主题，带领学生品读经典，感悟成长。该主题依据学科评价标准、学科教材内容、核心素养、学生实际情况而制定。

"探究书中重要的人和事对鲁迅成长的影响"专题情境学习活动，体现了"深度学习"的特征，具有规划性和整体性、实践性和多样性、个性和开放性。

在学习过程中，制定评价方案，开展持续性评价，确定持续性评价反馈的内容和方式。从教师的教转向学生的学，注重学生学科素养的发展水平，以及学生在学习活动中的参与度。

教师在学生学习过程中发挥引导作用，突破学生阅读中的难点，树立以"学"为中心的观点，凸显学生的主体地位，重视学生的主动性和创造能力，强调生生之间的互动，给学生充分的时间进行展示和学习。

附：情境学习任务展示课堂实录

《朝花夕拾》课堂实录

一、复习导入

（一）展示前期学习成果

师：同学们好！

生：老师好！

师：今天这堂课，我们继续来学习《朝花夕拾》，进行《朝花夕拾》的整本书阅读。我们这节课的学习目标是：通过研读《朝花夕拾》，探究书中重要的人和事对鲁迅成长的影响，丰富自己的情感体验。

《朝花夕拾》的整本书阅读分为这样几个部分：初始活动、探究活动和展示活动。在初始活动的阶段，同学们通读了整本书，完成了自主阅读读书笔记，这是同学们的读书笔记。在探究活动中，我们分为两个任务。任务一：重构文集，绘制作者成长轨迹图。这是咱们同学画的鲁迅成长轨迹图。任务二：研读《朝花夕拾》，在自主学习的基础上，合作学习，探究书中重要的人和事，分析这些人和事对鲁迅成长的影响，丰富自己的情感体验。各个学习小组要求用思维导图呈现小组的学习成果，辅助本组的展示交流。这是咱们组员的分组和分工，这是同学们自主学习的照片和同学们画的思维导图。这是合作学习的过程和小组学习成果，老师没有一一展示，选了两个组的同学，当时同学们还关注了思维导图的评价标准。

（二）明确学习任务

师：今天这节课我们来进行第3个学习活动——展示活动。同学们升入初中，迈入了新的人生阶段。在同学们的成长过程中，会遇到很多重要的人和事它们会给大家带来影响。那么让我们"品读经典，感悟成长"，走近鲁迅先生，看看哪些重要的人和事给他的成长带来了影响。

二、探究人物，分析影响

师：下面我们来分小组展示，展示的过程中请同学们关注持续性评价的要求。我们先请"藤野先生"这一小组来进行分享。其他小组学生一会儿进行补充和质疑。

（一）探究老师对鲁迅的影响

生1：大家好，我们小组是第8组，我们的组员有4位。我们4人分别进行汇报、评价、组织和朗读。我们组探究的是《朝花夕拾》中的两位老师——寿镜吾先生和藤野先生。先给大家分析藤野先生。藤野先生的外貌是：戴着眼镜，有八字须，又黑又瘦。藤野先生是个和蔼可亲的人，他担心鲁迅先生不肯解剖尸体，因为中国人比较敬重鬼和神。藤野先生有求实精神，藤野先生向鲁迅询问关于中国女人裹脚的事情。藤野先生是个公正平等的人，他不因为鲁迅先生是中国人就歧视鲁迅先生。藤野先生特别的负责和细心，为鲁迅先生改血管解剖图，帮鲁迅先生批改讲义。请大家听我们组的朗诵。

生2：但不知怎的，我总还时时记起他，在我所认为我师的之中，他是最使我感激，给我鼓励的一个。有时我常常想：他对于我的热心的希望，不倦的教诲，小而言之，是为中国，就是希望中国有新的医学；大而言之，是为学术，就是希望新的医学传到中国去。他的性格，在我的眼里和心里是伟大的，虽然他的姓名并不为许多人所知道。每当夜间疲倦，正想偷懒时，仰面在灯光中瞥见他黑瘦的面貌，似乎正要说出抑扬顿挫的话来，便使我忽又良心发现，而又增加勇气了，于是点上一支烟，再继续写些为"正人君子"之流所深恶痛绝的文字。

生1：这段话体现了藤野先生对鲁迅的影响，鲁迅在想偷懒的时候瞥见了藤野先生的照片，他就鼓起勇气继续去写文章了。下面给大家分析一下寿镜吾先生，寿镜吾先生是一个高而瘦，须发花白的老先生。寿镜吾先生是一个和蔼可亲的人，他有戒尺，但他不用戒尺打学生。在鲁迅先生去行礼的时候，他会表示感谢。寿镜吾先生是一个严厉的人，在鲁迅小时候，在小院里玩耍时被老师看到了，老师训斥了他。寿镜吾先生是一个方正、质朴、博学的人。谢谢大家，我讲完了。有哪位同学想给我们做讲解评价或有疑问吗？

生3：我觉得你们在讲述内容方面和合作分工方面是做得比较好的，我对你们的用词梳理方面有点补充和质疑。首先，藤野先生担心我不肯解剖，应该是关心学生，不应该是和蔼可亲，你们这里用词不是很准确。还有，我要补充的是《藤野先生》的第9段，藤野先生冬天有件外套显得寒颤颤，体现他的俭朴。

生4：我认为你们思维导图画得很全面，我也认为和蔼可亲用得不是很恰当。寿镜吾先生的方正、质朴、博学可以加上作品中的事件，来体现他这一特点。我觉得你声音可以再大一点。

师：其他组还有补充的吗？

生5：我想表扬一下，首先你们的思维导图写得很清楚，你写了几个关键词，让我们很快就能了解这篇文章，这点是值得我们所有人学习的。

师：我们来看一下分析藤野先生的内容，刚才两位同学特别好，给和蔼可亲换了一个更恰切的词，关心学生，关心他实习。但是，分析完这些内容以后，下一个部分是分析藤野先生对鲁迅的影响，我们的关键词是影响，在影响这一点，还有没有同学想补充，她只说了一句话，想偷懒的时候瞥见藤野先生的照片，就继续写文章了，藤野先生对他的影响只是这一点吗？

生6：我觉得藤野先生对他还有弃医从文的影响。

师：你来给大家具体分析一下。

生6：一开始鲁迅去日本是为了学医，然后让中国有新的医学。但是后来，藤野先生给他一些具体的影响，以及看电影等事件之后，让他觉得要写一些文章，去写一些所谓的正人君子的一些文章。

师：正人君子所深恶痛绝的文章。是这个意思吗？她说的藤野先生是《藤野先生》这篇文章中的事，还是指藤野先生这个人呢？

生们：事。

师：比如刚才她所说的看电影事件，是直接导致鲁迅先生弃医从文的事件。藤野先生这个人对鲁迅的影响还有没有？我们可以一起回味一下，刚才所朗读的文章倒数第2段，我们来全班齐读。

学生齐读。

师：为什么说，藤野先生是伟大的呢？

生7：藤野先生的品格是伟大的。藤野先生求实、认真的精神也影响到鲁迅许多，藤野先生对于鲁迅这个中国留学生是公正平等的，他对鲁迅的负责认真也影响到鲁迅。

生8：我给他补充一下，藤野先生并没有因为鲁迅是中国人而歧视他，把日本的医术传给他教给他，他没有种族歧视这一点，也是因为这一点鲁迅对他特别尊敬。

生9：我和他的观点差不多，鲁迅先生没有民族偏见，这一点与在日本的学生给鲁迅写匿名信也可以进行一个对比。因为匿名信内容中觉得中国人是弱者，是低能儿，但是藤野先生没有民族偏见，他并不因为鲁迅是中国人就区别对待。

师：刚才这3名同学都说到一个关键词"没有民族偏见""没有种族歧视"，前两位同学分析得更具体一些，第3位同学从美好品格的角度去分析。我们都聚焦到他没有种族歧视和没有民族偏见，藤野先生这样一个日本人都希望中国越来越强大，中国有新的医学，中国越来越好，那作为鲁迅先生，是不是就更是如此了？我作为一个中国人，我更加希望我的祖国越来越强大，越来越好。所以说，藤野先生是一个伟大的人，对鲁迅有深刻的影响。有美好品格的影响，也有精神上的影响，是对他精神上的支持。下面我们看一下寿镜吾先生对鲁迅先生的影响，有同学补充一下吗？

生10：我们组分析的寿镜吾对鲁迅的影响是，鲁迅学习更认真，更喜爱学习，对老师更尊敬，对老师更敬佩。

师：把你们组的图贴到黑板上，这组主要是从老师和学习的角度分析的。这个组分析的寿镜吾比刚才那个组更细致。相同的我们就不分析了，还有补充的吗？

生11：在文章中有这样一段话"我就只读书，正午习字，晚上对课。先生最初这几天对我很严厉，后来却好起来了，不过给我读的书渐渐加多，对课也渐渐地加上字去，从三言到五言，终于到七言了"，可以看出功课多。

师：从文中找到依据，这是功课多吗？

生12：不是。正午习字，晚上对课，他没有作业，不像我们现在课后还有作业。以前是没有作业的。

师：我们读一下课文中的这句话，"先生最初这几天对我很严厉，后来却好起来了，不过给我读的书渐渐加多，对课也渐渐地加上字去，从三言到五言，终于到七言了"，他是对所有学生都是这样吗？

生13：不是。

师：只是对鲁迅这样，这是对鲁迅的希望，从教学方法上这叫什么呢？

生14：因材施教。

师：寿镜吾先生的这种做法叫作因材施教，现在老师们依然是这样做的。我们再来看第8组同学的分享，怪哉虫的事情没写，这体现寿镜吾先生什么特点呢？

生15：有些封建教育，该问的问，比如"四书五经"的问题随便问，我会尽我所能去回答你。但是你问怪哉虫之类的，我不会教给你，因为这些没有用。

师：从这里我们可以看出来，鲁迅先生对于封建教育有怎样的看法？

生16：他有一大部分都不认同封建教育，比如问怪哉虫这件事，这是寿镜吾先生对他好奇心的压抑。他很小，他有很强烈的好奇心，但是寿镜吾老师没有给他解读，就是因为是封建教育，所以他内心对封建教育是不认同的。

师：但是他对寿镜吾先生的什么是认同的？

生16：对寿镜吾先生的因材施教是认同的。

师：所以除了传授给鲁迅很多知识以外，鲁迅对教育的思考也有一定的影响。这是对刚才两组同学发言的补充。

这两组同学从老师的角度分析了藤野先生和寿镜吾先生对鲁迅的影响。我们接着请下面的小组来进行分享，请分析"阿长"的小组展示。

（二）探究阿长对鲁迅的影响

生1：大家好，我是第4组的，我们组的成员分工负责评价、朗诵和组织。请大家和我一起看我们组的思维导图，我们觉得，阿长的优点是朴实善良，因为她给鲁迅买了《山海经》，请大家听我们组的朗诵。

生2：请大家和我看《阿长与〈山海经〉》的第23段。"过了十多天，或者一个月吧，我还记得，是她告假回家以后的四五天，她穿着新的蓝布衫回来了，一见面，就将一包书递给我，高兴地说道：哥儿，有画儿的'三哼经'，我给你买来了！我似乎遇着了一个霹雳，全体都震悚起来；赶紧去接过来，打开纸包，是四本小小的书，略略一翻，人面的兽，九头的蛇……果然都在内。这又使我发生新的敬意了，别人不肯做，或不能做的事，她却能够做成功。"

生1：从这段可以看出来，阿长是一个朴实善良，关心鲁迅的人。

阿长还是一个迷信的人。她对鲁迅说，人死了要说老掉了。大年初一的时候，第一句话要说恭喜，吃福橘，不准我从晾衣服的竹竿底下钻过去。

我们觉得阿长这个人对鲁迅的影响是让鲁迅厌恶封建迷信，让鲁迅体会到看人不能只看外表。从《狗猫鼠》这篇文章可以看出，鲁迅对老鼠并不是很讨厌。阿长，还是一个不拘小节的人。因为她睡觉喜欢摆大字，喜欢切切察察。被人叫错名字也不介意。请问哪位同学可以给我们补充或有疑问吗？

生3：你们组画的思维导图总体很具体，我还是有些疑问的，比如，你说阿长善良，我觉得她是保姆这就是应该为鲁迅做的事，你为什么要说她善良呢？

生1：因为她休假回来之后就给鲁迅买了《山海经》，但是有的保姆就是负责帮助他，给他做家务，只有她给鲁迅买喜欢的《山海经》。

生4：我还有一个疑问，就是你说阿长不拘小节和迷信，这可以总结成一个缺点，你们为什么要总结成两个版块。

生1：因为不拘小节写的是阿长的做法，而迷信是阿长的思想。

生4：好，谢谢。

师：他是建议你们的思维导图可以有一条支线是分析阿长的缺点。

生5：我还想补充阿长的一个缺点，是她喜欢切切察察，她喜欢竖起第二个手指，在空中上下摇动，或者点着对方或自己的鼻尖。还有她不许鲁迅随便走动，拔一株草，翻一块石头，不然就要告诉他的母亲去，这也是鲁迅比较厌恶阿长的一点，我觉得这也算阿长的一个缺点吧。

生4：我还有一个补充，阿长踩死隐鼠，但是她不承认，这可以看出她有些不诚实。在《狗猫鼠》里，作者将隐鼠比作弱小者，就表达出鲁迅对它们的同情和怜悯。阿长还有一个形象就是她很热心，也是从阿长给鲁迅买《山海经》看出来的。我的补充到此结束，谢谢。

师：我感觉还意犹未尽啊。

生6：我认为不拘小节、摆大字算她的缺点，因为这是一个坏习惯，每次睡觉摆大字把鲁迅挤得没地睡了，这不算不拘小节，这算一个缺点。

生7：我觉得迷信里边可以再加一项，阿长给鲁迅讲长毛的故事。

师：给你们组补充了一个长毛的故事。

生8：我觉得规矩多可以再写一下，一早晨起来要说恭喜，要吃福橘等，把这个做几个分支再细说一下。

生5：从阿长为鲁迅买《山海经》还可以看出阿长知难而进，这个可能不太好看出来。鲁迅说"别人不肯做，或不能做的事，她却能够做成功"，阿长也知道这个《山海经》不太好买，或者《山海经》比较难买，她告假回家以后，她知道这件事不好做，但她还做，因为她知道鲁迅喜欢，就要帮他买。我觉得这也算知难而进的品质，算是一种优点。

生1：是的，阿长就是，别人做不到的事，她就能做到。

师：同学们讨论得很激烈，我刚才看到还有同学在举手，然后就悄悄地放下了，估计就是其他同学已经说了。那我们一起来看一下，其实你们的补充和质疑主要围绕两点：第一点，词语不准确不恰切，需要更正；第二点，内容不够具体，比如有同学质疑善良这个词，同学们围绕这个词说了很多遍，买《山海经》、"知难而进"也是围绕这一点分析。请大家打开书，我们要关注文本，大家一起看第20段，齐读。

生齐读：大概是太过于念念不忘了，连阿长也来问《山海经》是怎么一回事。

这是我向来没有和她说过的，我知道她并非学者，说了也无益；但既然来问，也就都对她说了。

师：从这里同学们可以看出来阿长是自己来主动问的，鲁迅知道阿长是不识字的，鲁迅就没想到阿长会给自己买来《山海经》，所以当鲁迅拿到《山海经》的时候，感觉全身震悚起来，运用了震悚这个词。由此看出，阿长是善良的，"可做不可做的事她做了"，也可以看出阿长是十分真诚的，发自内心地喜欢鲁迅，关心鲁迅，所以知难而进地买来《山海经》，这是从词语的角度进行分析。但是从思维导图的角度来看，这边可以单独有一个分支说缺点，如果说缺点，补充迷信、说吉祥语。老师质疑一点，喜欢切切察察是不拘小节吗？

生们：不是。

师：那用什么词语合适呢？

生们：缺点。

师：就是缺点？这里是不是说多事更合适？这个地方有点不合适。在总结的过程中，这组同学发言最精彩的是"影响"这一版块，鲁迅在文章很多地方表现出对阿长的态度是厌恶，他不喜欢阿长的原因这组同学概括得很具体，他厌恶阿长的迷信思想。但是这组同学也有这样的一句话很精彩，看人不能只看外表。谁能解释一下这句话？看人不能只看外表？

生9：阿长，从外表看很胖，而且事比较多，睡觉要摆大字，但是她的内心很爱帮助鲁迅，鲁迅想要《山海经》，于是阿长就想给他买，她连字都不认识，买来书给鲁迅时说的都是三哼经。

师：老师补充一句，其实就是他看到了阿长内心很真诚，而不只是看阿长的小缺点，阿长只是特别普通的一个百姓，有缺点，有他很多不喜欢的地方。但是只是看她的真诚，鲁迅对她的态度就发生了转变。大家看思维导图，这两个版块之间我们可以补充一个字。前边是厌恶的，后边"变"是"喜欢敬意"的，你们会加哪个字？

生们：变。

师：变的原因，就是阿长给鲁迅买来了《山海经》。阿长这种真诚的美好品格在影响着鲁迅。与之对比，我们就会想到衍太太，下面我们请分析衍太太的小组进行分享。

（三）探究衍太太对鲁迅成长的影响

生1：大家好，我们组是第6组，我们组探究衍太太对鲁迅的影响。首先衍太太对孩子是假慈祥，她心术不正，让孩子吃冰，打旋子，调水粉疗伤，说明她对孩子不是真的特别慈祥。她心术不正，她不仅怂恿鲁迅变卖母亲的首饰，还散播谣言。她让鲁迅看不健康的图片，她还在鲁迅父亲临终的时候，让大家烧经文，给鲁迅父亲换衣服，说明她精通封建礼仪。然后通过她怂恿鲁迅偷东西，变卖首饰这件事，可以看出她的这些习惯是由当时封建社会造成的。请大家听我们组的朗诵。

生2：请大家翻到《琐记》的第7段，"大约此后不到一月，就听到一种流言，说我已经偷了家里的东西去变卖了，这实在使我觉得有如掉在冷水里。流言的来源，我是明白的，倘是现在，只要有地方发表，我总要骂出流言家的狐狸尾巴来，但那时太年轻，一遇流言，便连自己也仿佛觉得真是犯了罪，怕遇见人们的眼睛，怕受到母亲的爱抚。好，那么，走罢！"

生1：通过这位同学的朗诵，我们可以看到鲁迅不想面对家乡的人，决定离开家乡，去南京求学了，这也是衍太太对鲁迅的一个影响。我们组的汇报完毕，谢谢大家。大家还有补充和质疑的吗？

生3：我有质疑，为什么鲁迅写衍太太用"慈祥"这个词？

生1："慈祥"这个词在这里是加了引号的。

生3：那为什么不直接写衍太太这个人阴险？心术不正？为什么写她很慈祥？

师：这么多同学想帮你，让他们帮你回答。

生4：鲁迅这样写，是因为他是以小孩子的眼光来看这件事的，小孩子觉得衍太太是个老好人，但他长大之后发现，衍太太做这些事是不对的。

生5：在写人的时候你写的是假慈祥，我建议你改成盼望别人家的孩子去做坏事的一个人。

生1：你指的是衍太太怂恿鲁迅变卖首饰的这件事吗？

生5：是的。

生6：我觉得你说的假慈祥可以用另外一个词来概括，她还有一个缺点就是她特别的虚伪，她表面上对这些孩子很好，做了坏事也不告诉他们的家人，其实这个对于孩子本身是不好的，比如说吃冰的事情，她明知吃冰对孩子身体不好，可是她还帮孩子数着吃几块，她知道这个不好，可她就想在孩子面前表现自己很温柔很善良，然后她就和孩子们说，让孩子吃这些冰。后来变卖首饰也是，鲁迅和衍太太说家里没什么钱，但是家里还有许多东西，衍太太也是当好人，我帮你，我告诉你一个方法你可以得到更多的钱。但其实这个对鲁迅本身也是不好的，偷自己家的东西拿去卖，肯定也是不对的事情，但是她就是想让鲁迅去做，即使鲁迅没做，她还要散播谣言，爱说一些闲话，这不是对鲁迅真心的好，她就是特别的虚伪，表现上看起来就是你说的假慈祥，其实不是那么回事。

生7：我想补充的是，文中说她对自己的儿子非常狠，对自己的儿子狠是让自己的儿子成才，对别人家的孩子"好"，带引号的好，说明想让别人家的孩子坏，让自己的儿子好。

生8：刚才大家说的老好人，也说明衍太太这个人表里不一。大家看《琐记》第4段，"但正在旋着的阿祥，忽然跌倒了，阿祥的婶母也恰恰走进来。她便接着说道，你看，不是跌了吗？不听我的话。我叫你不要旋，不要旋……"其实前面衍太太正在怂恿阿祥，好，八十二个了！再旋一个，八十三！好，八十四！所以说，衍太太是表里不一的一个人。

生9：我觉得思维导图中"事"这一分支，可以用"思想坏"来概括，先写思想坏，再来分写通过什么事体现思想坏。

生10：衍太太对别人家孩子不好，对自己家孩子狠，也是降低别人家孩子，突出自己家孩子好。

生11：《父亲的病》的结尾也能突出衍太太特别坏。父亲都快死了，在那里安静地等着去世，她还让鲁迅不停地"父亲""父亲"地叫，然后让鲁迅父亲痛苦地去世。

师：这位同学读得很有感染力啊。你来发表你的观点？

生12：我对《琐记》有个问题，就是说他对自己家孩子特别狠，她给我们吃冰，打旋子八十三个、八十四个，我看她对别人家孩子也挺狠的，为什么文章就不说对所有的孩子都特别狠？而是只是说对自己的孩子特别狠。

师：你是要回答他的问题吗？

生10：因为她对自己家孩子是好的事情狠，对别人家的孩子在实在不好的事情上狠，就像自己家的孩子她就坚决不让干大人不让干的事，就让他去学习，说得不是一个狠。

师：真狠和假狠。

生12：我还有一个疑问，第一段的最后一句话，"她绝不告诉各人的父母，因此我们就最愿意在她家里或她家的四处玩"，可是第四段结尾说"你看，不是跌了吗"，言外之意这是用另一种方式来告状。

师：你们要回答这个问题是吗？

生13：沈母恰好走过，不是衍太太主动告诉沈母。见着别人一面，背着人一面。

生14：第2段中她说"莫吃啊，要肚子疼的呢？"这回家长没有来，她故意大声说这又怎么理解呢？

（学生们跃跃欲试回答）

生7：因为被沈四太太看到了所以才说的。

师：读得很细致，但有些地方读得不准确。大家还有不一样的见解吗？相同的见解就不用说了。

生15：我觉得这篇文章中写的这些事情都是比较巧合的，打旋子，旋着旋着跌了，正好孩子的亲属或家人走过来，衍太太就表现出表里不一。鲁迅就是想借这突出衍太太的坏，讽刺社会上的人。

生16："我"就是衬托，衬托衍太太多么多么坏，用两个特别巧合的事情去写。

师：非常好，我来总结一下。感谢一下第6组的分享。关于衍太太这一人物，大家讨论得比藤野先生、寿镜吾先生和阿长更充分。同学们争论的第一个点是"慈祥"这个词语，"慈祥"这个词我换成"好""表里不一""虚伪"都可以，"慈祥"是加引号的，同学们还分析了衍太太的一些相关事件，让"我"拿母亲的首饰去变卖，还散播谣言，让"我"看不健康的图片，这些都表现出她的心术不正，同学们分析得很准确。在《父亲的病》这篇文章中，衍太太精通封建礼仪。

对比阿长和衍太太这两个人物我们会发现，她们都有封建迷信的一面，但是衍太太虚伪阴险、心术不正，阿长却是朴实善良。衍太太表面看起来是"慈祥"的，但不是真心实意对别人家的孩子好；阿长虽然不拘小节，有很多缺点，但是她主动为鲁迅买来《山海经》，真心实意对鲁迅好。对比这两个人物可以更加理解衍太太和阿长对于鲁迅成长的影响。

三、教师课堂总结

今天我们分析了藤野先生、寿镜吾先生、阿长、衍太太对鲁迅成长的影响，除了从人的角度分析，我们还可以从事、从环境的角度进一步分析它们对鲁迅成长的影响。下节课，我们再继续讨论。

今天这节课同学们发言非常积极，头脑风暴，畅所欲言，我们这堂课就上到这里。同学们再见。

生：老师再见。

（指导教师：欧阳蕾）

第二节　追逐梦想，实现梦想
——英语《典范英语》教学设计与实施

李庶琦

一、专题教学设计

确定预期的学习目标

1. 学习主题：坚持梦想，追逐梦想，实现梦想
学习主题解读
（1）单元课标相关要求

《义务教育英语课程标准（2022 年版）》中描述，英语课程围绕核心素养（语言能力、文化意识、思维品质、学习能力）达到如下目标：发展语言能力，培育文化意识，提升思维品质，提高学习能力。

学段目标要求学生能在读的过程中，围绕语篇内容记录重点信息，整体理解和简要概括主要内容；能围绕相关主题，运用所学语言，与他人进行日常交流；有正确的价值观和积极向上的情感态度；有自信自强的良好品格，做到内化于心、外化于行；能发现语篇中事件的发展和变化，辨识信息之间的相关性，把握语篇的整体意义；能多角度、辩证地看待事物和分析问题；能提取、整理、概括稍长语篇的关键信息、主要内容、思想和观点，判断各种信息的异同和关联；能根据语篇推断人物的心理、行为动机等，推断信息之间简单的逻辑关系；能从不同角度解读语篇，推断语篇的深层含义，作出正确的价值判断。

（2）单元内容分析

该单元是英语阅读素养学习单元，要求学生完成典范英语 The King of Football 的阅读和学习。本书讲述了贝利从一个普通小男孩成长为伟大的足球运动员的故事，旨在告诉读者要坚持梦想，追逐梦想，努力实现梦想。根据英语教学的人文性和工具性的特点，依据合作学习理论，基于学生已有的知识基础和认知特点，开展泛读阅读课教学。

学生通过独立阅读、小组合作等方式开展自主学习，以情境学习任务展示的形式交流学习成果。在真实情境中运用英语语言培养学生的英语学科核心素养。通过持续性评价关注学生思维品质的提升，注重学生学习学科知识、提高学科能力、形成思想认识的成长过程。

（3）学情分析

初一学生处于中小学衔接阶段，正确地设立梦想，进而努力去追逐梦想，最终实现梦想对于学生的成长非常重要。

授课班级为初一（11）班，共有 37 名学生。学生对英文原版读物很感兴趣，上课思维活跃，善于思考，勇于辨析。因为表达工具为非母语，在口头表达时容易出现问题。

该节课之前，学生对于阅读素养泛读课程的学习模式有了一定的了解，这对于该课的学习有着重要的指导意义。一周前，教师布置了该故事的朗读和思考题，这为学生们自主学习和小组合作学习的开展提供了充足的时间保障。

2. 学习目标

（1）基础学习目标

目标 1：在通读理解全文的基础上，学生能用英语复述故事内容。

目标 2：熟读全文，学生能在教师的指导下，梳理故事情节，厘清行文思路。

目标 3：通过概括故事情节，学生能够分析人物性格特征，理解作品主题，探究主人公成功的原因。

（2）深度学习目标

在学习文本的基础上，学生能关联自己，理解要从小确立人生目标，坚持梦想，追逐梦想，实现梦想。即使遇到困难，也绝不放弃。

（3）学习问题设计

1）基本问题

问题1：Who is Pele? When and where was he born?

问题2：What was Pele's dream and why did he have the dream?

问题3：What difficulties did Pele come across when pursuing his dream?

问题4：What was Pele's achievement?

问题5：What qualities should we have to be successful?

2）深度学习问题

What is your dream? What will you do to realize your dream?

二、专题教学实施

（一）安排课堂教学内容，指导学生学习活动

1. 第1课时

学习目标：指向单元基础学习目标。

目标1：在通读理解全文的基础上，学生能用英语复述故事内容。

目标2：熟读全文，学生能在教师的指导下，梳理故事情节，厘清行文思路。

学习方式：教师指导下的自主学习。

学习任务：独立阅读，读懂理解故事内容。

学习环节

环节一：独立阅读全书，读懂理解故事内容（阅读过程中有问题可以查阅工具书《英汉大词典》或向老师、同学求助），回答与故事内容相关的问题。

基础学习问题：

问题1：Who is Pele? When and where was he born?

问题2：What was Pele's dream and why did he have the dream?

问题3：What difficulties did Pele come across when pursuing his dream?

问题4：What was Pele's achievement?

环节二：借助问题复述故事梗概。

课后作业：跟读全书，积累书中学到的词汇和语句，写故事梗概。

2. 第 2、第 3 课时

学习目标：指向单元基础学习目标 3 及深度学习目标。

目标 3：通过概括故事情节，学生能够分析人物性格特征，理解作品主题，探究主人公成功的原因。

深度学习目标：在学习文本的基础上，学生能关联自己，理解要从小确立人生目标，坚持梦想，追逐梦想，实现梦想。即使遇到困难，也绝不放弃。

学习方式：教师指导下的合作探究学习。

学习任务：分组合作探究完成情境学习任务，依据评价改进本组的表现。

学习环节

环节一：教师布置小组探究合作情境任务，讲解持续性评价。

情境学习任务：确立人生目标，是青少年时期的重要生命主题。梦想是对未来美好生活的愿景，它能不断激发我们对生命的热情和勇气，让生活更有色彩。追逐梦想和实现梦想，需要勇气和坚持。作为一名伟大的足球运动员，球王贝利是如何确立和实现他的梦想的？通过阅读，你认为成功需要什么样的品质？你将如何努力实现你的梦想？

① 独立阅读，理解故事内容，用思维导图梳理各章节内容。

② 小组讨论，分析人物性格和成功原因，思考追逐实现梦想应具备哪些品质。

③ 思考确定自己的人生目标，并思考如何实现自己的梦想。

情境学习任务持续性评价规则如表 4-2 所示。

表 4-2　情境学习任务持续性评价规则（9）

项目	评价规则描述	等级
① 合作分工	团结协作，分工明确均等，在组长带领下共同完成学习准备和展示任务	每项评价分 4 个等级，分别为：优秀、良好、一般、待提高
② 思维导图	能运用思维导图厘清作品的行文思路，导图规范有逻辑	
③ 分析人物	能结合作品内容正确分析人物性格	
④ 阐释原因	能结合作品内容和人物形象，合理阐释主人公成功的原因	
⑤ 追逐梦想	能在解读文章内容主题的基础上有自己的感悟，关联自己，确定自己的人生目标，并谈谈如何实现自己的人生梦想	

环节二：教师巡视指导。学生在组长的带领下，在自主学习的基础上，小组合作完成思维导图，完成情境任务。

环节三：各个学习小组在组长的带领下，组内展示学习成果，依据持续性评价改进小组的表现。

3. 第4课时

学习目标：指向单元深度学习目标。

深度学习目标：在学习文本的基础上，学生能关联自己，理解要从小确立人生目标，坚持梦想，追逐梦想，实现梦想。即使遇到困难，也绝不放弃。

学习方式：各个学习小组上台综合展示情境学习任务成果。

学习环节

环节一：各个学习小组上台展示情境学习任务。

环节二：教师和学生依据评价规则为各个小组提出反馈与建议。

环节三：教师总结专题教学内容，并板书。

（二）课后反思

该课大部分时间交由学生主持。在主持人的引导下，各个小组有序展示合作学习的成果，其他学生进行补充说明和评价，教师辅助评价。小组展示的过程，既是合作成果的展示更是学习的过程。教师的有效点评以鼓励表扬为主，同时指出问题，既提升了学生的学习积极性，也有益于学生发扬长处、改进不足。

该课的设计是运用"深度学习"理念，在英语课外阅读教学中的有效而有意义的尝试，提高了学生阅读、表达、交流的学科能力，提升了学生的思想认识。不足之处是，由于时间有限，学生们的展示略显拘谨。

附：情境活动展示任务课堂实录

Reading: *The King of Football*

Teacher: Good morning, boys and girls.

Students: Good morning, teacher.

Teacher: Sit down, please. Well, we have finished reading the book *The King of Football* and we have learned many things. Today, it is time for book report. It's a time for you to show us what you have learned and what you have thought about. OK, time for you, please.

Hosts and hostess: Good morning, everyone.

Host Gao: Today, Class 11 will bring the reading salon of *The King of Football* to you.

Host Li: This book brings us many distinctive experiences. So we have something impressive to show you. First, let's welcome Wang's group to tell us the main idea of the book.

Student 1: Good morning. We're group 1. We'll talk about what the book is about.

Student 2: The book is about a boy who dreamed to be a great footballer and made his dream come true at last.

Student 3: His name is Pele and he is from Brazil.

Student 4: He had much tough time when he pursued his dream. But his perseverance and talent helped him succeed. Thank you!

Host Gao: Wah, what a wonderful summary!

Host Wang: Yes. I know the main idea of the book now. But I have two questions. Why did Pele decide to be a great footballer and what did he think about dreams?

Host Gao: Well, Xu's group will tell us the answer.

Student 5: Good morning, guys. We're from group 2.

Student 6: We think Pele was crazy about football and that's the reason why he wanted to be a footballer. He was helpful and charitable.

Student 7: We are not talking about a boy from a rich family. As a kid, he helped his parents and he did many jobs for his parents. But even he was busy, he always played football with his friends in the street. Please look at this picture. He is playing football with his friends.

Student 8: Pele lived very hard when he was a young boy. Pele was charitable and he was very kind. When he was a kid, he was very helpful and fell love in football.

Student 5: This is the part of our report. Thanks for your listening.

Host Li: The explanations they brought to us are very lively. So here comes the question. How did he pursue to realize his dream?

Hostess Wang: Zhang's group have some unique views on the question. Look! They are there.

Student 9: Good morning, everyone. We are group 5. I'm the group leader. Our title is "Pele pursues his dream". In our view, Pele is a never giving up, hardworking and tough man. The reasons are as follows.

Student 10: First, he joined Santos. When he left his home, he was homesick. But quickly, he stuck it out, and he soon had his reward. When he was 15, he scored a goal in his first game. Within a year, he scored 32 goals.

Student 11: His fans called him "black pearl", but he wondered if he would be picked for the team. Pele was the youngest football player in Brazilian team, but everyone was expecting great things from him.

Student 9: In the national team, Pele fought a lot of games. In Pele's first world cup, in the semi-final game against France, Pele scored a brilliant hat-trick-three goals in one game! Thanks to Pele, his country's team was in the world cup final. In the end, they were the champions of the world! Pele's teammates carried him round the pitch. It was a wonderful moment.

Student 12: But there were troubles ahead. Pele played almost 100 matches a year. The training is tiring and hard. So he got a knee injury. In the world cup in Chile, he was injured. So he was out of the tournament. That's our mind map. Thank you.

Hostess Wang: Zhang's group nicely introduced how Pele pursued his dream. From their introduction, we know Pele worked hard for his dream. So whether Pele realized his dream successfully? Let's welcome Li's group to tell us the answer.

Student 13: Hello! Now our group will introduce how Pele lived his dream.

Student 14: I am the group leader Li. This is Ruige and this is Fangyi and Xuehui. Our group think Pele is a tough, caring, warm-hearted and patriotic man. First, when he was injured and out of the tournament, he was very sad. But he kept playing football.

Student 15: He was injured again. Brazil lost and he was back in Brazil. Pele was tired and thought football had lost its magic. But Pele didn't give up.

Student 13: Pele is a patriotic man. Because lots of people said he couldn't play in the world cup, but he came back and played for his country and won the world cup.

Student 16: In the fourth place, we think Pele is a caring and warm-hearted man. He succeeded, and retired as a player. He also did a lot of charity work around the world.

Student 13: We are done now. Thanks for listening.

Host Gao: Do you agree with their statement? If you do, do you have any additional explanation? If not, do you have any doubt on their point?

Teacher: Do you agree with their statement?

Students: Yes.

Teacher: Yes? Partly or totally?

Students: Totally.

Teacher: Additional explanation?

Host Gao: Nobody?

Teacher: I think somebody does. Well, Enyang.

Student 17: I think Pele is a very helpful man. Because at first he helped his family with the work. And partly I think he is also not very good because his mother disagreed with him playing football. But he didn't listen and didn't care about his mother's feeling.

Teacher: OK. Do you agree with Enyang?

Students: Yes.

Teacher: Yes. What do you think, Zhouning? Do you think it's necessary for Pele to follow his mother's instruction to care about his mother's feeling?

Student 18: I don't think it is necessary. I think Pele has his dream and he mustn't give up. He should listen to his own mind.

Teacher: So it's unnecessary for him to care about his mother's feeling. Right? That's your idea. OK. Sit down, please.

Student 19: I think Pele's mother should support him. I disagree with Enyang.

Teacher: So you think parents' idea will be advisable, but you should follow your heart.

Students: Yes.

Teacher: About the achievement Pele has made, do you have any different ideas?

Hostess Wang: I agree with Muyue. It's necessary for him to care about his mother's feeling, but his mother should support her son to pursue his dream. And never give up.

Teacher: Well, never give up. So in order to pursue our dream, what should we do? What about you, Wenbo?

Host Gao: Maybe we should practice hard and never give up on our dreams.

Teacher: So, what about you? What do you think, Qiexing?

Student 7: We should follow the dream in our heart and don't give up on anything. Just follow our dream.

Teacher: Just follow your dream. Don't give up and work hard. You will make your dream come true. You'll be successful. OK. That's the idea about our dream. Well, go ahead.

Host Gao: OK. This book tells us much philosophy of life. Zhaoxuan's group has some opinions. Welcome Zhaoxuan's group.

Student 20: Good morning, everyone. We are group 5.

Student 21: After reading the book, we have learned although talent has something to do with success, it's hard work and determination that contribute to success.

Student 22: Pele dreamed to be a great footballer. Although he had talent to realize his dream, he practiced hard, even he got injured.

Student 23: Hard work enabled Pele to achieve great success in football, and finally he achieved his dream.

Students: Thank you!

Host Li: Muyue's group also have many unique opinions. Welcome them!

Student 19: Hello, everyone! We are group 6.

Student 18: After reading the whole story, we have learned that there are many ups and downs in our life. We should face difficulties bravely, just like Pele, if you want to be successful. And we came to the conclusion from the time line. Let's have a look.

Student 19: In 1940, Pele was born in a small village in Brazil. Encouraged by his father, he wanted to be a football player. And in 1955, he was 15 years old. A club named Santos took him on. And in 1956, Pele was 16. He was picked up to play in his first world cup. In 1958, Pele was 17. He did a great job. He and his teammates were the champions of the world! But in 1962, Pele was injured and felt lost. Pele wondered if he could still play for Brazil

Student 24: In 1966, in the world cup in England, Pele became injured again.

And then, they lost the game. In 1969, Pele hit the net for the 1000th time! He became famous and an important player on the earth. In 1970, in the world cup in Mexico, Pele wanted to show people that he could play in the world cup without getting injured. Of course, at first, it was difficult. But in the end, he won the tournament. It was his last world cup. In 1977, Pele retired as a player. He was still involved in the sport and did lots of charity work around the world.

Student 18: From this time line, it's easy to see ups and downs in Pele's life. Therefore, we say our life is not always smooth. So we must face these difficulties bravely and positively.

Students: Thanks for listening.

Host Wang: This book not only tells us about Pele's dream but inspires us to follow our own dream. We have much inspiration about our dreams. We'd like to interview several students. What's your dream and why?

Students 17: My dream is to be a scientist not only because my parents major in science but also because I think a good scientist can help the world a lot.

Host Wang: What will you do to realize your dream?

Student 17: Although now I am only a middle school student, I believe if I study hard, I can realize my dream.

Host Wang: Thank you.

Student 17: We are group 7 and these are our group members.

Student 25: My dream is to be a teacher because I like children and to be a teacher is great. In order to realize my dream, I study hard and never give up.

Student 26: My dream is to be a lawyer because I think it is very cool.

Student 27: My dream is to be an actress. While I was a child, I liked watching TV and thought to be an actress was fun. I wanted to be an actress because I can try many jobs. I should be brave and practice performing if I want to be an actress. Thank you!

Hostess Wang: For this question, Liu Yujie's group also have some ideas. So welcome them.

Student 28: Hello, everybody. We are group 8. I am the group leader. These are our dreams. My name is Yujie. I'd like to be a computer information engineer in the future. I have such a dream because my dad is a computer engineer, and I want to be like him.

And I think it's interesting. To realize my dream, I will practice hard, learn knowledge and don't give up while I have difficulties.

Student 29: My name is Chuhan. My dream is to be a scientist. In order to realize my dream, I study hard every day. No efforts no gains. I will prove myself with action.

Student 30: My name is Han. My dream is to be a pilot of Air China. Thank you! That's because I like aviation very much, and I love my country. I love my homeland. I want to protect them. To achieve my dream, I must have a strong body, healthy eyes and never give up.

Student 31: My name is Chenxiao and my dream is to be a Youtuber. That's because I like it very much. To achieve my dream, I must widen my view, enrich my knowledge, and learn something about how to be a good Youtuber. Of course, I will keep practicing hard.

Student 30: Now please look at our mind map, how to be successful like Pele? These are our points. No. 1– No pains no gains. No. 2 – Never give up. No. 3–Keep working hard. No. 4–A willing heart. OK. That's all. Thank you.

Students: Thank you!

Hosts and hostess: Dear classmates, by reading this book, we know who Pele is and what kind of person he is. His great achievements, personality and spirits encourage us to find our own dreams and show us how to realize our dreams. A dream is not just a word. A dream is to a man what wings are to a bird. We wish our dreams set sail from here. We believe we can fly! Thank you for your listening! Have a good day!

Teacher: So, boys and girls. I really think you did a good job. Although there are some mistakes, it doesn't matter. What matters is to read, to read the line, to read between the line, and to read beyond the line. Right? To read, to think about it, and to express your idea loudly, clearly and positively. So, that's the purpose. And I think you did a good job. Well, look at the blackboard. Today, we talk about dreams. The king of football, Pele, you mentioned, had a dream, pursued his dream, and realized his dream. Among his personalities, which is the most important one to be successful? Think it over. To be helpful, to be kind, to be hard–working, to be talented, or, what's that? To be hard–working. Never giving up. Anymore? To be talented. You should be talented. Which is more important? Talent or perseverance? Which is more important? Perseverance. I mean to work for your goal, day in and day out. Not just for weeks, not just for months, but for years. Right? Try your hard to make your future a reality. So, which is more important? Discuss with your partner. Later, tell me which is more important, to be talented, to be hardworking or never give up.

Students: (Discussion)

Student 7: I think hard work and never giving up is more important than being talented. And I think talent makes only one percent of success. Hard work and never giving up make 99 percent of success. So I think hard work and never giving up is more important.

Student 30: There are only some people who are geniuses. Not everyone is a genius. But if we never give up, we can be successful.

Student 12: We think both hard work and talent are important.

Teacher: Being talented and being hardworking are both important.

Student 19: I think talent is more important. If you have a problem, geniuses may spend just one minute working it out, but common people may spend lots of time on it.

Teacher: Different people have different opinions. Whether being talented or being hardworking depends on you. You should find your dream and pursue your dream, and later, realize your dream. All that depends on yourself. So, how to have a dream, pursue a dream, at last, realize the dream, depends on you, boys and girls here. Don't forget to face ups and downs bravely and positively. Nothing is impossible for a willing heart. Dreams set sail from here! Evaluation forms. Don't forget to give scores to each group. Your homework: Writing. Zikang, please read it out.

Student 4: What qualities should we have to be successful? What is your dream? What will you do to realize your dream?

Teacher: Think it over and I am here waiting for your beautiful samples. So much for today, boys and girls. Thank you!

（指导教师：欧阳蕾）

第三节　不懈追求，探索未知
——*Arctic Hero：The Story of Matthew Henson*
教学设计与实施

李丽

一、专题教学设计

确定预期的学习目标

1.学习主题：不懈追求，探索未知
学习主题解读

（1）专题课标要求

《义务教育英语课程标准（2022年版）》中"践行学思结合、用创为本的英语学习活动观"是该单元教学设计的基本理念。它指出以主题意义为中心，依据具体的语篇设计具有综合性、关联性和实践性特点的学习活动，使课程内容诸要素在学习活动中融通、互动、渐变、综合协调发展，最终实现核心素养的整体发展。教师要根据学生的认知特点，设计多感官参与的语言实践活动，让学生在丰富有趣的情境中，围绕主题意义，通过感知、模仿、观察、思考、交流和展示等活动，感受学习英语的乐趣。

该单元为英语泛读教学内容，课标指出开展语篇研读，教师要对语篇的主题、内容、文体结构、语言特点、作者观点等进行分析；明确主题意义，提炼语篇中的结构化知识，建立文体特征、语言特点等与主题意义的关联，多层次、多角度分析语篇传递的意义，挖掘文化内涵和育人价值，把握教学主线。

（2）专题内容分析

该单元教学内容为《典范英语7》第16册《北极英雄马修汉森的故事》。该书讲述了1909年美国探险家马修汉森发现北极的故事，具体描述了马修汉森如何成为探险家和在极寒的北极地区所面对的种种困难。

该单元教学内容以纪实类non-fiction阅读素材为语言学习的载体，学生学习并运用语言以实现提升语言能力的目的，在课堂活动的设计中以指导学生使用阅读策略和培养学生思维品质为主线，对学生进行生命教育。该单元分为3

个课时，第一课时学生自主阅读，通过完成学案和思维导图进行细节梳理。第二课时开展小组探究式学习，学生以小组为单位，分享自主探究的背景知识，包括北极地区的地理概况、书中主要人物的背景和生平、人类北极探险的进程等，然后小组成员分享自己在阅读中遇到的问题，最后确定小组要重点关注的两个问题并集体讨论，教师角色为指导者、监督者和支持者，与各组沟通，了解学生阅读理解的程度、关注的问题，并提供适时的帮助。第三课时教师带领学生讨论该书带来的思考。通过小组内合作分享及小组间互相提问的方式，梳理关键信息和分析关键人物，启发学生思考关键人物的品质和取得的成就之间的必然关系，对学生进行理想信念教育。

（3）学情分析

通过观察学习者以往《典范英语7》的阅读情况和学习前询问访谈得出表4-3内容。

表4-3　学情分析（5）

	学生已知	学生将提高
语篇	故事类记叙文	纪实类记叙文
语言知识	纪实类记叙文使用一般过去时叙述，学生了解一般过去时	学生在阅读文本时会遇到较多生词，不同层次的学生会感到文本的不同难度，通过学习活动引领学生内化和运用新语言
文化知识	通过地理学科的学习，学生已对北极的地理位置、气候特征有一定的了解	了解北极土著因纽特人的生活方式，包括衣食住行，了解北极探险的历史和现状，学习探险家的精神品质、为中国探险家和科学家感到骄傲
语言技能	英文阅读能力较强，喜欢《典范英语7》的阅读，能够在教师的指导下对故事类文本阅读后编写剧本并进行短剧表演	大多数学生的口语表达能力薄弱，需通过参与课堂讨论活动、小组合作学习等方式加强口语训练
学习策略	学生参与课堂的意识强，习惯开展合作学习模式，能积极与同伴合作和分享，已养成运用思维导图分析文章、梳理细节的习惯，具备较好的阅读习惯	通过小组讨论和全班分享北极探险的细节，学生能够实现语言的再次输入、内化和输出，通过师生和生生的互动，学生能够实现语言的进一步输出
相关话题	《典范英语7》Book 15：*The King of Football*	

　　学生在以往的学习积累过程中，已具备在阅读中查找信息和总结归纳的能力，能够定位所要查找的信息，大多数学生能够总结归纳文章的大意。但是，学生的发展需要有挑战的学习任务，停留在字面上的阅读不能满足学生的需求，"授人以渔"是阅读教学的重点，学生需要学习文本解读的方法和独立进行语篇分析能力的培养。

　　通过对文本的挖掘和文本以外的阅读素材的自主探究，提升学生的语言能力、学习能力，培养文化意识和思维品质。此外，思维导图是学生自主学习的思维工具，是教师对学生进行学法指导的重要方式之一，是学生合作学习成果展示的重要工具，是学生思维呈现的载体。

　　纪实类 non-fiction 的课外阅读需要学生具备相应的地理、历史、政治等其他学科知识储备，对学生挑战很大，只有对特定的环境有所了解才能更好地阅读并分析人物和主题。因此，文学圈阅读的方式适合这类文本，笔者借鉴"文学圈"阅读模式，即学生阅读并完成思维导图、学生在阅读中自我提问并查找特定历史、地理、政治和人物生平的信息、学生小组合作互相阅读并答疑解惑、全班共同分享阅读成果、探讨主题和分析人物。

　　2.学习目标

　　（1）基础学习目标

　　目标1：学生能够熟读全文，理解故事主要内容，通过思维导图梳理关键情节（Read the lines）。

　　目标2：学生能够复述故事主要内容（Read between the lines）。

　　目标3：学生能够积极参与讨论，表述自己的观点并能够从文中找到依据支持观点（Read between the lines）。

　　（2）深度学习目标

　　目标1：学生能够通过小组合作学习，结合作品具体情节，分析人物精神品质（Read between the lines）。

　　目标2：学生能够理解古今中外人类探险的成功是因为有坚强的意志品质、科学的精神，正是这种坚持不懈的精神，人类才不断探索未知世界，促进了人类社会的进步（Read beyond the lines）。

　　（3）学习问题设计

　　1）基本问题

　　问题1：How many years did Matthew Henson and Robert Peary explore the North

Pole? When did they begin? When did they succeed?

问题 2：How many times did they try to get to the North Pole? What happened each time?

问题 3：What did they do for the last attempt?

问题 4：Why did they succeed on the last attempt?

2）深度学习问题

问题 1：Suppose you were Robert Peary, after losing the eight toes, would you still wanted to go to the North Pole? Do you think is it worthwhile to face so many dangers even death just for going to the North Pole?

问题 2：From ancient times to the 19th centuries, so many explorers tried to reach the North Pole, but only Matthew Henson and Robert Peary achieved this goal. Why could only Matthew Hansen and Robert Peary make it? What are the elements of their success?

二、专题教学实施

（一）安排课堂教学内容，指导学生学习活动

1. 第 1 课时

学习目标

目标 1：学生能够读完全书，完成阅读任务单和思维导图。

目标 2：学生能够理解故事内容，回答与故事内容相关的问题。

目标 3：学生能够借助思维导图复述故事关键情节。

学习方式：教师指导下的自主学习。

学习任务：学生独立阅读，理解故事内容，完成阅读任务单和思维导图。

学习环节

环节一：学生独立阅读全书，理解故事内容（阅读过程中有问题可以查阅工具书或向老师、同学求助）。

环节二：学生完成阅读任务单，回答与故事内容相关的问题。

基础学习问题：

问 题 1：How many years did Matthew Henson and Robert Peary explore the North Pole? When did they begin? When did they succeed?

问题 2：How many times did they try to get to the North Pole? What happened each time?

问题3：What did they do for the last attempt?

情境学习任务持续性评价规则如表4-4所示。

表4-4　情境学习任务持续性评价规则（10）

项目	评价规则描述	等级
独立阅读	能根据故事主要内容正确回答问题。能运用思维导图梳理章节内容并复述故事关键情节	每项评价分3个等级。 A: Merit; B: Good; C: To be improved

环节三：借助思维导图尝试复述故事梗概。

课后作业：借助媒体工具自主探究故事背景知识，包括北极地区的地理、历史、文化相关信息。

2. 第2课时

学习目标：指向单元深度学习目标。

深度学习目标

目标1：学生能够分享自主探究的背景知识，包括北极地区的地理概况、书中主要人物的背景和生平、人类北极探险的进程等。

目标2：小组成员能够分享自己在阅读中遇到的问题，最后确定小组要重点关注的两个问题并讨论出答案。

学习方式：教师指导下的合作探究学习。

学习任务：学生分组合作探究完成情境学习任务，依据评价改进本组的表现。

学习环节

环节一：教师布置小组探究合作情境任务，讲解持续性评价。

情境学习任务：学生以小组为单位，分享自主探究的背景知识，包括北极地区的地理概况、书中主要人物的背景和生平、人类北极探险的进程等，小组成员分享自己在阅读中遇到的问题，最后确定小组要重点关注的两个问题并讨论出答案。

情境学习任务持续性评价规则如表4-5所示。

表4-5　情境学习任务持续性评价规则（11）

项目	评价规则描述	等级
小组合作	全员参与，按照"文学圈"模式进行具体分工，互相协助	每项评价分3个等级。
任务完成	能主动分享故事背景知识； 能承担小组分配的任务并努力达成	A: Merit; B: Good;
语言表述	能积极参与小组讨论，敢于发表自己的意见； 大胆自信，尽可能减少语言错误	C: To be improved

环节二：教师巡视指导。学生在组长的带领下，合作完成思维导图，完成情境任务。

环节三：各个学习小组在组长的带领下，组内展示学习成果，依据持续性评价改进本组的表现。

课后作业：再次阅读全书，小组讨论并归纳主人公北极探险的3个阶段。

3. 第3课时

学习目标：指向单元深度学习目标。

深度学习目标

目标1：通过小组合作学习，学生能够提取文本细节以分析人物品质（Read between the lines）。

目标2：学生能够理解古今中外人类探险的成功是因为有坚强的意志品质、科学的精神，正是这种坚持不懈的精神，人类才不断探索未知世界，促进了人类社会的进步（Read beyond the lines）。

学习方式：学习小组上台综合展示情境学习任务成果，小组间互相提问。

学习环节

环节一：学习小组上台展示情境学习任务。

情境学习任务：学习小组完成对故事关键情节图片的排序和复述。其他小组对展示组进行提问，以检查展示组对故事关键情节的熟悉度和理解程度。教师和学生依据评价为各个小组提出反馈和建议。

情境学习任务持续性评价规则如表4-6所示。

表4-6 情境学习任务持续性评价规则（12）

项目	评价规则描述	等级
小组展示	能准确对故事情节进行排序并完成复述的展示； 能大胆、自信地使用英语进行观点的表述； 小组成员能够全部参与展示； 能提出有效问题并能回答其他小组的问题	每项评价分3个等级。 A: Merit; B: Good; C:To be improved

环节二：学习小组对故事关键情节的图片进行讨论。

情境学习任务：小组内每个人发表观点——哪一张展示故事关键情节的图片让你印象深刻？为什么？学生需从原文中找到事实依据。教师引导学生进行思考，从对图片呈现的情节的讨论到对人物品质的挖掘。

情境学习任务持续性评价规则如表4-7所示。

表4-7 情境学习任务持续性评价规则（13）

项目	评价规则描述	等级
小组展示	能大胆、自信地使用英语进行观点的表述； 能做到对人物品质和成功原因的分析有理有据； 能联系自身实际，表述观点并说明理由； 小组成员能够全部参与展示	每项评价分3个等级。 A: Merit; B: Good; C: To be improved

环节三：教师引导全班进行对主题意义探究的讨论，并板书呈现该单元学习的主题和意义。

深度学习问题：

问题1：Suppose you were Robert Peary, after losing the eight toes, would you still wanted to go to the North Pole? Do you think is it worthwhile to face so many dangers even death just for going to the North Pole?

问题2：From ancient times to the 19th centuries, so many explorers tried to reach the North Pole, but only Matthew Henson and Robert Peary achieved this goal. Why could only Matthew Hansen and Robert Peary make it? What are the elements of their success?

（二）教师课后反思

关注学习策略的指导和思维品质的培养。思维导图是学生在课堂学习中"一写、二归纳、三运用"文本关键语言的载体。小组活动"读中问"使学生能够理解阅读内容，参与到语篇有意义的认知交互和元认知交互中，加深了对文章的理解。以学生为主体，以学生学习活动为主线，启发学生语言生成。该课的逻辑主线"difficulties–preparation–qualities–achievements"是由学生在"读中问"和同学之间的问与答中提取出来。小组讨论活动中设计了系列问题，指导学生分析人物性格、反思探险成功或不成功的原因，建立理解与交流的阅读习惯，启迪思维。

附：课堂实录

Arctic Hero： The Story of Matthew Henson

Teacher: Good morning, everyone!

Students: Good morning , teacher!

Teacher: First, let's watch a video clip!

(Watch a video clip)

Teacher: What do you think of this video?

Student 1: I think the spirit of exploration is very valuable.

Student 2: I think the video shows the weather of the North Pole.

Teacher: Yeah, you can see the weather and the situation in the arctic area. We have read this book–*Arctic Hero:The Story of Matthew Henson*. And you have done great homework, but today we just focus on his exploration in the arctic.

Teacher: Now, can you recall his journey to the North Pole? How many years did he explore the North Pole?

Students: Eighteen years.

Teacher: Okay, and what else?

Student 3: They were there about six times and they were defeated for five times. They reached the North Pole the last time.

Teacher: Yeah, where did he go first?

Students: Greenland.

Teacher: Yeah, he made several trips to the North Pole, but he failed, right? So we can say he made five attempts. Finally, he succeeded in the last trip to the pole. This is the whole process of his journey to the North Pole. So, today let's focus on his exploration in the arctic.

Teacher: I'd like to give you some sets of pictures. Each group will get one set. Let's picture Matthews exploration! You have 5 minutes to work in groups. First, you should work together to sequence the pictures in order. Then try to use your own words to retell Matthews exploration. While practicing and sharing, try to give as many details as you can.

(Group work: jigsaw reading to practice retelling the main plots of the story.)

Teacher: Time is up. It's time to share! Which group do you think you get the pictures of the first period of their exploration? Which group would like to retell the first period of Matthews exploration?

(1st group comes to the front.)

Teacher: First, could you help me to put the pictures on board so that all the teachers can see the pictures? Which one is the first picture? Okay, let's find the first picture. Let's put it on the board, okay? Find out the second picture, please. The third one? And the last one?

Everyone, please listen to the first group carefully and if necessary, you can take some notes. Later, you need to ask the questions to them to check their understanding of the story.

(1st group reports period 1, others listen and take notes.)

Student 4: Matthew Henson learned from the Inuit people about how to speak their language, how to make clothes and how to build the igloo. Matthew quickly learned these, so the Inuit people called him the cleverest people.

Student 5: The North Pole is a dangerous place for Matthew Henson and Robert Peary.

Student 6: Once, they ran out of food and they were trapped in the snow. They were all cold and weak. One of the group members was dangerously ill and they had no doctors. At last, they had to eat their dogs, or starved to death.

Student 7: Matthew and Robert tried to reach the North Pole, but they failed the first attempt, because Robot got badly frost bitten. In a big tent, the doctor took off his eight toes from his feet. They tried another three times, but all failed because of the blizzard.

(Class ask questions to the 1st group.)

Teacher: Okay, well done. Does anyone have questions to ask this group?

Student 8: When did Matthew Henson go to the Arctic?

Student 9: In 1908. They reached the North Pole in 1909 during the last journey.

Teacher: But his question is about the beginning time of their exploration in the Arctic, right?

Student 10: I remember it was in 1889.

Teacher: Yeah. A good question to check the details.

Student 11: I want to ask a question about their first attempt. Did they explore the North Pole this time, or did they just wanted to explore the Arctic?

Student 12: Uh, this time they tried to reach the North Pole, but they couldn't, because they always met big snow or strong wind or something else because of the terrible weather.

Teacher: Okay, any other questions?

Student 13: How did they travel in Greenland?

Student 14: They traveled by sledge.

Student 15: I want to ask a question about a detail. As you know, Robert got badly frozen, how would they get to the doctors tent?

Student 16: Henson used a sledge and took him to the doctor. It was very difficult.

Teacher: One more question. What do you think of Matthew?

Student 17: I think Matthew is brave.

Teacher: Okay. Good job. Thank you for you all.

Teacher: Which group got the pictures about the last trip? Which group would like to present this period?

(2nd group comes to the front.)

Teacher: Please. Well, first put the pictures on the board in order. Which one is the first picture? What about this? Everyone, let's see if they can give you as many details as they can.

(2nd group reports period 2, others listen and take notes.)

Student 18: On their last trip, they first went to the Greenland. They bought some equipment, huskies and food. They also invited a lot of local people to help them on their last trip.

Student 19: They went to the North Pole by boat. At first, the boat could cut through the ice. It could go across the ice. Later, they had to use a dynamite to break through the ice. At last, they couldn't get another step by the boat. So they built their first base camp and they put their equipment in the base camp. The working team built a line of camps.

Student 20: It was 130 miles from the last support back for the four Inuit men.

Student 21: At last they went to the North Pole, they did a lot of hard work, had a lot of disappointment and dangers, but they made it. They stood on the North Pole at last.

Teacher: Do you have questions for this group?

Student 22: When did they reach the North Pole? Which day?

Student 23: On April the 6th, 1909?

Teacher: It was a big day, right? Big day for not only Matthew and Robert, but also for all the human.Thank you.

Student 24: First, I want to ask you a very serious question. Is your story about the last trip to the pole? And another question, you didn't mention how they got to the North Pole. You didn't mention the part when there were lots of dangers. I think it's the second picture. There are some details you lost, such as difficulties, dangers.

Student 25: Some igloos fell down, so Matthew shouted to that man, and then he came to the safe place.

Teacher: So what caused that problem?

Student 26: The bad weather.

Student 27: Why did they visit the Inuit people on their last attempt? Why did they invite them to go with them?

Student 28: Because the Inuit people knew a lot of details about how to live on the ice, and because they always lived in Greenland. So, they knew how to hunt on the ice.

Teacher: In the end, they arrived in the North Pole. And now I want you to continue your discussion, because you have so many questions to ask each other, right? Please discuss with your group members about your pictures again. Which one is the most impressive to you? You need to find out the sentences in the book to support your reasons.

(Group work: discuss the pictures and show opinions with supporting details.)

Teacher: Let's discuss together. So which picture is the most impressive to you?

Student 29: I think picture five is important. When you succeed, the most important moment is that you made a decision to do this and how you prepared.

Student 30: On page 16, it reads, "but they agreed because of their age that they would make their last trip to the arctic. This would be their last chance to reach the North Pole." I think we can learn a lot from this picture and we can learn how they prepared carefully. Although many people may think that the last picture is the most important, because it is about the moment they succeeded, we can't learn many things from it.

Teacher: This picture is only the picture to show their success, right? But you don't think this is the most important moment. You think the picture showing that Matthew and Robert were well-prepared is very important. So that means good preparation is very important.

Student 31: I think the first picture is the most important, because on page 8, it reads, "They began by making several trips to Greenland where the Inuit people helped them to learn skills they needed to survive in the arctic." They are learning skills and if they lost their skills, they might get caught in dangers in the arctic. If they had their skills, they would survive, or they could not reach the arctic at last.

Teacher: It's very important to learn from the local, so what do you think of Matthew?

Student 32: I think Matthew is great and very smart.

Student 33: We think that this picture is the most important one, because they meant a lot of troubles in the adventure to the North Pole. The ice was thick, and they had to set the base camp.

Student 34: On page 21, it reads, "A time and time again, they were held up by the ice and the bad weather." So they had many problems to solve.

Teacher: There were so many troubles during their last trip, even though they had good preparation. Right? So what do you think of them?

Student 35: I think Matthew knew what troubles and dangers they would meet, but Robert and himself still wanted to explore the arctic.

Teacher: What gave them the power to go to the North Pole even though they met so many dangers and difficulties?

Student 36: They were on their way to their dream.

Teacher: Good idea. I agree with you. Dream is important. Thank you. Any other ideas?

Student 37: They had the dream to reach the North Pole. They did a lot of things because they just wanted.

Student 38: I think, for Matthew and Robert, it was the most important time in their lives to reach the North Pole.

Teacher: Right. It was their dream. At the last moment, they achieved their dream, right? So we can say this was their achievement.

Student 39: I choose picture two. And this happened at the first time they explored in the arctic. And I focus on a word on page 11– "suddenly" . It means unexpectedly. So it means there were varies unexpected dangers waiting for Matthew and Robert. This shows that the arctic is really dangerous for people. While, this also shows that Matthew is brave and brilliant.

Teacher: He is a brilliant explorer, right? At this moment, Matthew was very smart, right? He used the last bullet to save people. Thank you.

Teacher: Now let's see these pictures once again. They had good preparation, but most pictures shows Matthew and Robert met many difficulties and dangers, right? And I want to ask you a question, suppose you were Robert, after losing the eight toes, would you still wanted to go to the North Pole?

Student 40: Because I've already decided to reach the North Pole and it's my dream. And I have longed for adventure because of my dream, although I've already lost eight toes, I don't want to stop because if I stopped, I would waste my toes on the way of pursuing my dream. And if I kept on trying to reach the North Pole, maybe someday I would succeed and it would be the moment that I really enjoy.

Teacher: Yeah, that's important during pursuing your dream. Maybe you met such terrible things, right? Would you still keep on pursuing your dream? Should you? This is Matthew and Roberts dream, right? So that means they never gave up even though they were so close to death. Do you think is it worthwhile to face so many dangers even death just for going to the North Pole? What do you think?

Student 41: I think if I have a dream, but I give up my dream only because I meet troubles, that will make me very sad.

Teacher: It's worthwhile because it can make you stick to your dream, right? You want to realize your dream. What do you think?

Student 42: It is the purpose of life. So we should insist on it.

Teacher: We should insist on our dream, right? For Matthews and Robert, they thought these difficulties even death were worthy. Do you think so?

Teacher: Now please look at this map. Actually, from ancient times to the 19th centuries, so many explorers tried to reach the North Pole, but only Matthew and Robert achieved this goal. Why could only Matthew Hansen and Robert Peary make it? Why not the other explorers? What are the elements of their success?

Students: They never gave up.

Teacher: What else?

Students: They were brave and smart.

Teacher: These are the qualities of the explorers. These qualities helped them. It's necessary for the explorers to have these qualities. What are the other reasons for their success?

Students: Their dream.

Teacher: yes, their dream gave them power. Anything else?

Student 43: They were carefully prepared.

Teacher: That means the good preparation, the explorers qualities, their dream and their life goal. So finally, they succeeded, right? They made this great achievement.

Teacher: Now please look at these pictures. These are the scientists and explorers in the North Pole from our country. What do you think of these photos? How do you feel?

Student 44: I feel proud of my country.

Teacher: We feel proud. Actually, our Chinese have never stopped exploring the unknown world, either Dayu in the ancient myth or these scientists and explorers at present. Our Chinese never stop helping the human to explore the world and making contribution to the development of all human.

Finally, I would like to use Jack Londons poem—Life is a Journey to end today's class. So life is a long journey, just like the journey to the North Pole. Remember, maybe there are many difficulties and dangers. But if you have made up your mind and set your destination, just go. You will achieve it if you try your best. This is the end of the class. Thank you.

Student 45: Stand up.

Teacher: Goodbye, students.

Students: Goodbye, teacher.

第五章
讲评复习，探寻思维路径

第一节　知己知彼，百战不殆
——七年级上学期期末试卷讲评教学设计与实施

欧阳蕾

一、试卷讲评专题教学设计

确定预期的学习目标

1. 学习主题：知己知彼，百战不殆

学习主题解读

（1）专题课标相关要求

《义务教育语文课程标准（2022 年版）》第四学段（7 ～ 9 年级）

【阅读与鉴赏】

①能用普通话正确、流利、有感情地朗读。养成默读习惯，有一定的速度，阅读一般的现代文每分钟不少于 500 字。能较熟练地运用阅读和浏览的方法，扩大阅读范围。

②在通读课文的基础上，厘清思路，理解、分析主要内容，体味和推敲重要词句在语言环境中的意义与作用。对课文的内容和表达有自己的心得，能提出自己的看法，并能与他人合作，共同探讨、分析、解决疑难问题。

③欣赏文学作品，有自己的情感体验，初步领悟作品的内涵，从中获得对自然、社会、人生的有益启示。能对作品中感人的情境和形象说出自己的体验，

品味作品中富于表现力的语言。

④ 阅读新闻和说明性文章，能把握文章的基本观点，获取主要信息。阅读科技作品，还应注意领会作品中所体现的科学精神和科学思想方法。阅读由多种材料组合、较为复杂的非连续性文本，能领会文本的意思，得出有意义的结论。

⑤ 诵读古代诗词，阅读浅易文言文，能借助注释和工具书理解基本内容。注重积累、感悟和运用，提高自己的欣赏品位。背诵优秀诗文 80 篇（段）。

⑥ 每学年阅读两三部名著，探索个性化的阅读方法，分享阅读感受，开展专题探究，建构阅读整本书的经验。感受经典名著的艺术魅力，丰富自己的精神世界。

⑦ 随文学习基本的词汇、语法知识，用以帮助理解课文中的语言难点；了解常用的修辞手法，体会它们在课文中的表达效果。了解课文涉及的重要作家作品知识和文化常识。

【表达与交流】

① 多角度观察生活，发现生活的丰富多彩，能抓住事物的特征，为写作奠定基础。写作要有真情实感，表达自己对自然、社会、人生的感受、体验和思考，力求有创意。

② 写作时考虑不同的目的和对象。根据表达的需要，围绕表达中心，选择恰当的表达方式。合理安排内容的先后和详略，条理清楚地表达自己的意思。运用联想和想象，丰富表达的内容。正确使用常用的标点符号。

③ 写记叙性文章，表达意图明确，内容具体充实。

④ 注重写作过程中搜集素材、构思立意、列纲起草、修改加工等环节，提高独立写作的能力。根据表达的需要，借助语感和语文常识修改自己的作文，做到文从字顺。能与他人交流写作心得，互相评改作文，分享感受，沟通见解。作文每学年一般不少于 14 次，其他练笔不少于 1 万字，45 分钟能完成不少于500 字的习作。

（2）专题试卷内容分析

该次练习是海淀区的全区统一练习，这次统一练习既是对这一阶段师生线上上课的一次检验，也是帮助师生发现教学和学习过程中问题的一次机会。

整套练习从结构上看，包括基础知识与运用、古诗文默写、诗歌阅读、文言文课内外链接阅读、名著阅读、现代文阅读、非连续文本阅读和写作。试卷的特点是考查知识能力点全面，题型守正出新，注重对学生在真实情境下解决问题能力的考查。

基础知识与运用部分考查字音、字形、词语的语境义解释、成语运用、图片转换成文字、标点、修改病句、文学常识，出题人将这部分零散的知识点巧妙地放到了为迎接农历癸卯年的到来，班级拟办一期以"卯兔贺岁"为主题的班刊综合性学习活动中，通过阅读汉字中的"兔"、民俗中的"兔"、文学作品中的"兔"3个专栏，考查学生以上基础知识与运用。

古诗文默写部分，通过上下句默写和理解性默写，考查学生对古诗文默写的掌握和理解。诗歌阅读题型为填空题和简答题，填空题考查学生对诗歌内容的概括；简答题考查的是教材学习的一首诗歌和小学学过的一首诗歌内容的链接。表面看是考查学生的朗读分析能力，通过审题可以看出实际是考查学生对诗歌描写内容的分析和对作者情感的理解。

文言文课内外链接阅读通过选择题考查学生对重点实词、虚词的解释和对重要句子的翻译及分析。简答题分值较高，考查学生是否能够结合两篇文言文作品的具体情节围绕观点进行有理有据的分析阐释。

名著阅读围绕期中后教材要求的必读名著《西游记》，主要考查学生的审题能力和批判性思维品质，分值为5分，题干中给出了观点，即一个都不能少。学生在答题时相当于完成一个不少于100字的小论说文，需要按照题目的要求，结合作品的具体情节，写出"一个都不能少"的体现。

现代文阅读的题目是《呦呦鹿鸣》，通过表格填空和简答题，分别考查学生读懂文章、厘清文章写作思路的能力；结合文章对人物的描述，分析人物形象；从划线的句子中任选一句，品味文章语言生动想象的表达效果；结合全文内容，理解作品的主题。

非连续文本阅读和写作通过文字加柱形图的三则材料的阅读，以选择题和简答题的方式考查学生读懂材料内容的能力、正确的图文转换能力和提取关键信息的能力。

写作有写实作文与想象作文两个题目，学生可以任选一个题目来写。写实作文贴近特定背景和学情，要求学生以《线上新收获》为题写一篇作文。作文题干表述部分给学生搭建了写作的素材——线上课堂、线上读书会、线上演讲比赛、线上厨艺展示、"云端接力"马拉松……同时在题干表述中也对学生的写作主题有所提示——"不一样的学习和生活方式，给我们带来新挑战、新体验，让我们有了新收获。"从出题人的角度看，不是为了难为学生，而是为了让学生结合现在的实际情况，能够有材料可写有话想说，通过记录自己的经历、见闻和感受而有所思考和感悟。想象作文链接教材第六单元的联想和想象等一系列文章的学习，题目要求是：如果你是"玉兔二号"，在月背会有怎样神奇的经历呢？请发挥想象，以"我的月背历险"为题，写一篇故事。想象作文不是很好写，但是也给了学生以空间，便于学生发挥想象创作出优秀的作品。

通过以上试卷的分析，期望通过指导学生自主分析试卷，合作探究展示试卷中不同版块的答题思维路径和策略，帮助学生能够站在出题人的角度思考问题，发现自己在练习中的问题，找到有效解决问题的办法。从教师的角度，转变学生的学习方式，将教师分析讲解为主的试卷讲评方式转变为学生自主合作探究的学习方式，提高试卷讲评的实效性。

（3）学情分析

该专题设计与实施针对的班级是初一年级的 15 班，学情分析如表 5-1 所示。

表 5-1　学情分析（6）

分析项目	简要阐述
学习基础	学生经过初一上半学期的语文学习和期中全区统练的考查和试卷讲评，对初中语文试卷考查的知识能力点有了初步的了解。通过期末全面系统分模块的复习、做相应的练习，提高了语文学习的能力。能够在教师的指导下，将平时语文的教学内容与考试内容进行链接，形成了初步解题和答题能力
生活经验	学生对于该专题教学设计并不陌生，一学期来，学生都是通过自主学习—合作探究—全班展示这样的学习方式学习教材单元内容和参与综合性学习互动及名著阅读学习活动。该专题设计符合学生平时的学习生活实际，各个学习小组在学习中积累了丰富的团队合作和解决问题的生活经验
学习的障碍点	让学生站在出题人和讲评试卷的语文教师的角度分析试卷，是该专题学生学习的障碍点。对学生而言，需要转变以往对试卷讲评的认识，需要在教师的指导下学会从语文学科考查评价标准的角度，分析试题、分析答案，找到解决问题的思维路径和有效策略
发展空间	以"知己知彼，百战不殆"为主题的试卷讲评，让学生能够形象地理解人生中重要的中考、高考等考试，就像上战场，我们要站在学科的高度去审视，从命题人的角度思考问题，从阅卷教师的标准去答题，从判分标准去发现自己的问题，总结共性，探寻规律，学会直靶心的打靶式答题策略。这样的思维方式还可以举一反三地运用到其他学科的学习中。该专题教学设计与实施，跳出题海战术，对学生而言有充分的发展提升空间

2.**学习目标**

（1）基础学习目标

目标1：自主学习，根据答案，学会审题、判断考查的知识能力点，梳理相应的答题步骤（或策略）。

目标2：合作学习，在自主学习的基础上，小组合作完成不同版块的试题内容分析，总结答题思维路径或答题策略。

目标3：全班展示，小组展示合作探究学习的成果，总结归纳可借鉴的答题策略。

（2）深度学习目标

知己知彼，百战不殆。

（3）学习问题设计

1）基本问题

问题1：怎样审题？如何正确判断考查的知识能力点？怎样根据答案梳理相应的答题步骤（或策略）？

问题2：不同考查版块的题干表述和考查点是怎样的？如何通过小组合作学习总结出有效的答题思维路径？

问题3：怎样才能以语文教师的视角分析试题，总结归纳出不同考点相应的有效的答题步骤？

2）深度学习问题

为什么学科练习只有做到知己知彼，才能百战不殆？

二、专题教学实施

（一）安排课堂教学内容，指导学生学习活动

1.第1课时

学习目标：指向专题基础学习目标。

目标：自主学习，根据答案，学会审题、判断考查的知识能力点、梳理相应的答题步骤（或策略）。

学习方式：教师指导下的自主学习。

学习任务：对照标准答案，分析自己试卷中的错题。

学习环节

环节一：基础学习问题。

问题：怎样审题？如何正确判断考查的知识能力点？怎样根据答案梳理相应的答题步骤（或策略）？

教师：阶段检测的目的包括两个方面。对教师而言，可以通过班级整体情况发现自己教学中的问题，便于今后改进教学；对学生而言，就是通过检测发现自己在哪些知识点和能力点上还有漏洞，出现的问题是审题不当？考点判断错误？还是答题不具体？答题的步骤不全面？等等。发现了问题还要能够通过对照标准答案找到解决问题的路径，梳理总结出不同知识点和能力点的有效的答题步骤或策略。今天我们就来换一种讲评试卷的方式，我们将采用自主合作探究的方式来讲评试卷，这堂课我们的任务就是运用老师教给大家的分析试卷的方法，分析自己试卷中的错题。

教师学法指导：我们自主学习环节的试卷分析笔记可以有3种方式，同学们可以自主选择觉得便于理解的方式进行试卷分析。

第一种是文字表达的方式，我们可以采用下列填空的方式来分析自己的试卷。

①根据这道题的题干表述，应该圈画出的审题关键词是＿＿＿＿＿。

②通过审题，这道题考查的知识点或能力点是＿＿＿＿＿。

③通过对照判分标准，我们的失分原因是＿＿＿＿＿。

④通过分析标准答案，这道题的答题策略或步骤应：

先写（　　　），这样可以得（　　　）分。

再写（　　　），这样可以得（　　　）分。

最后写（　　　），这样可以得（　　　）分。

以后答这类题，我们要做到（　　　　　），力争把会的题都做对。

第二种是表格的表达方式，我们可以采用填写表格的方式来分析自己的试卷，如表5-2所示。

表5-2　学法指导

题号	审题（画出关键词）	考点判断	答案分析	答题策略（步骤）

第三种是图形的表达方式，我们可以将表 5-2 的表头作为自己思维导图的主分支，然后分别分析总结（图 5-1）。

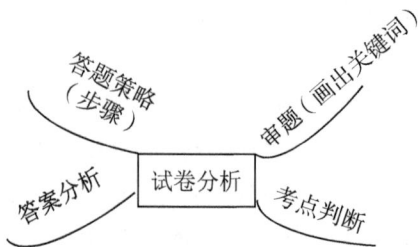

图 5-1　思维导图学法指导

环节二：自主选择教师指导的学法，分析自己的试卷。

教师：现在还剩下半个小时，请同学们自主选择觉得好理解的方式，分析自己试卷中的错题。

课后作业：继续完成自己的试卷分析，拍照上传到小程序中。

2. 第 2 课时

学习目标：指向单元基础学习目标和深度学习目标。

问题 2：不同考查版块的题干表述和考查点是怎样的？如何通过小组合作学习总结出有效的答题思维路径？

问题 3：怎样才能以语文教师的角色分析试题，总结归纳出不同考点相应的有效的答题步骤？

深度学习目标：知己知彼，百战不殆。

学习方式：教师指导下的合作探究学习。

学习任务：分组合作探究完成情境学习任务，依据评价改进本组的表现。

学习环节

环节一：教师布置小组探究合作情境任务，讲解持续性评价。

情境学习任务：

假如你们组成员都是语文教师，期末全区统练后，将要给学生们进行试卷讲评，你们将带领学生们审题、判断考点、分析答案、归纳答题思维路径（答题步骤策略）。期望通过你们的试卷讲评，能够让学生们站在出题人的角度思考考题的题型、题干表述特点、考查的考点。进而发现自己的问题，并找到改进的办法。理解考试就像射箭打靶一样，要通过审题及考点的准确判断，运用正确的答题路径射中靶心。知己知彼，才能百战不殆！

情境学习任务持续性评价规则如表 5-3 所示。

表 5-3　情境学习任务持续性评价规则（14）

项目	评价规则描述	等级
审清题意（怎么考）	阅读题干审题，圈画关键词，思考限定范围	每项评价分 4 个等级，分别为：优秀、良好、一般、待提高
判断考点（考什么）	根据关键词语，明确知识能力，判断考查点	
答案分析（结构化）	分析标准答案，将答案结构化，分析错误原因	
答题策略（怎么写）	运用图形呈现，考查能力点，梳理答题策略	
分工合作（怎么讲）	分工合作，讨论达成共识，讲解学习成果	

环节二：各个学习小组进行任务分工（表 5-4）。

表 5-4　各个学习小组任务分工

组长	情境学习任务
第一组	基础知识与运用（第 1～5 小题）
第二组	基础知识与运用（第 6～8 小题）
第三组	古诗文默写＋诗歌阅读（第 9～13 小题）
第四组	文言文阅读＋名著阅读（第 14～17 小题）
第五组	现代文阅读（第 18～21 小题）
第六组	非连续文本阅读（第 22～24 小题）
第七组	写作（第 25 小题）
第八组	

教师学法指导：将初一语文备课组教师们制作的不同版块的试卷讲评 PPT，发到各语文学习小组的微信群中，各学习小组可以结合本组的试卷分析参考、添加和修改以形成本组的试卷讲评内容。

环节三：学生各个学习小组准备情境学习任务，教师线上巡视，指导各个学习小组的学习。

3. 第 3、第 4 课时

学习目标：指向单元深度学习目标。

深度学习目标：知己知彼，百战不殆。

学习方式：各个学习小组上台综合展示情境学习任务成果。

学习环节

环节一：各个学习小组按试卷的题号上台展示情境学习任务。

环节二：教师和学生各个学习小组依据评价为各个小组提出反馈和建议。

环节三：教师总结专题教学内容，并板书。

课后作业：提供备课组准备的不同模块的题，学生根据自己的期末考试情况，自主选择练习题，运用总结的答题策略做练习，提高阅读写作能力。

（二）课后反思

这个试卷讲评专题教学设计与实施，是笔者多年来运用"深度学习"教学理念在教学中改进的试卷讲评方式。实践证明，这样的试卷讲评能够有效地帮助学生学会审题，正确地判断考点，通过对标准答案的分析和解构，探寻考试的规律，发现自己试卷中的问题，找到解决问题的有效策略和方法，提高学生的学习成绩！比较特殊的是由于新冠疫情该专题教学是 2023 年 1 月，笔者在线上和学生们一起完成的，从实践效果看，线上教学同样可以通过小组合作探究学习达到良好的教学效果。

1. 提高思想认识，转变授课方式

考完试大家都知道应该分析试卷，传统的试卷讲评方式是教师讲解为主，学生被动地听。课堂上教师讲解分析得细致，思路清晰，学生认真听讲记下详细的笔记，看似也听懂了，但下次考试或课后一做题，大部分学生仍旧重复着原来的问题，成绩提高不多。这让教师们很是苦恼和困惑，办公室里常常听到的就是教师们考后的无奈："这道题我考前都讲过了，甚至讲了不止一遍了，从课堂学生听讲看，也听懂了呀，为什么还是做不对呢？"这也是一直困扰笔者多年的问题，怎样做才是有效的试卷讲评？

在实践调研中，笔者发现教师对试卷的分析非常透彻，讲得也非常清楚，但这是教师们的学习过程，学生自己没有经历教师的试卷分析过程，知识和能力停留在教师那里。学生只是记住了教师讲授的方法，但是考试答题并不是记忆性的知识，现在的考试注重的是学生在真实情境下解决问题的能力，学生在

考场上进入自己的固有解题模式，并不会运用教师教给的方法。这让笔者意识到，我们要转变教学方式，让学生在自主合作探究的过程中，自己去构建应对考试的思维路径。

2. 搭建有效脚手架，让学生经历分析过程

教师不讲了，学生怎么讲？这需要教师对学生学习方法和讲授方法进行有效指导，也就是搭建有效的脚手架，让学生在教师的方法指导下，能够自己学、合作学、分工讲。该专题教师为学生学习的各个环节搭建了脚手架，例如自主学习环节，通过文字表述、表格分析和思维导图 3 种方式，指导学生分析自己试卷中的问题，对照标准答案找到解决问题的方法策略。在小组探究学习中，笔者把备课组的教师们分工制作的不同模块的试卷讲评分析 PPT 分享给学生各个小组，让学生能够学习参考借鉴教师们的分析思路，为我所用完成小组合作学习任务。从课上效果看，有效的学习方法搭建提高了课上试卷讲评的学习效率。

通过这样的设计，学生先选择自己喜欢的方式，根据脚手架分析自己试卷中的问题，通过对题干和标准答案的分析，找到自己的扣分原因，梳理出具体的答题策略。在这样的过程中，学生经历教师分析试卷的过程，能够对试卷的结构、内容、考题的表述方式、考查的能力点、答题的策略形成完整的理解，将零散的知识点建立起联系，构建自己对语文试卷理解的系统。

3. 依据学情调整设计与实施偏差

教学设计只是教师对教学的预想，该专题在教师指导学生分析自己试卷的环节，虽然教师为学生搭建了很详细的可供选择的脚手架，但在实施的过程中，从学生们呈现出来的自主分析试卷作业来看，这样的学习方式对学生具有很大的挑战，学生有的对考点判断不得当，有的根据答案分析出的答题策略过于简略。从设计到实施对师生而言都需要跨越这道鸿沟，教师要明白课堂教学实施中出现和备课时预设的不同问题是正常的，关键是要针对问题及时调整实施策略。笔者的做法是，要发现出现问题的原因，尽可能从自己身上找原因，笔者发现问题很可能出在教师给出的脚手架中的范例是相对比较简单的基础知识题。学生误以为后面相对比较难的阅读理解题也可以这么简单分析。在第二节课前，一方面结合学生的典型作业指出问题；另一方面结合后面的阅读理解题，运用分析模板带领学生分析试题。让学生能够在组长的带领下通过小组合作学习弥补自主学习的问题，达到预期的教学目标。

4. 借助远程系统，实现小组合作

线上教学的难处就是如何做到学生云端的小组合作，以前的线上课会担心课堂学习效率而不太敢尝试。此次专题教学，在线下小组合作的基础上，笔者和学生借助云端工具，如腾讯会议、小组微信群、班小二等 APP，充分发挥各个学习小组组长的领导组织能力，各个学习小组建立了小组学习微信群，突破时空界限，在组长的带领下分工明确、到位地完成了小组学习任务。取得了和线下一样的合作学习效果，很是令人欣慰！

5. 给出实践练习题，运用策略提高成绩

试卷讲评完了，但这个专题并没有结束。要想知道学生是否通过试卷讲评在原有的基础上有所提高，我们就需要让学生有演练运用的机会，在练习中提高语文能力。试卷讲评完已经是假期的模式了，于是笔者借助备课组提供的资源，让学生有选择地根据自己的情况，从备课组提供的不同模块练习资源中自主选择练习题，运用师生共同梳理总结的答题方法和思维路径，来练习巩固试卷讲评的效果。

总之，这样的试卷讲评方式，不仅是教师教学方式的转变，更是学生思维方式的转变。期望这样的教与学的转变，能够突破题海战术，搭建有效的学习脚手架，教会学生在准备考试的过程中思路清晰、逻辑严密、精准打靶，真正有效地提高学生的学习成绩。

附：课堂实录节选

阅读部分

生 1：我们组负责讲记叙文阅读部分，大家看第 20 小题，首先来审题，题干表述是："文章语言生动形象，请从文中画线语句中任选一句，体会其表达效果（3 分）"。从题干表述中，我们圈画出的关键词是"语言生动形象""任选一句""表达效果"，由此判断出来这道题的考点是语言赏析。答题的时候，第一步要写出句子的表达手法，得 1 分。然后是分析手法，如从修辞的角度，如果是比喻句，就是把什么比作什么；如果是拟人句，就是把什么人格化。这样分析手法就得 1 分。答此类题要写出修辞手法和表达效果，其实这道题我不应该错的。我们看答案，"甲句，运用拟人的修辞手法，'想游水就游水''想

撒欢就撒欢'等生动形象地写出了麋鹿在自然保护区无忧无虑、舒畅幸福的生活，表现了王世军对麋鹿的喜爱之情。"

师：好的，讲得非常好！这位同学特别感慨地说，这道题，她不应该丢分的，老师从开学就开始训练这道题，试卷中的语言赏析题1分都不应该丢，因为这样的题相当于白给分的题。"任选一个句子体会表达效果"就是老师反反复复强调和指导的语言赏析的一类题，你看你的笔记本，看看我们期中考试前3个单元的每篇课文的自主学习笔记上面，就是这道题的答题策略和方法的反复练习。赏析语言有两个角度，一个是从修辞的角度；另一个是从表现力强的词语的角度。答题步骤是先判断出来用了什么手法，如果你选择甲句，你可以选择表现力强的词语，比如"无忧无虑""想游水就游水""想撒欢就撒欢"，这个是从表现力强的词语的角度去分析。如果你选择乙句，首先写出运用了什么手法，接下来分析这个手法，再接下来分析这个句子写出了什么，最后分析表达了作者什么样的情感，3分就拿到手了。所以我们分析标准答案，就是用了什么手法，分析这个手法，这个手法的表达效果，最后表达作者什么情感。同学们看这个答案，运用拟人的修辞手法，"想游泳就游泳""想撒欢就撒欢"等这些表现力强的词语写出了麋鹿在自然保护区无忧无虑、舒畅幸福的生活，表现了王世军对麋鹿的喜爱之情。然后我们分析乙句的答案就是将麋鹿身上的藤蔓比作"王者"的绶带，形象地写出了头戴"花冠"的雄鹿奔跑时英姿勃勃的样子，表达了作者对雄鹿英姿的赞叹之情。这个题就是我们不应该丢分的，应该是属于简单题，好的，我们不多讲了，因为平时这一类的题我们做得比较多，接下来我们来讲下一道题。

生2：第21题，我们先分析题干，抓住"全文""题目"两个关键词。再分析考点，这道题考的是文章标题的含义和作用，也就是考查我们对文章主旨的理解，这篇文章的主旨是表现人与动物和谐共生。于是我们针对这个就提出了问题。

①全文讲了什么事儿？主题是什么？这篇文章讲的是巡护员保护麋鹿。

②"呦呦鹿鸣"出现在哪里？表达的是什么意思？它出自《诗经》中的《小雅·鹿鸣》，呦呦是指鹿叫的声音。

③"呦呦鹿鸣"在本文有什么特殊的含义？在本文呦呦鹿鸣是指麋鹿在自然保护区悠闲自在地生活，发出快乐的叫声。

这样我们就找到了得分点。爱鹿和保护鹿是贯穿全文的线索，这样就可以得1分。"呦呦鹿鸣"作为标题，富有诗意，这也可以得1分。这两点任选其一就可以得1分。"呦呦鹿鸣"是鹿的鸣叫声，是大自然野性的呼唤，体现了人与动物和谐共生的主题，这一点必须写，不然就会扣1分。我们组员主要的失分原因就是没有答出主题来。

师：非常好，这位同学的思维导图我们来看一看。他思路清晰地画出来要讲这道题的过程，同时在这个环节特别需要同学们借鉴，那就是我们判断出考点之后，我们如何来思考，他认为既然考的是"标题的含义和作用"，他就问了自己3个问题，也就是全文讲了什么？"呦呦鹿鸣"出自哪里？"呦呦鹿鸣"在本文有什么特殊的含义？把这3个问题回答之后，组织成语言答案就出来了，所以这个环节非常重要。我们面对题，首先是审题，通过题干表述看它怎么考的？然后我们要判断考的是什么？我们怎么去想？最后落到笔上，怎么有理有据、逻辑层次清晰地把这个答案写出来。这道题从考点判断来看，刚才判断得特别好，它的考点就是主旨大意，考查对主旨的理解时不可能在题干当中特别直白地问你这篇文章的中心思想是什么？不会这样问的，要概括主旨那我们就要概括主要内容，题干表述中问我们标题的含义和作用？文章肯定都是围绕着标题来写的，那我们就要把和标题相关的内容概括出来。我们来看一下老师们对这道题的分析，全文是什么意思，它涉及哪几个方面，这是刚才这位同学思维导图当中讲的第3部分的内容，从一般意义上说将"呦呦鹿鸣"作为标题与全文的具体联系有哪些？"呦呦鹿鸣"本身有什么特殊性（个别）？这个特殊性有利于成为文章的标题吗？文章的题目与"全文"有哪些联系？或者说文章拟题有哪些基本原则？很显然就指向了这篇文章的内容，也就是答出引用呦呦鹿鸣有什么好处这就得到1分，文章的主题占1分。我们来看一下这道题的满分答案，①"呦呦鹿鸣"，富有诗意且贯穿全文，这样就得1分，②因为麋鹿本来要灭绝，人类将听不到呦呦鹿鸣的声音，政府的重视，工作人员的操劳，使麋鹿的种群数量增加，人们可以听到呦呦鹿鸣，这不仅表达了作者对鹿的喜爱，也传递了爱护动物保护动物的思想。划横线的就是这个答案示例当中踩分点的内容。还有值得同学们借鉴的，就是这两个满分答案用到了①②，你在答题的时候用①②，这样答题思路更清晰，省得你一堆文字堆在那4条横线中，老师在判分的时候一点一点地来数你的踩分点，有的时候就容易数漏，这个特别提醒同学们要学会答题的策略，这也是老师考前反复提醒同学们的，那么我们接下来就看下一个版块——非连续文本。

生3：第22题是选择题，考点就是对文章内容的理解。结合文意，我们看B选项，原文说，作为儿童文学界权威的文学赛事，儿童文学新作奖每年举办一次，距今已举办33次，鼓励了儿童文学作品的创作。B选项说，儿童文学作品的创作和出版，源于冰心儿童文学新作奖的长期推动。根据文意，所以B选项是错误的。再看C选项。我们可以根据文中内容：一批优秀的儿童文学作品通过改编的方式转换成电影戏剧等，动画短视频这种形式不仅优化了儿童文学的传播效果，扩大了儿童文学的影响力，而且满足了孩子们不同阅读场景的需求。可知C选项说只有借助改编，儿童文学作品才能优化传播效果，满足孩子的需求。与文意不符，是错误的。所以这个题选择A选项。

师：非常好，非连续文本3个材料从选项看就是概括主要内容，如何概括？就像刚才这位同学教我们的，你要找到这个选项相应的答题区域，比如找到B选项的答题区域，你看有没有错的，然后根据选项来判断是否是正确。C选项我们根据文义来判断也是错误的，很显然用排除法我们就能选择A是正确的，这个题的考点就是概括三则材料的内容，以选择题的形式来考查。这是第22小题，那我们一起来看一下第23小题。

生4：第23小题，审题，要圈画出关键词，这道题圈画出来的关键词是"材料一的内容"和"图1的信息再补选一句话"，考点判断是图文转换。答题方法，第一是根据材料一的内容概括段意。第二是读图表，先看图表的题目，然后我们再来看这个图表，先横看再纵看。第三是把图形的内容转换成文字，这就是答题的步骤。

师：同学们看这个PPT的分析。首先审题，然后判断考点，这是一个图文转换题，而且是将柱形图转换成文字。如何看图呢？老师再带同学来看一下，首先我们要看图表的题目，近3年少儿出版物读物类别品种数量的变化情况，然后我们横看，看一下横轴上列出的中国儿童文学、少儿百科词典等六类，然后我们看这张图纵轴上面的数字5000、10 000，然后最多达到了40 000多，再看柱状图所标识的不同颜色所代表的意思，颜色最深的代表2020年，稍微浅一点的代表2021年，最浅的是2022年的上半年，我们从这个图表当中的数字可以看出趋势。因此，只要是这样的柱形图，它一定都有一个趋势，要么是增长要么是降低，所以你在把这个图转换成文字的时候，要把这个趋势表达出来，所以这个题要写2020—2022年上半年呈增长趋势。老师们在判分的时候，考虑到同学们第一次做这样的题，判分的标准比较松。你在答题的时候一个是写出增长趋势给分，另一个就是写出它的各年具体数字也会给分。那我们来看一下这个答案，比如说这个两份答案，近3年保持增长趋势和2022年上半年出版接近2021年。所以具体写和写出趋势都是给分的。

接下来我们看一下第24小题，这道题的扣分率比较高，一部分原因是题量太大，有的同学可能是没有来得及做，还有就是同学不知道考点是什么，所答非所问。其实这道题就是白给分的题，全都能从原文能找到答案，组长你来讲吧。

生5：这道题先审题，我们要圈画关键词，读懂题意。通过圈画关键词，我们判断这道题的考点是概括归纳体现儿童文学发展内容的三则材料的关键信息提取。答题方法为以下内容。

第1步是画出三则材料能体现儿童文学发展的语句。

第2步是根据题目要求来概括归纳。

答案是：第1个空为"迎来最为兴盛的创作出版的时期。"第2个空为"加快推进与语文教育的深度融合。"第3个空为"改编方式优化了传播的效果。"

师：我们看一下这道题的考点，从题干当中我们就能够判断出来首先提取关键信息，然后概括归纳，这个概括，几乎不用你概括，就是从原文中找到正确的句子抄在这里就可以，具体来看材料，第1个空要写"最为兴盛的创作出版时期。"或者是这句话前面半句或后面半句，这几个句子意思一样也可以，所以它是体现时代特征的原创产品，它强调的是兴盛和原创产品的不断涌现，这个是指向材料一的这部分的内容。

我们来看一下，第2个空是指向这两句话："资深的儿童文学家助力语文教育"和"儿童文学加快推进与语文教育的深度融合"几乎都不用你概括，直接抄下来就可以。

第3个空就是这一段话当中的这几个句子，它们的意思是一样的，你写出其中的一句就可以。

所以小结一下，非连续文本阅读是我们上初中之后所要考查的一个阅读版块，所选文段是同一主题下不同角度的3篇小说明文，所以我们在做题的时候要心中清楚，它的考点其实也很明确，就是提取关键信息，应该是属于比较容易的阅读题。大家要转变思维方式，你知道考点了，知道考的是什么，也学会了怎么从原文找答案，怎样去概括答案，这样就很清楚了。

写作部分

接下来请作文小组的同学来给我们讲一下作文。

生6：老师，先由李同学给大家说一下审题。

生7：这个作文的第1个题是：网络时代，课堂线上读书会、线上演讲比赛、线上厨艺展示、云端接力马拉松给我们带来了新挑战和新体验，让我们有了新生活，请以线上新收获为题写一篇记叙文，写出自己的经历和感受。

先审题，首先圈画关键词，我们要明确写线上生活，注意不要写跑题，然后要思考居家是否等于线上，要写出自己的收获，写出收获是从哪里来。这就是审题部分我们应该注意的内容。

师：讲得很好啊，同学们，我们一起来看一下，我们在审题的时候就是圈画关键词，刚才李同学也说了，我们要特别注意居家是否等于线上生活，比如咱班有的同学写的是居家，跟家长学做饭这个选材，这在审题当中是有漏洞的，如果你只写居家生活，没有突出线上生活就会扣分，文章的等级就会下来。其实出题老师是很友善的，老师说作文审题一定要注意。题干表述中的每一个字都不是多余的，出题老师他要告诉你，你哪些内容是可以写的，比如说线上的课堂、线上的读书会、线上的演讲比赛、线上的厨艺展示、云端的接力马拉松，这些你是可以选择来写的。突出"不一样的学习方式"，这些都是在你的文章当中可以写的。你们组接着讲吧！

生8：这篇作文的考点就是线上的收获和见闻。

生9：我来分析一下范文。大家看一下这篇文章，写的是有关线上演讲的，文章的前半部分一直在写演讲的起因，后面略写了演讲比赛的过程和准备，最后又用一句话来概括这个演讲的结果，这就是很典型的详略不当。我们修改的时候要具体写后面的过程，如演讲的准备过程、演讲的线上表现等，这篇文章的问题就是详略不当。

师：年级判作文的老师挑出的这篇文章就是咱们班一名同学的作文，你看一下你这篇文章详略不当，就是前面写得太多了，要重点写线上收获的内容。

生6：我们组还有一个写作的策略要讲。主要就是先审题，抓住题干当中的关键词，一定要注意啊，这次写的是线上。其实你在短时间内在原有写作水平上，你要把语言写得特别好还是很难的，所以我们要采取结构取胜的方式。整篇作文建议同学们采用总分总的结构，每一段也是总分总的结构，注意一下要详略得当，不是特别重要的部分要略写，突出中心的地方要详写，不能写得一样长，这个详略要注意。差不多就这些，其他的就是请我们组其他同学来补充一下。

生10：我补充的就是最后的结尾处还是要像老师讲过的那样，要有升华主题。怎么升华主题？要联系生活，写出自己的感悟。在开头要点题结尾要扣题，首尾做到呼应。然后再运用一些修辞，这篇文章也就比较好了。

师：请另外一组讲作文的小组，你们组有在他们组的基础上需要补充的吗？

生11：我们组要讲的和他们组差不多，没有要补充的了。

师：刚才第一组补充得特别好，除了要注意结构取胜，他特别强调文章的语言要生动一些，可以用修辞和表现力强的词语使文章有画面感，就是老师在读你这篇文章的时候，能够呈现出你描写的画面，这样能够更生动一些。作文考前讲得比较细。老师带大家再来过一遍。首先审题这一部分，我们要画关键词，要围绕着出题人要求你写的内容去写，比如，你写线下居家做饭，这就不能体现出线上的收获，这样的选材就不太符合要求，就不要选了。还有要注意详略得当。这次考前我们练了一篇《2022，我的年末生活》，好多同学就把这篇练过的文章用了，里面的内容都没有改，就标题改了一下，尽管你写的内容也是线上的，但你的题目和内容就不太符合，没有围绕要求的题目来写，如果你把考前练习的作文的每一段都写出线上新收获是什么？那么这篇文章就能得到三十七八分。比如咱们班的一位同学考前写的那篇文章得了37分，考试的时候，她就是没有变通，写了同样的内容，没有注意围绕考试的题目和主题来写，这次作文得了二类中等32分，所以同学要注意一下，如果你考试写的作文是你平时练过的作文，写作素材用在考试当中一定要变通，就是要符合现在考试要求的那个题目的内容。考试的题目和我们考前练的题目肯定是不一样的，所以要注意一下选材的侧重点，注意围绕题目来写，学会变通。比如说我们考前练的那篇文章。按照我们考前给的那个题目，咱们班一位同学考前写得特别好，这回考试的时候他用这个题材就得了32分，虽然结构清晰，但是文章写了3部分的内容，每一部分都写得很泛泛，重点不突出，所以一定要注意一下详略。我们班这回作文主要问题就是详略安排不当。关于这次试卷讲评就到这里。

这是咱们这学期的最后一堂语文课，各个小组都讲得非常好，那我们就即将开始寒假生活了，祝同学们寒假愉快，同学们再见！

第二节 建立模型，探寻规律
——高三数学《数列求和相关问题复习》专题 教学设计与实施

张振环

一、专题教学设计

确定预期的学习目标

1.学习主题：建立模型，探寻规律

数列的前 n 项及其与通项之间的关系是研究数列性质的重要载体和视角。

学习主题解读

（1）专题课标相关要求

① 能够结合具体实例，理解通项公式对于数列的重要性，知道通项公式是这类函数的解析表达式。

② 通过对等差数列和等比数列的研究，感悟数列是可以用来刻画现实世界中一类具有递推规律事物的数学模型。

③ 探索等差数列、等比数列的前 n 项和公式，掌握通项公式与前 n 项和公式的关系；能够运用数列解决简单的实际问题。

④ 能在具体的问题情境中发现数列的等差等比关系，并解决相应的问题。

（2）专题内容分析

专题的选择主要基于以下几点考虑。

首先，整个数列单元内容较多，包含数列基础、等差数列、等比数列及数列应用，如果按照自然单元处理，内容庞杂，课时较多，不易突出主线。

其次，无论等差数列、等比数列抑或其他类型的数列，都要基于通项公式、递推关系及通项与数列的和的关系进行研究。

最后，从近年来高考的考查要求看，基于数列前 n 项和与通项的关系研究数列的性质，是对数列版块考查的重点方向，很多问题是以数列的前 n 项和与数列通项的关系式呈现的，分析其衍生出的递推关系是研究数列性质的重要抓手。

因此，将涉及数列和的问题作为专题进行复习，能够涵盖等差数列、等比

数列等相关知识，形成一条复习主线，有利于深化学生对数列性质的认识，有利于形成学科大观念。

（3）学情分析

从知识储备看，通过学习，学生已经意识到数列是可以用来刻画现实世界的重要数学模型；具备了等差数列、等比数列的通项公式、数列求和等知识，初步认识了通项公式与前 n 项和公式的关系，对等差数列和等比数列的性质有了初步认识。

从方法储备看，学生具有借助递推关系式和通项公式研究简单数列的方法，并能够依据这些方法探索等差数列、等比数列的前 n 项和公式，能够运用数列解决简单的实际问题。能够将这些方法应用到简单问题的解决，能够应用数列知识解决简单的实际问题。

从数学素养视角看，学生具有依据首项、公差或公比、项数、末项等信息求数列通项及求和的运算素养，能够依据核心概念推理得到常见数列性质的逻辑推理素养，具备一定的数学抽象素养。

综上所述，学生已经具有较好的基础知识、基本方法与能力储备，但是掌握的知识还不系统，没有实现结构化，对复杂数列性质的探究还缺乏灵活多样的方法体系，在解决问题的过程中，还缺乏严谨推理论证的能力与素养，数学抽象水平及迁移应用能力有待提升。

2.学习目标

（1）基础学习目标

目标1：系统掌握等差数列、等比数列及其衍生出的其他数列的求和问题。

目标2：理解和掌握通项与前 n 项和的关系，能够依据数列的前 n 项和求通项公式。

目标3：能够依据数列前 n 项和与通项的关系，探究数列的通项公式、递推关系式，进而研究数列的性质。

（2）深度学习目标

目标1：发现真实情景中的问题，并建立数列模型以解决现实问题。

目标2：深化对数列的前 n 项和、递推关系、通项公式等基本概念的认识，体会数列的前 n 项与通项之间的关系是研究数列性质的重要观念，发展学生的数学抽象、逻辑推理、数学运算等素养。

（3）学习问题设计

1）基本问题

问题1：数列求和的方法有哪些，背后的原理是什么？请举例说明这些数列求和方法的应用过程。

问题2：已知数列的前 n 项和，如何求数列的通项公式？

问题3：已知数量的前 n 项和与通项之间的关系式，如何研究数列的性质？

2）深度学习问题

问题1：你了解分期付款吗？针对等额本息和等额本金两种付款方式，选择哪一种还款方式划算？

问题2：研究数列性质的载体有哪些，如何应用这些载体研究数列的性质？这些载体之间的关系是什么？

二、专题教学实施

（一）安排课堂教学内容，指导学生学习活动

1. 第 1 课时：常见数列求和方法梳理

学习目标

目标1：梳理等差数列、等比数列的求和公式，理解公式推导背后的思维方法。

目标2：能够利用求和公式进行等差数列、等比数列及其衍生数列的求和问题。

学习方式：教师指导下的自主学习。

学习任务：梳理常见数列的求和公式，揭示公式的原理，并举例阐述公式的使用方法。

学习环节

环节一：知识体系梳理。

问题1：如何进行等差数列、等比数列求和？需要知道哪些信息才能求和？

问题2：如何推导等差数列、等比数列的求和公式？反映了什么思想方法？

问题3：举例说明公式的使用方法，需要注意什么？

环节二：核心方法内化。

问题：如果数列 $\{a_n\}$ 不是等差数列也不是等比数列，该如何进行求和运算？

A. $a_n = 3n + 2^n$；

B. $a_n = n \cdot 2^n$；

C. $a_n = \dfrac{1}{n(n+1)}$；

D. $a_n = \sin n°$（$n = 1,2,3,\cdots,89$）。

环节三：综合问题解决。

已知数列 $\{a_n\}$ 满足 $a_1 + 3a_2 + 3^2a_3 + \cdots + 3^{n-1}a_n = \dfrac{n}{3}, n \in N^*$，能否求出数列 $\{a_n\}$ 的通项？若 $b_n = \dfrac{n}{a_n}$，如何求 $\{b_n\}$ 的前 n 项和？

环节四：数列求和思想方法总结（倒序相加、错位相减、裂项相消、分组求和等）。

2. 第 2、第 3 课时：探究数列的性质

学习目标：理解 S_n 与 a_n 之间的关系，能够由此推导递推关系，并从递推关系的视角认识和研究数列。

深度学习目标：能够依据递推关系式探究复杂数列的性质，发展学生的数学抽象、逻辑推理、数学运算等素养。

学习方式：教师指导下的合作学习。

学习任务：依据问题进行交流讨论，再进行汇报与展示。

环节一：认识 S_n 和 a_n 的关系式（发现问题、提出问题）。

问题 1：以 $S_n + a_n = 9$（$n \in N_+$）为例，你能得到数列 $\{a_n\}$ 的哪些结论？该式和 $\dfrac{a_{n+1}}{a_n} = \dfrac{1}{2}$ 等价吗？

问题 2：观察 $S_n + a_n = 9$（$n \in N_+$）的结构，你能想到哪些关于 S_n 和 a_n 关系的式子？

例如：

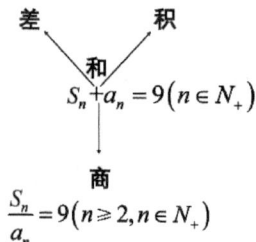

环节二：合作探究数列性质（分析问题、解决问题）。

① 已知数列 $\{a_n\}$ 各项均为非负数，其前 n 项和满足下列条件之一，

A. $S_n + a_n = 9\left(n \in N_+\right)$；B. $S_n - a_n = 9\left(n \geq 2, n \in N_+\right)$；

C. $S_n a_n = 9\left(n \in N_+\right)$；D. $\dfrac{S_n}{a_n} = 9\left(n \geq 2, n \in N_+\right)$

选择其中一个条件作为已知，回答下列问题：

Ⅰ 能否求出首项？若能，写出首项。

Ⅱ 是否具有单调性？阐述理由。

Ⅲ 是否为等差数列或等比数列？阐述理由。

Ⅳ 若存在最值项，指出是哪一项；若无最值项，说明理由。

② 拓展提升，高考链接（2022 年北京高考第 15 题）

已知数列 $\{a_n\}$ 的各项均为正数，其前 n 项和 S_n，满足 $S_n a_n = 9$（$n = 1,2,\cdots$）。给出下列 4 个结论：

A. $\{a_n\}$ 的第 2 项小于 3；　　B. $\{a_n\}$ 为等比数列；

C. $\{a_n\}$ 为递减数列；　　D. $\{a_n\}$ 中存在小于 $\dfrac{1}{100}$ 的项

其中所有正确结论的序号是 _____。

环节三：小组汇报，展示交流。

① 独立思考 5 分钟，小组交流 5 分钟；

② 组长负责分工（记录、讲解、要点总结），负责记录的同学详细记录 4 个问题的解答，字迹清晰、工整，拍照或者直接做电子记录，以便通过共享屏幕讲解。情境学习任务持续性评价规则如表 5-5 所示。

表 5-5　情境学习任务持续性评价规则（15）

展示评价维度	评价规则
讲解板演	语言表达清楚，书写表达工整
思路分析	分析清楚到位，逻辑思路清晰
推理论证	理由客观充分，论证严谨无误
总结提炼	总结关键要点，探寻解题规律

环节四：回顾展望，反思改进。

① 今天研究了什么？还可以研究什么？

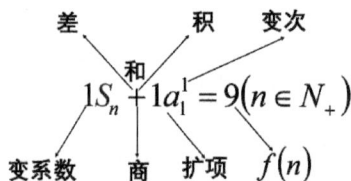

$$1S_n + 1a_1^1 = 9(n \in N_+)$$

② 通过今天的学习，你对借助递推关系研究数列性质的方法有了哪些新的认识？

3. 第4、第5课时：探究分期付款问题

深度学习目标：发现真实情景中的问题，提出有价值的问题，并建立数列模型以解决现实问题。

学习方式：教师指导下的合作探究学习。

学习任务：分组合作探究完成情境学习任务——如何选择还款方式最划算？

学习环节

环节一：呈现问题情境，提出现实问题。

随着社会经济的发展，大学生虽还未踏入社会或即将踏入社会，但已成为我们国家一支新的消费大军。青年大学生群体普遍收入较低但消费需求大，如今他们的消费方式就代表了新一代青年的消费观。"网络购物"成为主要消费途径后，"超前消费""分期付款"逐渐成为大学生的日常，常见的分期付款方式有等额本息和等额本金两种，如果你是消费者，你该选择哪种付款方式呢？

环节二：匹配任务支架，阅读相关资料。

① 复利。

复利是指在计算利息时，某一计息周期的利息是由本金加上先前周期所积累利息总额来计算的计息方式。复利计算的特点是：将上期末的本利和作为下一期的本金，在计算时每一期本金的数额是不同的。

② 现值和终值。

现值是指未来某一时点上的一定量现金折合到现在的价值，俗称"本金"。通常记作 P。现值，也称折现值，用以反映投资的内在价值。终值也称作未来值或本利和，是指现在一定量的资金在未来某一时点上的价值，通常记作 F。

③等额本金。

等额本金是指一种贷款的还款方式，是在还款期内把贷款总额等分，每月偿还同等数额的本金和剩余贷款在该月所产生的利息。

④等额本息。

等额本息是指一种贷款的还款方式，指在还款期内，每月偿还同等数额的贷款（包括本金和利息）。

环节三：合作探究问题，建立数列模型。

针对两种不同的还款方式，建立等比数列，将问题转化为两个不同数列的求和问题。

环节四：汇报展示交流，反思与改进。

情境学习任务持续性评价规则如表5-6所示。

表5-6　情境学习任务持续性评价规则（16）

项目	评价规则描述	等级
发现问题提出问题	结合现实情境，发现并提出真实问题	每项评价分4个等级，分别为：优秀、良好、一般、待提高
分析问题解决问题	分析现实问题，将其转化为数学问题，并尝试建立数列模型，借助数列求和解决数学问题，最后回归现实世界，解决真实问题	
合作学习共同提高	小组成员各自发挥优势、共同学习、互相合作	
汇报展示逻辑表达	能够有理有据阐述分析论证过程，条理清楚、逻辑清晰、简洁规范	

（二）课后反思

整个专题复习课共分为5课时，其中第1课时聚焦常见数列的求和问题，侧重数列求和的基础目标，为后续实现深度教学目标打下坚实的基础。第2、第3课时聚焦数列性质的探究，让学生深刻体会数列的前 n 项和与通项之间的关系，侧重深度教学目标。第4、第5课时聚焦数列的迁移应用，如果说前面3课时侧重输入，那么这2课时更加侧重输出，通过输出检验学生对核心概念、原理的理解程度，指向深度教学目标。整体上，5课时之间逻辑关系清晰、层层递进。

从教学设计而言，深度学习的"深"主要体现在教学目标的定位上。虽然是高三复习课，要落实应知必会的基础知识和基本方法，但是该专题从目标定位上，不止于基础目标的达成，更是从高考要求出发落实关键能力，发展学生的素养。以2022年北京高考数学第15题为例，其对数列的考查以 S_n 和 a_n 的关系式为载体，聚焦递推关系的本质，研究数列的性质。笔者在教学中发现，很多学生会忽视对递推关系式本身的研究，而依赖通项公式的推导，一旦无法得到通项公式，就束手无策了。反映出学生对研究数列性质的方法和认知观念还存在偏差，所以笔者在制定深度学习目标的时候充分考虑到了这一点，以深度学习目标引领学生实现深度学习。

从教学实施而言，深度学习的"深"主要体现在学习方式的变革中。深度学习的发生一定是学生更加主动地学习，被动接受式地听讲很难实现深度教学目标。在课堂组织形态上，笔者尤其注重学生的自主学习、合作学习，给学生充分的独立思考、小组合作、交流展示、批判质疑的时空，把更多的话语权交给学生，自己努力成为课堂教学的组织者、合作者，发挥好学习设计师的角色。

从教学评价来看，深度学习的"深"体现在持续性评价。持续性评价主要发挥了两个功能。当学生深处探究的迷雾中时，借助持续性评价，引导学生调整航向，从而逐步到达胜利的彼岸，在整个专题教学中，持续性评价充分发挥了导航仪的作用。另外，借助第4、第5课时的真实任务，能够很好地检验学生对于核心概念和关键能力的掌握情况，起到了反馈激励的作用。

总体而言，深度学习目标的设置解决了学什么的问题，而以学生为中心的教学方式变革则解决了如何学的问题，持续性评价解决了学得怎么样的问题。三者有机结合，有力地保障了深度学习的发生。

附：课堂实录

师：同学们，前两节课我们进行了等差数列和等比数列的复习，今天我们继续探究数列的性质。数列是这节课的研究对象，我们的学习目标是研究数列的性质，主要依托什么载体呢？我想同学们头脑中一定会浮现出一些类似这样的式子，这些是在以前解决问题过程中经常遇到的一些式子，我们需要借助这些式子研究数列的性质。现在有这样一个问题：不进行复杂的推理运算，通过直观把这些数列做一个简单的分类，你会怎么分类？高同学，你觉得呢？

生1：老师，分类的话那就有几种关系，比如说先看第3式和第4式，它们是 a_{n+1} 和 a_n 之间的关系，并且是加减关系。

师：我们把这种关系式称为什么关系呢？

生：数列的递推公式。

师：没错，还有其他关系式吗？

生2：还有第8个式子，它是 $a_{n+2}=a_{n+1}+a_n$，它也是一个递推关系式。第二类就是像第6式、第7式、第9式，能看出来它们要么是等比要么是等差的一个通项公式。

师：刚才高同学谈到了有两大类：一类是递推关系式；还有一类是通项公式。我想问大家，比如说第1式和第5式，这类式子既含有 a_n 也含有 S_n，这两个式子是递推关系式吗？我们一般怎么得出这类式子呢？

生3：我平时怎么处理呢？首先就是把 a_n 挪到右边去，变成 $S_n=9-a_n$，然后根据这个关系式还可以进一步得到 $S_{n-1}=9-a_{n-1}$。上式减下式，就能得到一个递推关系式。

师：讲解得很好，上式减下式，应该能得到一个等比的递推关系式。通过刚才宋同学的讲解，我们意识到虽然表面上看它不是一个递推关系式，但是我们通过寻找 S_n 和 a_n 之间的关系，可以推理得到一个递推关系式。大家继续思考，第1式和第2式从递推关系的角度来看，它俩实际上是一样的，这两个式子完全等价吗？李同学，说说你的想法。

生4：嗯，老师，我还没太想好，再想一下。

生5：嗯，这两个式子不是完全一样的。虽然公比一样，但是第一式通过 $a_1=S_1$ 能明确地求出首项是9/2，而第二个式子的首项求不出来，它的首项不明确，所以我觉得第二式包含的数列的可能性要比第一式多。

师：非常棒！通过宋同学的完整表述，大家能够意识到，第一式除了能够发现公比，它还含有首项，它含的信息更加丰富。也正因为如此，今天我们重点研究含有 S_n 和 a_n 的关系式。第一个式子是和的形式，如果把运算关系稍微改变一下，就会衍生出差、积、商等3个关系式。大家看一下这几个式子，我们还有没有需要做界定的地方。

生6：含有商的形式的式子中 a_n 一定不能得零。

师：嗯，还有吗？项数的取值范围是不是需要做界定呢？

生7：对于含有差的结构的式子，以及含有商的结构的式子，n 至少是从 2 开始的正整数。

老师：为什么？具体阐述一下吧。

生7：如果 n 取 1，原式就变成 $S_1 : a_1$，它就不可能等于 9 了。

老师：大家认同吗？（等待几秒）。好了，显然要对 n 做一个界定，才能使之成为一个可研究的问题。下面我们来看一下今天的具体任务。我们重点研究这 4 个关系式，大家从中选择其中一个条件作为已知，然后解决下面这 4 个问题。给大家 5 分钟独立思考时间，5 分钟后进行小组交流讨论，时间还是 5 分钟。组长负责分工，包括谁记录、谁讲解、谁进行要点的总结等。记录人要将成员讨论的内容做详细的记录，10 分钟后进行共享屏幕讲解。每个小组优先研究其中一个问题，完成后再继续研究剩余的 3 个问题。

师：好了，时间到了，咱们先一起交流一下吧，我们先从第一个问题开始。第一组做准备。

第一组汇报

生：我们组负责的是第一个题，让 n 取 1 的时候就可以知道，$S_1 = a_1 = \dfrac{9}{2}$，所以就能够求出首项。第二个问题是看有没有单调性，我们打算通过这个式子把它的通项公式求出来，我们通过探究 s_n 和 s_{n-1} 之间的关系，发现它是有一些规律可以找到的，就是让第一式减去第二式，然后我们通过移项，就可以知道它是一个等比数列。

再通过第一问求出来 $a_1 = \dfrac{9}{2}$，就可以写出通项公式。因为我们在前面复习的时候知道这个公比是 $\dfrac{1}{2}$，它是一个单调递减的函数，所以这个数列是一个递减的数列。它是一直大于零的，因此它有一条渐进线。第三个问题，我们通过通项公式就可以知道它是一个等比数列。第四个问题，因为知道它是一个递减的数列，所以它每一项都是在前一项的基础上折半的，所以 a_1 是最大的项，应该是 $\dfrac{9}{2}$。

师：条理非常清楚，关系式使用的技巧也非常好。好，你们组其他成员还有没有补充。李同学讲解得非常清楚了，我不再重复，咱们继续看下一个任务。第二个任务有两个组承担，我随机挑一个组吧。杨同学，你们组吧。

第二组汇报

首先第一问要求算首项，也就是 a_1，同时看到了项的要求是大于等于 2 的。所以我们就把 $n=2$ 代入这个式子。也就可以得到 $S_2-a_2=9$，所以就可以得出 $a_1=9$。第二个问题关于单调性，本来我们一开始想的是求出通项公式，但是在我们计算过程中发现，由于第一问我们求得的 $a_1=9$，而且题目的大条件 a_n 都是非负数，所以我们猜测这个数列它很有可能除了首项后面全部都是零，才可能 $S_n-a_n=9$。

师：好，能继续把猜测的依据说一说吗？

生 8：首先是 $a_1=9$，且整个数列全都是非负数，当 $n=3$ 时，那就得到 $S_2=9$。那么 a_1 本身是 9，那一定能推出 $a_2=0$。

师：好，按照这样的方式类推，我们相信他们的结论是没问题的，后面的每一项都是可以写出来的，那么它就肯定不是等差或者等比数列。它的最大值就是 $a_1=9$。有没有最小值啊？

生 9：零。应该是 n 大于或等于 2 时，各项都是最小值项。

师：这是杨同学的结论，其他小组还有什么补充？

生 10：我的想法跟杨同学有一点不一样，第二问他主要研究 S_{n-1}，我是研究 a_n。我们发现，还是用常规的方法处理，用前 n 项和减去前 $n-1$ 项和，得到 a_n，最后我们左右相消，发现 a_{n-1} 等于零，然后考虑 n 的取值范围，n 大于或等于 3。那么自然得到除了首项等于 9，从第二项开始，每一项都是零。

师：嗯，很好，确实有一些不一样的地方，宋同学的处理方式更加理性化，直接证明了前面杨同学的猜想是正确的。通过两个小组的合作，共同完善了对这个问题的理解，使这个问题得到了非常好的解决。我们看看第三个式子会有哪些性质？来，第三组。

第三组汇报

其实我们组还在讨论，我可以先讲一下目前讨论的结果，这个式子是 S_n 与 a_n 的比值等于 9，n 大于或等于 2，然后把这个 a_n 乘过去，就变成 S_n 等于 9 倍的 a_n。a_n 也等于前 n 项和减去前 $n-1$ 项的和，因为 n 大于或等于 2，所以说 a_n

等于 $9a_n$ 减去 $9a_{n-1}$，就可以推出 $a_n=\dfrac{9}{8}a_{n-1}$。我们推导了一下，发现首项应该是不存在的，因为当 n 等于 1 的时候，S_n：a_n 实际上应该是 1 并非等于 9，杨同学提出 a_n 有没有可能是零，但是如果是零的话，它是分母，所以它应该不是零，目前是没有解出来的。

师：没关系，她们组把自己的思考与讨论环节给大家展示出来了，虽然没有想明白，但是已经有了很好的基础。她们组认为首项可能是零，对这个问题，其他同学有没有建议。

生 11：我觉得对于这个式子，n 是大于或等于 2 的，当 n 等于 2 时，前两项的和与第 2 项的比值为 9，也就是说前两项的和等于第 2 项的 9 倍，于是得出首项等于第二项的 8 倍。她们组推导的式子 n 的取值必须从 3 开始，因为项数 $n-1$ 是从 2 开始的，所以 n 应该大于或等于 3。

师：理解的同学请举手！好，多数同学都理解了，王同学，你再给大家解读一遍。

生 12：这个数列主要是从 $n=2$ 开始的，所以要使用前 n 项和与前 $n-1$ 和的差时，n 就要从 3 开始了。

师：非常清晰，第三组你们继续回答上述几个问题。

生：我查了一下等比数列的定义，它是从第二项开始，每一项跟前一项的比为定值，但是目前是从第三项开始的，如果把首项去掉，那么数列就是等比的。如果不去掉首项，那这个数列就不是等比数列了。另外，是不是单调数列呢，这个问题请我们组杨同学作答。由于刚才知道这个数列的首项是第二项的 8 倍，又是正向数列，所以首项是比第二项要大的，但是从第二项开始，后一项都是前一项的 9/8 倍，所以呢，数列开始单调递增。

师：整体上呢？

生 13：整体上不是单调递增，从第二项开始递增。

师：很好，有没有最值呢？

生 13：我们对最后一个问题画了一个图，也就是说针对这个数列，我们离散去看的话，是由无数个点组成的，从第一个点到第二个点在降低，从第二个点开始一直在升高，所以说它的最小值应该是第二点。没有最大值。

师：通过大家的齐心协力、互相补充，我们终于完成了第三个数列性质的探究。我们继续看最后一个问题，下面请第四组汇报第四个数列的性质。

第四组汇报

生14：因为题意说，数列的第 n 项乘以数列的前 n 项的和等于 9，所以当 n 取 1 的时候，相当于就是 a_1 的平方等于 9，从题意得知各项非负数，所以 a_1 就等于 3。这是第一个小问题。第二个是单调性的问题，一开始我们组是想着求 a_n，但是当我们把式子分析后发现它有点奇怪，不太容易推导通项公式。然后我就想另外一种方法，能不能枚举一些项，因为这个式子是 a_n 乘上 S_n，S_n 就是前 n 项的和，于是我算了首项 a_1 是 3，继续求第二项，它应该是 3 倍的 $\sqrt{5}$ 减去 3 再除以 2，其实无论如何它都应该会大于零，因为每项都是非负数，也就是说 S_n 会一直增大，无论增大多少，它肯定是递增的情况。另外，数列的第 n 项乘以数列的前 n 项的和等于 9，积不变，由于刚才说了，S_n 是不断增加的，那么它相应的另外一个乘数就应该减少，去保证它一直都能相乘等于 9，所以我觉得 a_n 应该是递减的。如果递减成立的话，首项就应该是最大项，最小项应该没有。至于等差和等比问题，我们都知道，比如说是等比数列，那它的第 n 项与第 $n-1$ 的比值应该是定值；如果是等差数列，它的第 n 项与第 $n-1$ 的差值应该是定值，所以我们可以把数列前几项列出来，或者能不能把这个式子再化简一下，然后看符不符合，就是时间问题，现在还没做完呢。这就是目前我们组的结论。

师：第四组想得很好，说得也非常有条理。大家对他们的讲解有什么疑问吗，目前他们组基本上解决了两个问题，首项和单调性问题，单调性是猜想出来的，并没有给出证明。他们通过这种直觉的分析，应该是递减的，关于是不是等差或等比，还没有解决。时间有限，这个式子有点复杂，枚举显得不太可能完成。从理性来说，实际上还有一些结论需要严谨地再论证。其他组看还有没有补充？第五组，你们组呢？

生13：我不知道这能不能算补充，他刚才思路一样的地方就不用说了，其实我们是这么想的，就是把 a_n 转化出来，a_n 是 9 : S_n，因为 a_n 的每一项都是正数，所以 S_n 是单调递增的，S_n 在分母上，所以 a_n 一定是单调递减的。从函数的视角肯定是这样的，更严谨一些吧。

师：好，在第四组的基础上，他们做了进一步的拓展，非常好。那我们现在就很明确了，这一定是一个单调递减数列。那么是等差数列还是等比数列？

生13：这个我们不太确定，我们转化为相邻两项的比值了，但是不太确定等号右侧是不是一个定值。不知道怎么处理就先猜了，但是只算了一组，再往后算运算太复杂了，结果看着好像不是定值。我们不是很确定，这么看起来没啥规律。

师：好，你们有个很好的思路，就是要把已给的式子进行转化。通过看这个比值是不是定值，来确定是不是等比数列，然后通过看差值是不是定值，来确定是不是等差数列。我们一起分析这一步。

由题意知道：①$S_n = \dfrac{9}{a_n}$，②$S_{n-1} = \dfrac{9}{a_{n-1}}$；①式减去②式，得到：$S_n - S_{n-1} = \dfrac{9}{a_n} - \dfrac{9}{a_{n-1}}$，即 $a_n = \dfrac{9}{a_n} - \dfrac{9}{a_{n-1}}$。两侧同时乘以 a_n 得：$a_n^2 = 9 - \dfrac{9a_n}{a_{n-1}}$，于是 $\dfrac{a_n}{a_{n-1}} = \dfrac{9 - a_n^2}{9}$。大家从此处分析，要是为等比数列，需要满足什么呢？

生14：看 $\dfrac{9 - a_n^2}{9}$ 是不是定值即可。

师：那是不是定值呢？

生15：由于刚才已经知道数列是递减数列，所以 a_n 是变量，所以这个式子不是定值。

老师：很好，那是不是等差数列呢？我们该如何变形呢？

生16：还是看这个式子：$a_n = \dfrac{9}{a_n} - \dfrac{9}{a_{n-1}}$，去分母得 $a_n^2 a_{n-1} = 9a_{n-1} - 9a_n$，进一步得到：$a_n - a_{n-1} = -\dfrac{a_n^2 a_{n-1}}{9}$，由于数列是单调递减数列，右侧 $-\dfrac{a_n^2 a_{n-1}}{9}$ 不是定值，所以不是等差数列。

师：太棒了，你迁移应用的能力非常好。至此我们就明确了所有结论，数列 {} 是单调递减的正向数列，最大项是首项3，那么该数列有没有最小值呢？

学生17：应该没有，这个数列是单调递减的，但是无论怎么递减，肯定没有最小值。无穷数列。

师：嗯，你们都觉得没有最小值是吧？当 n 趋向于无穷大时，a_n 会趋向于多少呢？我们来看2022年北京高考题，今天我们解决的第四个问题实际上来源于一道高考试题。这道高考题的第四问：数列 {} 中是否存在小于 $\dfrac{1}{100}$ 的项？大家思考一会儿。（2分钟后），王同学，说说你的想法。

生 18：按照王同学刚才那种直观理解，如果说当 n 趋向于无穷大时，a_n 会趋向于 0 的话，那肯定存在小于 $\dfrac{1}{100}$ 的项，但是我还是不会证明。

生 19：我觉得可以尝试反证法。假设数列 {} 中不存在小于 $\dfrac{1}{100}$ 的项，那么数列 {} 中每一项都应该大于或者等于 $\dfrac{1}{100}$，如果在此基础上推导出矛盾，就说明假设是错误的，目前我还没有发现什么矛盾，让我再思考一会儿。

师：思维非常独到，大家试试看（沉默 2 分钟左右）。

生 19：老师，老师，我终于发现矛盾点啦（兴奋）。老师您看，如果每一项都大于或者等于 $\dfrac{1}{100}$，当 n 很大时，比如 $n \geqslant 90\,000$ 时，那么前 90 000 项的和肯定大于等于 900，此时，$a_n S_n \geqslant 9$，这就与一开始给的条件 $a_n S_n = 9$ 产生矛盾，因此假设不成立，所以数列 {} 中一定存在小于 $\dfrac{1}{100}$ 的项。

师：多么好的思路啊，当我们正向推理不容易实现时，别忘了我们还有一件武器，那就是反证法。反证法的精髓在于反向假设，并找到与题设的矛盾点。

回顾整节课，我们围绕着数列 {} 中 a_n 和 S_n 之间的 4 种关系——加、减、乘、除，探究了数列 {} 的性质。从知识点的视角看，主要应用了通项与前 n 项和之间的关系——$a_n = S_n - S_{n-1}(n \geqslant 2)$，以及等差数列和等比数列的定义、性质等。从数学思想方法的视角看，主要应用从一般到特殊和从特殊到一般的思想方法，比如我们由一般关系式可以推测数列的前几项，就是由一般发现特殊，再通过逻辑推理，将发现的结论回归到一般。另外，解决数列问题有两个重要载体，一个是通项公式；另一个是递推关系。大家可能比较习惯使用通项公式，今天我们发现，有时候通项公式不容易得到，这个时候我们就要充分挖掘递推关系式所蕴含的性质，进行数列性质的探究。还有，我们在解决最后一个问题的时候，实际上应用到了极限思想和反正法。

最后，我们发现这堂课解决的 4 个问题实际上是高考题的改编，将 a_n 和 S_n 之间的乘法结构改变为加、减、除，就有了这么多值得研究的新问题。那么随着我们后续的学习，大家也要学习这种提问题的视角，我们不能只会解决问题，更要会提出一些新的问题。

（指导教师：欧阳蕾）

第六章
整合知识，跨越学科边界

第一节　推动历史的巨轮，成就别样的人生
——语文、数学、英语教材单元内容跨学科整合教学设计与实施

欧阳蕾

一、跨学科专题教学设计

确定预期的学习目标

1. 学习主题

跨学科整合主题：推动历史的巨轮，成就别样的人生

语文学科学习主题：文学滋养灵魂

数学学科学习主题：探索点亮智慧

英语学科学习主题：科技改变未来

学习主题解读

（1）专题课标相关要求

1）语文学科

《义务教育语文课程标准（2022 年版）》第四学段（7～9 年级）

【阅读与鉴赏】

① 在通读课文的基础上，厘清思路，理解、分析主要内容，体味和推敲重

要词句在语言环境中的意义与作用。

②欣赏文学作品，有自己的情感体验，初步领悟作品的内涵，从中获得对自然、社会、人生的有益启示。能对作品中感人的情境和形象说出自己的体验，品味作品中富于表现力的语言。

2）数学学科

《义务教育数学课程标准（2022年版）》中有如下内容。

①丰富教学方式：改变单一讲授式教学方式，注重启发式、探究式、参与式、互动式等，探索大单元教学，积极开展跨学科的主题式学习和项目式学习等综合性教学活动。根据不同的学习任务和学习对象，选择合适的教学方式或多种方式相结合，组织开展教学。通过丰富的教学方式，让学生在实践、探究、体验、反思、合作、交流等学习过程中感悟基本思想，积累基本活动经验，发挥每一种教学方式的育人价值，促进学生的核心素养发展。

②重视单元整体教学设计：改变过于注重以课时为单位的教学设计，推进单元整体教学设计，体现数学知识之间的内在逻辑关系，以及学习内容与核心素养表现的关联。

③强化情境设计与问题提出：注重发挥情境设计与问题提出对学生主动参与教学活动的促进作用，使学生在活动中逐步发展核心素养。

④评价结果的呈现应更多地关注学生的进步，关注学生已有的学业水平提升空间，为后续教学提供参考。评价结果的运用有利于增强学生学习数学的自信心，提高学生学习数学的兴趣，使学生养成良好的学习习惯，促进学生核心素养的发展。

3）英语学科

《普通高中英语课程标准（2017年版2020年修订）》提出了指向学科核心素养发展的英语学习活动观，即学生在主题意义的引领下，通过学习理解、应用实践、迁移创新等一系列体现综合性、关联性和实践性等特点的英语学习活动，使学生基于已有的知识，依托不同类型的语篇，在分析问题和解决问题的过程中，促进自身语言知识学习、语言技能发展、多元思维发展、价值取向判断。

《义务教育英语课程标准（2022年版）》中描述，英语课程围绕核心素养（语言能力、文化意识、思维品质、学习能力）达到如下目标：发展语言能力，培育文化意识，提升思维品质，提高学习能力。

学段目标中要求学生能在读的过程中，围绕语篇内容记录重点信息，整体理解和简要概括主要内容；能围绕相关主题，运用所学语言与他人进行日常交流；有正确的价值观和积极向上的情感态度；有自信自强的良好品格，做到内化于心，外化于行；能发现语篇中事件的发展和变化，辨识信息之间的相关性，把握语篇的整体意义；能多角度、辩证地看待事物和分析问题；能提取、整理、概括稍长语篇的关键信息、主要内容、思想和观点，判断各种信息的异同和关联；能根据语篇推断人物的心理、行为动机等，推断信息之间简单的逻辑关系；能从不同角度解读语篇，推断语篇的深层含义，作出正确的价值判断。

（2）专题内容分析

该专题内容是一个大的跨学科整合设计，内容包括八年级上册语文教材两个单元、数学教材一个单元、英语教材一个单元。

语文八年级教材包括第一单元的活动·探究，包括新闻阅读、新闻采访、新闻写作3个方面的内容；第二单元的传记写人的文章。数学是八年级上册第十二章《全等三角形》。英语是八年级上册 Unit 7 *Will people have robots*？

不同学科4个单元内容的整合，使各个单元内容在整个教学过程中承担着不同的作用。语文第二单元传记文章包括鲁迅的《藤野先生》、朱德的《回忆我的母亲》、茨威格的《列夫·托尔斯泰》、艾芙·居里的《美丽的颜色》4篇文章，重点是通过学习第二单元文章，学生能分析人物形象，学习这些人物的精神品质。数学学习全等三角形的公式及运用公式解决生活中的实际问题，英语是畅想未来科技如何影响人们的生活。以时间为轴，我们将3个学科4个单元的内容整合成了一条有关联的线，即语文学科学习过去这些伟人或平凡的普通人身上的优秀精神品质，这些精神品质为我们留下了宝贵的精神食粮和科学探究的思想方法。数学学科创设真实的学习任务情境，让学生运用在全等三角形教材内容中学习的知识，去探究如何制作符合要求的飞船零件，理解科学研究的思维路径，提高在生活实践中解决问题的能力。英语学科结合单元内容，引导学生畅想未来，理解科技改变我们的生活。最后语文教师带领学生将3个学科的内容进行总结，优秀人物的精神品质代代相传，科学研究的思想方法促进了科学技术的进步，推动了历史的巨轮，促进了人类社会不断发展。身处新时代的我们如何才能成就别样的人生，怎样做才能实现自己的人生价值，做对社会有贡献的人？通过跨学科整合教学实现了3个学科的育人价值。

（3）学情分析

相关学情分析如表 6-1 所示。

表 6-1　学情分析（7）

分析项目	简要阐述
学习基础	学生通过初中一学年语文、数学、英语的学习，对学科教学内容有比较好的理解，能够在教师的指导下自主学习单元内容，小组合作探究完成访谈、主持、角色扮演等单元情境学习任务及小组学习成果展示
生活经验	本专题教学设计以时间为轴，将看似零散的 3 个学科的内容建立起联系，串联成学习过去优秀人物的精神品质，用探究的科学精神解决现在生活中的实际问题，畅想科技改变未来。学生虽然缺少生活经验，但是这样的情境学习能够帮助学生理解和体会学科间的内在联系，学生通过学科内容的整合学习，确定自己的人生目标，为未来的生活打下坚实的基础
学习的障碍点	让学生将 3 个学科的教材内容通过角色扮演、主持访谈等形式展示出来，对学生而言需要转换传统的学习方式，既要学会学科知识，又要运用学科知识解决情境任务，难度较高，是专题学习的障碍点，对师生都具有很大的挑战性
发展空间	以"推动历史的巨轮，成就别样的人生"为主题的跨学科专题教学设计，将原本分散的多学科的教学内容进行整合，节省了学生的学习时间，提高了学习效率，学生在情境中学习，夯实了学科基础，提升了学习能力。本专题教学设计对学生综合学习能力的提升有很大的发展空间

2.学习目标

（1）基础学习目标

目标 1：语文学科——学习单元课文，分析人物形象，体会人物的精神品质。

目标 2：数学学科——学习单元内容，运用所学知识解决实际问题。

目标 3：英语学科——学习单元内容，了解文章内容，体会作品主题。

（2）深度学习目标

语文学科：穿越历史——文学滋养灵魂——《美丽的颜色》。

数学学科：解决问题——探索点亮智慧——《变形记》。

英语学科：畅想未来——科技改变未来——《未来机器人》。

三科总结：理解"推动历史的巨轮，成就别样的人生"的内涵。

（3）学习问题设计

1）基本问题

语文学科：该单元传记写了哪些人？哪些事件？写出了这些人物怎样的精神品质？是怎样写的？这样写有怎样的好处？

数学学科：用什么样的思维方法才能解决飞船零部件的问题？

英语学科：未来机器人时代，将对我们的生活方式产生怎样的影响？

2）深度学习问题

结合语文、数学、英语单元学习内容，谈谈你对"推动历史的巨轮，成就别样的人生"这个学习主题的理解？

二、专题教学实施

（一）安排课堂教学内容，指导学生学习活动

1. 第 1、第 2、第 3 课时

学习目标：指向专题基础学习目标。

目标 1：语文学科——学习单元课文，品味语言，分析人物形象，体会人物的精神品质。

目标 2：数学学科——学习单元内容，运用全等三角形的知识解决实际问题。

目标 3：英语学科——学习单元内容，了解文章内容，体会作品主题。

学习方式：教师指导下的自主学习。

学习任务：按各学科教师要求，完成自学笔记。

学习环节

环节一：语文、数学、英语教师分别结合教材单元内容，布置小组学习任务。

语文学科：自学教材单元相关课文，完成自主学习笔记。

数学学科：以教师讲解为主，学生学习公式，运用公式做题。

英语学科：教师指导，自学单元 3a 部分的课文，用思维导图梳理作品结构。

基础学习问题

问题 1：语文学科——该单元课文写了哪些人物？这些人物有哪些精神品质？给我们哪些启示和感悟？

问题 2：数学学科——运用该单元内容，分析如何解决飞船零部件的问题？

问题 3：英语学科——该单元课文介绍的机器人技术会给我们的生活带来

哪些改变？对你有哪些启示？

环节二：学生完成自主学习笔记或解题。

课后作业：完善自主学习笔记。

2. 第 4、第 5、第 6 课时

学习目标：指向专题深度学习目标。

深度学习目标

语文学科：穿越历史——文学滋养灵魂——《美丽的颜色》；

数学学科：解决问题——探索点亮智慧——《变形记》；

英语学科：畅想未来——科技改变未来——《未来机器人》。

三科总结：推动历史的巨轮，成就别样的人生。

学习方式：教师指导下的合作探究学习。

学习任务：分组合作探究完成情境学习任务，依据评价改进本组的表现。

学习环节

环节一：教师布置小组探究合作情境任务，讲解持续性评价。

语文情境学习任务

①假如你们是中央电视台《新闻联播》节目组的成员，请将第一单元的课文学习内容以现场采访播报的形式展示出来。

②假如你们是中央电视台《档案》栏目组的成员，请将第二单元的作品内容以电视节目访谈的形式展示出来。

情境学习任务持续性评价规则如表 6-2 所示。

表 6-2　情境学习任务持续性评价规则（17）

项目	评价规则描述	等级
思维导图	结合课文内容，运用思维导图画出作品的行文思路	每项评价分 4 个等级，分别为：优秀、良好、一般、待提高
访谈内容	结合思维导图，进行作品解读，设计访谈节目的问题。台上台下互动，角色访谈概括，讲解作品的主要内容。分析人物形象，归纳作品主题，交流学习的感悟收获	
学习收获	运用结构图形，联系实际生活，以专题演讲互动形式，整合单元内容，谈学习的体验，收获人生感悟和启示	
小组分工	小组成员分工，节目情境活动，变换扮演角色，（如主持人、记者、嘉宾、不同领域专家等角色）团结协作探讨，组员均等任务，共同完成学习和展示	

项目	评价规则描述	等级
展示形式	第一单元：以新闻播报的形式展示 第二单元：以访谈节目的形式展示	每项评价分4个等级， 分别为：优秀、良好、 一般、待提高

环节二：教师巡视指导，学生在小组长的带领下完成情境学习任务。

环节三：组长根据情境学习任务评价规则，改进本组的表现。

数学学科、英语学科（略）

3. 第7、第8、第9、第10课时

学习目标：指向专题深度学习目标。

深度学习目标：结合单元学习内容，使学生能够理解正是无数个像居里夫人这样的优秀人物才推动了社会的进步和发展，我们要学习他们的精神品质，树立人生目标，成就自己别样精彩的人生。

学习方式：各个学习小组上台综合展示情境学习任务成果。

学习环节

环节一：各个学科分别用1课时，各个学习小组上台展示情境学习任务成果。最后语文学科从3个学科的角度总结如何成就别样的人生。

环节二：教师和学生各个小组依据评价为各个小组提出反馈与建议。

环节三：教师总结该专题教学内容，并板书。

语文——过去：优秀精神品质代代传承；

数学——现在：科学思想方法解决问题；

英语——未来：科学技术推动历史进步。

总结：传承思想方法，成就别样人生。

（二）课后反思

该专题教学是八年级上册的语文第一和第二单元、数学第十二章《全等三角形》、英语 Unit 7 *Will people have robots*？三科教材内容4个单元的整合教学设计与实施。3位教师通过对教材内容的理解和对课程标准的分析，设计并实施了该专题。

1. 梳理内容，建立联系

3个学科4个单元的教学内容如何进行整合，这是摆在教师面前的难题。

语文学科第一单元是新闻单元，第二单元是人物传记。数学学科单元是全等三角形。英语学科是 *Will people have robots？*。3 位教师首先做的就是一起备课，研读教材内容，建立这几个不同学科单元内容之间的内在联系，从教材内容的时间线搭建起了 3 个学科学习内容之间的关系。

过去：语文学科教材第二单元内容叙述过去名人名家及普通人物的人与事。

现在：数学学科学习全等三角形以解决实际生活中的问题。

未来：英语学科课文提出科技改变未来的问题。

通过学习建立这些教学内容之间的联系，最终与学生自己的人生建立起联系，帮助学生理解跨学科主题：推动历史的巨轮，成就别样的人生！

2. 学以致用，主持访谈

语文学科第一单元教材设计的是活动与探究，内容是学习新闻消息。通过第一单元的学习，学生对新闻的阅读及结构有了初步的认识。跨学科内容梳理完成之后，如何让学生把小组学习的研究成果展示出来？教师最终让学生学以致用，指导学生在第一单元学习的基础上，以访谈的形式将本组的学习成果展示出来，这样的模拟情境任务从内容到形式都很新颖有趣，调动了学生学习的积极性，达到了较好的学习效果。

3. 学科育人，结构清晰

通过 3 个学科教材内容的整合，我们梳理清楚了教学环节中 3 个学科内容之间的结构思路，避免了碎片化的教学。整个教学环节采用总—分—总的结构形式。首先由 3 个学科的教师带领学生归纳教学内容，找到能够统领 3 个学科内容的上位概念，从总体上确定跨学科专题学习的大观念，即学习主题：推动历史的巨轮，成就别样的人生。

接下来，3 个学科的教师分别带领学生学习不同学科的单元内容。语文教师带领学生穿越历史，回到过去，学习第二单元的课文，叙述难忘之事，展现人物的品格与精神，理解文学滋养灵魂的观念。数学教师带领学生学习全等三角形单元内容，学习运用有效的科学方法去解决生活中的实际问题，理解探索点亮智慧的内涵。英语教师引导学生学习单元课文 *Will people have robots？*。通过对未来社会的畅想，理解科学技术是一把"双刃剑"、科技改变未来的思想。

最后，3 个学科的教师指导学生再次从整体上深入理解跨学科内容，将这些看似零散实则有内在联系的内容与学生的人生结合起来，引导学生思考："我想成为什么样的人？怎样才能成就别样的人生？"

这样的学习过程实现了学科育人的目的，帮助学生形成正确的世界观和人生观。

4. 整合教学，提高效率

在临近期中考试教学内容繁杂、教学时间紧迫的背景下，这样的跨学科整合教学将原本需要20课时的教学内容压缩成10课时，节省了教学时间。整合的教学内容让教学的跨度更大、深度更深，学生不仅学习了学科知识，还在完成情境任务的过程中提高了阅读、表达、证明、计算、想象等多项学科能力。帮助学生提高了思想认识，训练了逻辑思维能力。

总之，跨学科专题教学设计与实施是一次特别有意义、有勇气的尝试。具有超前意识，有前瞻性，符合2022版新课程标准的要求，教学中取得了较好的效果。不足之处是教学实施过程中的逻辑思路如果能够更清晰、更明确地引导学生，将会收到更好的教学效果！

附：语文课课堂实录

师：同学们好！

生：老师好！

师：今天我们3位老师将带给大家3节别样的课，我们这3节课的主题是：推动历史的巨轮，成就别样的人生。第一节课我们先请语文学科的一个组带领我们穿越历史走近居里夫人，分析居里夫人的精神品质。然后谢琳老师带我们上一节数学课《变形记》，去体会在现实生活中如果遇到类似问题，我们用什么样的方法去解决。接下来请刘丽萍老师上一节英语课，一起走进未来的机器人时代，去畅想未来。最后再请我们的语文学科老师带领两个小组的同学给我们这3个跨学科的内容做一个总结，感受和理解过去的这些巨人们，还有平凡的普通人，他们如何推动着历史的巨轮向前发展。身处新时代的我们，如何才能成就自己别样的人生？

在上课之前先介绍一下我们师生共同设计的情境学习任务。语文学科是把八年级上册教材第一和第二单元做了一个整合，第一单元教材后面有一个采访的学习任务，各个学习小组自主探究学习后，请同学们用采访的形式来展示你们小组的学习成果。具体的学习问题是，我们在充分预习的基础上，完成探究性学习任务，最后来谈你们对我们所确定的主题的看法。这是我们师生一起确定的第一和第二单元的主题，然后我们一起确定了相关活动的评价，我们从思维导图、访谈的内容、同学们学习的收获、小组合作分工、小组展示形式 5 个方面，对各个组的学习成果进行评价。

下面来回顾一下之前学习的内容，大家先在老师的指导下完成自学笔记，然后探究我们各个小组的学习任务，目前我们就剩最后一个组没有展示，一会儿我们就请这个组来展示。这是各个学习小组绘制的思维导图。请最后这组同学带领我们学习《美丽的颜色》这篇文章，一起走近居里夫人。

第一组上台展示学习成果

生 1：老师们、同学们大家好！欢迎大家走进我们新时代的访谈节目，今天我们带领大家探讨的话题是科技，我们先一起走进一部文学作品《美丽的颜色》，首先请大家跟着我穿越时空回到过去，一起看一段情景再现。（小组同学分别扮演居里和居里夫人）

情景一

生 2：请帮我把装满溶液的盒子拿过来。

生 3：好的。你说这到底是什么颜色？它会是什么形状呢？

生 2：这个东西在矿物中含量极少，如果咱们能发现，无疑是一个巨大的突破。

生 3：唉，真想看看它真实的颜色，你说我们研究了这么多年，怎么还研究不出来呢？

生 2：我想总有一天我们会成功的！见鬼，怎么又下雨了？快，快把东西搬进去。

生 3：好的。

生 2：你把那个桶搬过去，我把这个仪器搬回去。亲爱的，你再去准备几个盆子，准备接雨水。

学生 3：这鬼天气什么时候才能到头啊？

情景二

生 3：哎，天气这么热，太阳还这么晃眼！

生 2：要是我们有一些先进的仪器就好了，就不用浪费这么多时间了。

生 3：加油吧，努力是不会白费的，我们继续把实验完成。

生 2：看，那蓝蓝的光是什么？亲爱的，天呐，我们的实验成功了！

生 1：通过我们刚才的情景再现。相信大家有很多想法吧？下面请我们的特约记者上场，也通过时光机请居里夫妇上场。

生4：居里夫妇，欢迎你们来到我们的21世纪，作为本次节目的嘉宾，我有些问题想问你们。居里先生，您在做实验的时候遇到的主要问题是什么？

生2：嗯，我认为我们遇到的主要问题是实验环境的恶劣。

生4：能请您简单描述一下当时实验的环境吗？

生2：好的。我们实验的房屋是一个玻璃房，房顶是玻璃的，冬天很冷，夏天很热，就和温室一样，我们工作起来是很麻烦的，下雨的时候，还得把仪器给弄回来。冬天屋子还特别不暖和，冬天的时候我们就冻得像冰人一样，即使靠得很近，屋里的炉子也不觉得暖和。

生4：谢谢您的回答，您在那样艰苦的环境下工作，有怎样的感受呢？

生2：我认为，那是一段艰苦而又有意义的时期。虽然实验条件很艰苦，吃着粗茶淡饭，但那是我们最美好的时期，因为我们把精力都放在了工作上，虽然艰苦，却也是我们最快乐的时光。

生4：十分感谢您，那么我想问一下居里夫人，您研究镭的实验过程是怎么样的呢？

生3：我先介绍一下分离镭的实验过程，镭的放射性极强且含量极少。所以分离它的实验是极其困难的，也几乎是不可能完成的。我们在这段时间里一直过着反自然的生活，从工作日变成工作年，每天我都穿着满身污渍的工作服，搬20多公斤的实验器材或者连续几个小时搅动着实验的液体，虽然过程艰辛，但我依旧热爱这份工作。当我们万分疲惫的时候，我们就会坐下来喝一杯热茶，谈论我们迷恋的镭，这种感觉就像梦一样。同时我还认为，我的工作热情和科学热情就是我的提神剂，它让我一直保持着好奇心，期待着镭的样貌和镭的形状。

生4：十分感谢您的回答。

生1：今天我们的节目组还请来了一位特别的嘉宾，她是这个领域的专业人士，接下来有请这位嘉宾上台。马博士，欢迎您来到节目录制的现场，现在镭已经为人类的生活带来了许多便利，您作为这一领域的专业人士，能简短评价一下居里夫妇的研究成果吗？

生5：好的，首先他们的实验成果是非常成功的，发现了镭的颜色，它闪耀着蓝色的荧光，他们享受自己研究的胜利成果，因为他们发现镭的颜色比他们预期的还要可爱，还要令人着迷。

生4：非常感谢您的回答。

生1：通过我们刚才的情景再现及访谈，我想问问大家，你们认为居里夫人是一个什么样的人呢？请小组讨论两分钟，一会儿我们找同学来回答。

生1：好的，我们讨论到这里，有同学要回答吗？在回答问题的时候，第一要阐述自己的观点，第二要在原文中找到支撑你的观点的证据。

生6：居里夫人可以说是我的偶像，我对物理和化学特别感兴趣，居里夫人在这个领域贡献特别大，好几次与诺贝尔奖擦肩而过，她发现了镭，终于获得了诺贝尔奖。发现镭的过程特别烦琐，发现镭的概率是很小的，她们大概花了4年的时间，坚持不懈地提炼，最终得到了回报。

生1：谢谢你的回答，还有同学想说吗？阐释一下自己的观点。

生7：我认为居里夫人是不畏艰难的，我在原文中找到了这样一句话：“玛丽在院子里穿着满是尘污和酸渍的工作服，头发被风飘起来，周围的烟刺激着眼睛和咽喉。”可见她的工作环境是十分艰苦的，她一直坚持并最终研究成功，说明她不畏艰险。

生1：谢谢你的回答。那你认为居里夫人是一个什么样的人呢？

生4：我认为居里夫人是一个坚持不懈的人，她的这种精神品质值得我们学习。他们研究镭的过程持续了多年，日复一日地进行实验，不知疲倦废寝忘食地为科学界做着贡献，这体现了她坚毅的精神品质。

生1：我们穿越到了过去，体会到了居里夫人的精神品质。现在我们又穿越到现在。科学是判定一个国家强与弱的标准，在这个科学不断发展的时代，作为中学生我们应该做好自己，学习文化知识，在学习中我们也会遇到问题。通过刚才的表演和访谈，我们也了解到了居里夫人遇到问题不放弃、积极探索的品质，这是我们应该去学习的。接下来请我们组的一位同学带给大家有关《美丽的颜色》中描写的一段内容。

生5：请大家打开第43页，由我来给大家配乐朗读课文内容（略）。

生1：我们今天的节目也就到此结束了，谢谢大家！

师：感谢这个小组，我们一起看评价，请课代表从思维导图、访谈内容、学习收获、小组分工、展示形式这5个方面给他们做一些反馈。

生7：他们组通过时光穿梭机，为我们展示了居里夫妇实验条件的艰苦和坚持实验终于发现镭的过程。结合课文内容的思维导图，以访谈的形式梳理了文章的结构，分析了居里夫人的形象和精神品质。小组分工也很好，展示形式也很自然，我觉得都挺好的。

师：好的，谢谢。刚开始大家稍有一点紧张。总体还是不错的。接下来请数学老师谢琳带大家探究在现实生活中遇到问题我们该如何解决？

数学课堂实录（见第二章第三节）

师：感谢谢琳老师带给我们这样一堂精彩的数学课，让我们知道遇到问题时用什么样的思想方法和路径去解决问题。请同学们休息 15 分钟，一会儿请英语刘老师带着我们一起去畅想未来。

英语课堂实录（见第二章第四节）

师：语文的一、二单元我们已经都学完了，刚才数学老师和英语老师也带给了我们精彩的两堂课，接下来我们做一个总结，下面有请这一组同学。

第二组上台展示学习成果

生 1：大家好！我是本台主持人。在学习了这 3 节课之后，相信大家都有很多收获和感受，我们畅想了未来，也穿越回了过去，下面就请各个小组讨论一下，谈一谈自己的学习感受，给大家两分钟的时间。

生 1：现在讨论时间已经结束了，哪个组想谈一谈自己的收获呢？

生 2：这 3 堂课都是关于科技的内容，科技在迅速地发展。语文课学习了科学家献身科学的精神品质，数学课讲的是在我们现实生活中遇到问题要积极地去探索、去寻找问题的答案，刚才英语课也讲了未来科技的发展，机器人的出现会给我们的生活带来怎样的改变，可以说科技改变了我们的生活。

生 1：谢谢你的回答。我们节目组也请到了两个著名的人士，我先采访其中一位，您能不能谈一谈对科技改变未来的理解呢？

生 3：好的，人们发明了很多新物质，科技改变了我们的生活，让我们过得更好。刚才谈到居里夫妇开始探索镭的时候，并不确切地知道这种元素是否真的存在，而只是发现了一个比他们原来发现的化学元素更强的元素。他们的研究过程是，发现问题，提出自己的猜想，通过反复实验来验证自己的假设，最终得出结论。他们的这种科学精神值得我们学习。

他们进行科学实验的环境非常艰苦，用简单的实验仪器却做着十分精密的像大海捞针般的实验工作，他们始终保持着科学的热情。在只有几平方米的小屋子中做着他们的工作，这种坚持不懈的精神是值得世人赞叹的。正是因为有了像居里夫人这样的科学家，才促进了科学技术的进步，我们的世界才变得更加美好，所以说科技改变了未来！

学生1：谢谢您的回答，我们也请到了另一位科学家，现在我们也来采访一下他。先生您好，您能不能谈一谈您对文学滋养灵魂的理解呢？

学生4：首先，文学作品来源于生活又高于现实生活。拿鲁迅先生为例，他在《藤野先生》《孔乙己》《范爱农》等文学作品中，写自己在仙台留学期间的经历，写孔乙己社会地位的尴尬、写范爱农的苦闷，通过文学作品反映当时的社会。通过他的文学作品我们看到了当时中国人的劣根性，人们的愚昧。鲁迅用他的文学作品去唤醒愚昧麻木的国民，由此我们可以体会到文学是可以滋养我们的灵魂的，这种滋养对人的影响是持续性的，一代又一代的人都会因为他们的文学作品而得到激励，也可以说这样的文学作品间接性、持续性地推动了历史的发展、社会的进步。

学生1：谢谢您的回答，我也有一些自己的想法，就是我们学习了朱德的《回忆我的母亲》这篇文章，朱德先生回忆了自己母亲的几件事，我们也从正在阅读的《红星照耀中国》中了解了朱德。朱德与毛泽东并称为"朱毛"，毛泽东带领红军进行了二万五千里的长征，他们不畏艰险，践行了马克思主义精神，最终成就了一番伟业；所以他们也推动了历史的巨轮滚滚向前，正是像朱德的母亲这样无数平凡的母亲们培养了这样的伟人，而这些伟人创造的伟业又推动了历史的巨轮向前滚滚发展。这就是我们组结合单元内容对单元主题"推动历史的巨轮"的阐释和理解。谢谢大家！

师：我们一起来评价一下这个组的展示吧！

生5：他们组结合单元内容阐释了单元学习的主题，我认为他们组的结构图思路清晰，合作得也很好，他们不是灌输式地展示，而是先带领同学们思考，然后再谈自己的理解。我们还是很有收获的。

师：好的，谢谢你的反馈。这组同学带着我们把语文教材第一、第二单元的内容进行了一个总结，我们阅读这些文学作品和我们每一个人有什么关系呢？下面我们就请另一组同学来和我们谈一谈如何成就别样的人生。

第三组上台展示学习成果

生1：第二单元我们学习到了伟人们的别样人生，我们怎样才能成就自己别样的人生？大家想一想，我们如果想要成就自己别样的人生要怎么做呢？请大家讨论一下，你以后想成为怎样的人？你怎样做才能成为那样的人？请各个小组讨论一下。

生1：大家讨论得差不多了，下面我来采访几位同学吧。同学你好，你将来想成为怎样的人呢?

生2:我将来想要改变教育制度。

生1:那你打算怎样做呢?

生2:首先我要适应现在的教育制度,因为现在的教育制度并不完善。它有很多不足,我要先丰富自己的知识,获得新的思想,然后才有改变这种现状的能力。

生1:好的,谢谢你的分享,还有哪位同学愿意分享一下呢?

生3:我觉得我以后想做一个科学家或者医生,因为我觉得医生能够给这个世界做出贡献,应该是一个非常好的想法。关于该怎么做,我觉得现在先努力地学习,获得知识,包括读万卷书,行万里路。我们也应该探索,将学习的知识应用于实践当中,把握我们自己的未来。

生1:好的,谢谢您,那么请听我们组两位同学的观点。

生4:现在我们就来讲一下我们的看法。我们的主题叫作成就别样的人生,我们怎样才能拥有自己的人生,我们应该怎么做呢?我认为,我们应该先确立一个目标,通过学习这几课我们都知道这个单元讲的是各种伟人,我们可能做不到像伟人那么伟大,但是我们可以通过自己的努力为社会做贡献。我们要树立自己的人生目标,无论目标大或小,我们都应该为了自己的目标而努力。我们有了人生目标,就要把它付诸实践,到底应该怎么做呢?首先我们认为,应该看透事物的本质,需要仔细观察了解事实,进行反思和思考,要观察身边的点滴,留心周边的生活,充分地了解事物的真相,也要了解我们自己,不能颠倒黑白,要明辨是非。本单元课文中有两位伟人,鲁迅和列夫·托尔斯泰,鲁迅用他笔下的人物揭露了当时中国社会的黑暗,中国人民的劣根性;列夫·托尔斯泰通过他的作品揭示了当时社会的真相。透过文学作品,我们也应该反思和思考,反思我们自己身上的不足,思考事物的真相,看透事物的本质,看清现实社会。

生5:我来讲一下探索未知世界。本单元课文中居里夫人就是典型的代表,她是著名的科学家,她勇于探索未知世界,发现了镭这种重要的元素,为社会做出巨大的贡献。在现实生活当中我们应该怎样去探索未知世界呢?

首先,我认为应该多读书,多读书就能摄取更多的知识,获取知识就是为我们以后探索未知世界做铺垫。

其次,我们应该多思考,读书不应该死读,读书要活学活用,要将知识运用到生活当中。

最后，我们应该有批判性的思维，对事物应该有自己的看法，通过事物的表现看透它的本质。另外，我们探索未知世界需要坚持的精神品质。本单元课文中的居里夫妇，他们正是坚持了无数次才发现了镭这种物质，推动了社会的进步。他们经过了很多次的实验才成功，所以我们也一定要在探究路上不放弃，要坚持。

本单元语文课中代表努力的人物就是《回忆我的母亲》中朱德的母亲，朱德的母亲是一个平凡而伟大的人，因为她培养出了像朱德这样的人才。落实到生活当中，我们应该脚踏实地一步一个脚印地去走，然后脚踏实地完成我们自己的目标，成就我们别样的人生！

生1：通过刚才两位同学的分享，我们可以知道如果想要成就自己别样的人生，就需要把握未来，从身边的小事做起，从身边的点点滴滴做起，要做到心中有目标，并为之而努力，我们需要把握未来，因为未来是属于我们的！

师：感谢刚才两个小组带给我们的对语文第一、第二单元的总结，他们刚才讲的内容其实也是数学和英语两个学科所呈现出来的内容。

老师带着大家来回顾一下这3节课的内容，首先我们先跟随着负责带大家学习《美丽的颜色》这篇课文的这一组，一起回顾了过去，一起走近居里夫人，去探讨居里夫人身上所具有的科学精神。刚才这一组带着我们回顾了本单元另外的课文，从鲁迅和列夫·托尔斯泰的文学作品当中去体会文学如何滋养我们的灵魂。

从刚才数学老师谢琳的课当中，我们体会到在实际生活中，如果我们遇到问题，应该用什么样的科学思想方法，或者说用什么样的思维路径去解决。（边讲边板书）当我们遇到问题的时候应该先要去？对，分析问题，然后呢？进行猜想，也就是进行假设，接下来呢？在不断地证明和实验验证过程当中，去发现去探索未知的世界，所以说科技点亮智慧。

接下来再看刘丽萍老师带大家上的英语课，未来已来。大家印象最深的是机器人时代已经来了。这两天因为和老师们在一起备课，促使我看了一些视频，真的很可怕呀，我一想起来就觉得我们怎么办呀？我们的未来，我们每一个人应该怎么办？如果这样一个新的物种出现了，人类还真的是生物链最高级的那一层吗？所以我们在思考，未来已来，机器人时代已经到了！在机器人的时代，机器人可能不仅是帮我们做一些简单、重复的事。它可以在交流的过程中学会学习，它还会思维，它超越了我们怎么办？未来已来，我希望同学们能在今天的 3 节课的学习中，站在巨人们的肩膀上树立远大目标，努力成就自己别样的人生！也不一定说你一定要成为像列夫·托尔斯泰、像鲁迅、像居里夫人他们这样的巨人，你可以像朱德先生所写的母亲，或者像鲁迅笔下的藤野先生那样，能够为社会做出贡献，实现自己的人生价值，这就很好。从现在开始，我希望我们每位同学都能够有自己的人生目标，去思考我怎样实现我的人生目标，我如何成就自己别样的人生。

在实现目标的过程中会遇到困难，我们能够运用刚才数学课上老师教给我们的科学的思想方法来解决问题，去锻炼我们的能力，提高我们的素养，让我们一起走进未来！谢谢同学们！下课！

第二节　共奏和谐乐章
——道德与法治单元教学与班主任德育管理整合教学设计与实施

夏崑

一、专题教学设计

该专题是一个跨领域的教学与德育整合的内容，将道德与法治的单元学习内容与班主任的班级管理结合起来，运用单元学习内容发现班级管理的问题，制定班级班规，解决班级管理的问题。

确定预期的学习目标

1. 学习主题：共奏和谐乐章
学习主题解读
（1）单元课标相关要求
《义务教育道德与法治课程标准（2022 年版）》（第四学段 7～9 年级）生命安全与健康教育学习主题中，内容要求为"能正确处理自己与同学、朋友的关系，个人和集体的关系，在团队活动中增强合作精神"。教学提示为"在与他人的交往中，认识自我，正确理解个人与集体、社会和国家的关系"。

（2）单元内容分析

该单元聚焦"集体"，接续前面所学的内容，将道德与法治学习从自我认识、与他人交往方面扩展到集体生活。同时，通过在集体生活中逐渐渗入公共生活的要素，进一步拓展成长的学习资源，为第四单元聚焦法治生活，以及在八年级开展公共生活的学习奠定基础。

从初中生已有的集体生活经验和对集体的感受出发，强调集体对于个人成长（特别是自我意识与社会性相统一、协调发展）的重要意义；直面初中生在集体生活中可能遭遇的矛盾与冲突，强调针对不同情形开展的有针对性的引导，并将集体主义原则融入社会主义核心价值观教育，让学生在不断解决冲突的过程中成长；引导学生憧憬美好集体，培养学生在集体共建中尽职尽责、勇于担当的观念和能力。

（3）学情分析

对中学生而言，班级、社团、项目小组、球队、学校等都是能够带来归属感的集体。谈到集体，不可回避的是认识和处理个人与集体的关系问题。在这个问题上，往往存在两种错误认识：一是过分强调集体利益，过分强调要大公无私，无视个人的正当利益；二是个人主义，以自我为中心，过分强调个性发展和个人利益，轻视集体的存在。

根据以上分析，确定该单元的"深度学习"学习主题——共奏和谐乐章。

2. 学习目标

（1）基础学习目标

目标1：了解集体生活的温暖和力量，结合情景说明集体对个人的品格和个性发展的作用。

目标2：说明个人意愿和集体规则的关系；结合集体生活的情境，提出个人融入集体生活、解决矛盾冲突的建议。

目标3：区分集体主义和"小团体主义"，结合情境对处理不同集体中的角色冲突提出建议。

目标4：描述美好集体的特征，给出建设美好集体的具体建议。

（2）深度学习目标

结合单元学习内容，学生能够理解共奏和谐乐章的意义。

（3）学习问题设计

1）基本问题

问题1：如何感受集体的温暖和力量？集体生活如何成就我？

问题2：如何处理个人意愿与集体规则的矛盾？如何处理个人利益与集体利益之间的矛盾？如何处理不同集体中的角色冲突？如何看待小团体和集体之间的关系？

问题3：你心目中的美好集体是怎样的？如何理解我与集体共成长？

2）深度学习问题

为什么要共奏和谐乐章？怎样才能共奏和谐乐章？

二、专题教学实施

（一）安排课堂教学内容，指导学生学习活动

1. 第1、第2课时

学习目标：指向单元基础学习目标。

目标1：了解集体生活的温暖和力量，结合情景说明集体对个人的品格和个性发展的作用。

目标2：说明个人意愿和集体规则的关系；结合集体生活的情境，提出个人融入集体生活、解决矛盾冲突的建议。

目标3：区分集体主义和"小团体主义"，结合情境对处理不同集体中的角色冲突提出建议。

目标4：描述美好集体的特征，给出建设美好集体的具体建议。

学习方式：教师指导下的自主学习。

学习任务：阅读教材，借助教师提供的补充学习资料，自学完成单元教材内容的知识结构梳理。

学习环节

环节一：教师提出任务，学生明确自主学习内容。

基础学习问题

问题1：如何感受集体的温暖和力量？集体生活如何成就我？

问题2：如何处理个人意愿与集体规则的矛盾？如何处理个人利益与集体利益之间的矛盾？如何处理不同集体中的角色冲突？如何看待小团体和集体之

间的关系？

问题 3：你心目中的美好集体是怎样的？如何理解我与集体共成长？

环节二：学生借助资料，在教师指导下完成自主学习笔记。

课后作业：在上课学习任务的基础上，完善自主学习单元知识梳理图。

2. 第 3、第 4 课时

学习目标：指向单元深度学习目标。

深度学习目标：结合单元学习内容，学生能够理解共奏和谐乐章的意义。

学习方式：教师指导下的合作探究学习。

学习任务：分组合作探究完成情境学习任务，依据评价改进本组的表现。

学习环节

环节一：教师布置小组探究合作情境任务，讲解持续性评价。

① 布置情境学习任务。

我们是一个新组建的班集体，半年来，我们在班主任的带领下，共同学习，共同生活，在这个集体中担任不同角色。当个人意愿与集体规则发生矛盾，个人利益与集体利益发生矛盾，个人利益与集体利益发生冲突时，我们如何处理个人与集体之间的关系？请你们组根据上述内容，选取其中一个矛盾，结合生活实际完成以下任务。

任务 1：排演情景剧，集合单元知识点分析矛盾原因，提出解决办法。

任务 2：提出解决方案，谈谈如何建设美好集体，共奏和谐乐章。

情境学习任务持续性评价规则如表 6-3 所示。

表 6-3 情境学习任务持续性评价规则（18）

项目	评价规则描述	等级
发现问题	能根据单元学习内容发现班集体中存在的问题，问题真实有效	每项评价分 4 个等级，分别为：优秀、良好、一般、待提高
排演剧情	能根据发现的问题排演真实情境，故事完整，表演生动	
分析问题	根据剧情，分析产生问题的深层原因，有理有据	
解决方案	针对问题，结合单元第四节的内容用思维导图书写如何建设美好集体，提出共奏和谐乐章的具体措施	
合作分工	团结合作，分工明确，共同完成学习任务	

②教师进行学法指导，解读任务与持续性评价，为学生的学习搭建脚手架。

我们在分组的时候针对以上两个学习任务做了相应的调整，请各个班委带领各自小组成员思考如何让我们的班级更加团结，共奏和谐乐章。请其他学习小组指出目前班级在个人或小团体与集体之间存在的矛盾，排演并阐释分析剧情，提出解决问题的办法。

排演剧情小组，组长带领组员这样来做：本单元学习的主要内容是在集体中成长，如何在集体中成长？我们班级就是一个新组建的班集体，我们的学习任务就是要通过集体生活，发现个人和集体、小团体和集体之间的矛盾，然后我们运用这一单元学过的知识，分析产生矛盾的原因，提出解决问题的办法。具体来说：

Ⅰ.发现问题，确定剧情。

写剧本——角色分工（个人、小团体、班主任、班委、其他人）——排演剧本——表演剧本——表演调整——展示表演。

Ⅱ.分析问题，阐释原因（将思维导图画出来）。

分角色阐释产生矛盾的原因。请扮演的同学用"我认为……，因为……"的句式分析原因。

Ⅲ.结合单元知识点，提出解决问题的办法。

一个好的团队需要有愿景，需要相应的规则和制度，还需要有独特的团队文化建设。我们班级目前有自己的愿景和班规，如何让我们的集体更加完善，就需要在发现问题的基础上修改各项班规，共同营造良好的班级氛围，建设属于我们班级特色的班级文化。请这几个小组用老师提示的概念图完成以下内容：设想班级愿景、修改现有班规和制度、思考怎样才能成为有担当的团队成员。

环节二：教师巡视指导。在组长的带领下，完成情境任务，分工书写小组合作学习成果。

环节三：各个学习小组在组长的带领下，分工练习展示学习成果，依据持续性评价改进本组的表现。

3.第5、第6课时

学习目标：指向单元深度学习目标。

深度学习目标：结合单元学习内容，学生能够理解共奏和谐乐章的意义。

学习方式：各个学习小组上台综合展示情境学习任务成果。

学习环节

环节一：各个学习小组上台展示情境学习任务。

环节二：教师和学生各个小组依据评价为各个小组提出反馈和建议。

环节三：教师总结该专题（单元）教学内容，并板书。

（二）课后反思

该专题是道德与法治七年级下册第三单元教材内容，该单元是这册书中比较散的内容，如果处理不好，就容易造成两张皮的教学效果。为了突破这个难点，笔者运用"深度学习"理念从单元整体出发设计教学，将单元学习内容与班主任的班级管理结合起来，运用单元学习内容发现班级管理的问题，制定班级班规。

1. 改变教和学的方式，指导学生自学

这样的教学方式对师生而言都是一个改变，教师改变了教学方式，学生改变了学习方式，这对师生而言都面临着巨大的挑战。在教学设计过程中，为了实现"以学生为本"的观念，教师需要教给学生有效的自主学习教材的方法，在教学中笔者采用问题引导加思维导图梳理指导的方式，大胆放手，让学生自学单元教材内容，完成自主学习笔记。这样学生就掌握了该单元的知识点。

2. 运用学科知识，设计情境学习任务

为了让学生理解如何在生活中运用该单元的知识，我们设计了和学生息息相关的真实任务，即针对新组建的班集体，让学生运用该单元学习的知识，发现个人与集体、小团体与集体有矛盾的实例，分角色表演出来，然后再运用该单元学习的知识提出解决方案。最后，各个小组上台展示。

3. 持续评价促进改进，让教学评一致

为了保证教学的效果，我们依据教学目标师生共同制定了贯穿学习过程的持续性评价，通过评价，学生可以发现自主学习中的漏洞，及时查漏补缺；通过评价，学习小组可以发现本组的不足，促进改进；通过评价，学生可以实现互评，互相提出疑问，提出改进的有效措施。这样就实现了教学评的一致。

由于第一次尝试这样的教学方式，在教学过程中难免有超出教学预设的地方，尤其是在小组合作探究学习以完成情境学习任务的过程中，学生们的发散性思维也给我们以启示，教师要做的就是在单元学习目标的基础上，不过多限制也不过多干预学生的想法，充分发挥学生的创造性。总之，这是很有创新性的一次改变，这样的改变促进了师生的共同成长！

附：课堂实录

师：前面我们通过小组合作探究，深度学习了第三单元的知识《在集体中成长》。我们进一步明确我们的"深度学习"的主题是——共奏和谐乐章。我们的目标是，结合情境针对咱们16班的情况，对处理集体中不同角色的冲突提出建议，同时再描述美好集体的特征，给出建设美好集体的具体建议，最后再结合单元内容理解共奏和谐乐章的意义。前几课时老师已经带领大家将这个单元的知识做了一个简单的梳理，也明确了我们的情境学习任务，就是针对咱们班的真实情况，选取一个矛盾，结合生活实际排演情景剧，提出解决问题的方案。谈谈如何建设美好集体，共奏和谐乐章！

具体的情境学习任务写在黑板上了，大家已经非常明确了。今天我要进一步说明一下我们的评价规则。一会儿我们上来展示一组，其他组的同学要对他们组的表现依据评价进行反馈。我们要怎么进行评价呢？先来看前3项评价，这3项是专门针对表演分析组的评价规则。比如，第1点发现问题，发现的问题是否真实有效。第2点排演剧情，这个剧情是否是真实的情境，你的故事是否完整，表演是否生动。第3点分析问题，根据剧情分析产生问题的深层次原因，要求有理有据。以上这3个评价内容是专门针对我们的剧情分析小组的评价。

第4点是评价解决方案的，是专门针对我们如何共建美好集体小组的，就是我们的规划小组针对发现的问题，结合本单元第四节的内容，用思维图形书写如何建设美好集体，提出共建和谐乐章的具体的措施。第5点是针对我们每一个小组的，那就是要求各个学习小组团结合作，分工明确，共同完成本小组的学习任务。

我们将对每一个上台展示学习成果的小组进行等级评价，评价规则中有5项内容，每项内容分别有优秀、良好、一般和待提高4个等级。除此以外，前几节课我们还对我们的任务做了进一步解读。比如说发现问题。剧情分析组是通过表演来向大家展示的。分析问题和解决问题学习小组，他们是通过分角色来阐释矛盾产生的原因，大家共同来提出解决问题的办法，也就是说后面两个问题是结合发现的问题分别阐释产生矛盾的原因。

任务解读二是针对我们的规划小组。我们的美好集体的建设过程涉及生活中的方方面面，所以我们把共建美好集体小组也进行了分类，比如说，有专门针对学习的小组，有专门规划生活的，还有规划宣传的，还有我们做组织架构的总指挥部。不管哪一类型的小组，在建设美好集体的时候一定要有愿景，也就是目标，要制定详细的规则和制度，要体现每个人的担当，最终的目的是共奏和谐乐章！好的，我的任务解读就结束了。那么接下来的展示就要交给我们每一个小组了。我们是3个表演组，4个规划设计组，展示顺序是这样的，大家都看到了。下面我们有请第一组高同学组，大家欢迎，他们是表演分析组。

第一组上台展示学习成果

生：大家好，我们是小团体与集体关系讨论组。下面请看我们的表演。

旁白：一天中午，班长站到了讲台上。

班长：同学们手里的活儿都停一下！班里要进行大扫除。

旁白：等了几分钟。高同学和王同学都没有动。这时候生活委员过来了。

生活委员：哎，你们两个怎么不做值日啊？

高：值日是不可能的。这辈子都不可能做的。

王：做值日是你们值日生的事，跟我们没有半毛钱关系。

生活委员：嗯，你看我们这些人在这扫地扫得那么辛苦，你们怎么好意思在这儿坐着呢？你们要是再不做，我可就下周罚你们做值日了。

高：嘿，你一卫生委员，你当我们是什么呀？还敢威胁我们。

卫生委员：也对，我们全班那么多人，少你们两个对我们也没什么关系。

旁白：卫生委员离开了。

这时班长看到了曹同学的表情，他走过去。

班长：曹同学你怎么了？是受别人欺负了吗？

卫生委员：啊，没有。

这时老师也过来了。

师：曹同学，你是不是遇到什么困难了？你有事儿要跟老师说，老师会帮你解决的。

旁白：曹同学解释了事情的经过。

师：高同学和王同学，请问你们是不是不做值日还威胁同学了？

生们：嗯，是的是的。

师：你们两个要向曹同学道歉。

生们：啊，对不起，对不起！

师：你们的这种行为是典型的小团体主义，你们的这种友谊染上了江湖义气。你们通常把自身利益置于集体利益之上，破坏了集体的团结。

生们：好的，老师，我们以后不会这样了。

旁白：以上就是我们小组带来的表演。接下来我要做一个简短的总结，这个剧展现的是小团体成员与小团体以外的成员之间的冲突，也就是小团体主义和集体利益之间的冲突。面对这种冲突，我们应该怎么做呢？我们应该心怀一把尺子，不为人言所扰，不为成见所惑，坚持集体主义，反对小团体主义！接下来我们有 4 个板块向大家讲解。

生 1：关于小团体与集体之间的关系感悟。第 1 点我们要严格要求自己，避免小团体的形成。第 2 点我们要劝勉小团体成员融入集体。第 3 点我们要明辨是非，坚持正确的行为，坚持集体主义，反对小团体主义。

生 2：从解决问题的方面来看，首先班委要履行义务承担责任，集体成员要互相监督劝诫鼓励，必要时向老师寻求问题的解决方法，避免冲突。

生 3：我来对问题进一步分析，我认为产生这个问题的原因是成员染上了江湖义气，过于懒惰。使问题加剧的原因就是小团体与集体之间沟通困难，成员性格鲁莽，与集体之间的不团结。

生 4：通过梳理剧情我们可以发现，主要问题就是小团体不服从集体管理，不为集体出力，破坏了班集体的团结。以上就是我们对小团体与集体之间关系的一个总结梳理。

师：感谢我们第一小组的展示，接下来我们要对他们的表现做一个评价。因为他们是表演分析组，我们对他们主要针对前 3 项规则和第 5 项规则进行评价。你们觉得他们的表演是否符合咱们班的实际情况？

生：有，是真实有效的。

师：你们是否觉得这个故事是完整的？表演是否生动？

生：我觉得可能不太对吧。总觉得老师说一句他们就听一句，至少得顶几句。

师：啊，也就是说你觉得这个故事还不够真实。

生：我觉得他们每个人的台词都很清楚，表达的情境并且动作都很符合实际，所以我觉得他们的表演是成功的。

师：那么你们觉得根据剧情，他们分析矛盾产生的原因是否有理有据？

生：我觉得他们分析得很好，但是他们并没有基于剧情的需要。我想给他们提一个小建议，就是结合实际将剧情再进一步细化。

师：好的，那么在第5项评价规则的团结合作、分工明确、共同完成学习任务这一点，他们做得怎么样？

生：我觉得做得挺好，但是还有待提高。好的方面就是他们一起共同完成这个表演。人员分工也很明确，每个人的角色也很清楚。但是在之后应该更明确每个人该讲哪一块，有时候现场会有一些突发情况，应该根据现场的情况做一些应急发挥。

师：也就是说他们的展示还不是特别的熟练对吧？我们要给他们划分一个等级的话，优秀、良好、一般、待提高，你觉得他们属于哪一个级别？

生：良好、优秀之间……

师：好的，那我们就少数服从多数，给他们划分为良好级别，这已经相当不错了。

师：老师的建议就是准备还需更充分，分工还需更明确。

好的，我们有请下一组的展示，组织规划组（组织架构组）。由班长、班委组成的组织规划组来完成组织架构的任务。

第二组上台展示学习成果

生1：承担责任既是个人成就的基础，也是集体发展的必要前提。在班级里每个人都扮演着不同的角色，承担着不同的责任。今天我们这一组给大家介绍的主要是班委的职责。

首先是体育委员。

一是协助老师完成各项工作，积极帮助老师分担责任，完成下达的工作和任务。

二是学校经常会安排一些集体外出的活动，为了保证学生的安全，体育委员需要负责外出时的点名与整队。

三是体育委员需要负责学校的体育活动的组织与报名。

四是领导学生开展体育活动，激发同学们对体育活动的兴趣与爱好。

生2：第2个就是生活委员。

生活委员主要是为我们的班级打造一个良好的学习氛围和一个整洁的班级

环境。主要有 3 个任务。

①通知下达收回执。

②负责组织班集体的卫生清扫，让我们的班级更加整洁。

③检查眼操，眼睛是我们心灵的窗户，他要认真检查眼操，以保持我们每个人眼睛的健康。

第 3 个是宣传委员。

宣传委员要让我们的班级更加美好，更加美丽。

一要布置壁报。

二要宣传我们的班级风貌，要将我们的班级风貌展现给他人，将班风充分展示出来。

生 3：我讲的是学习委员。

学习委员一共有 5 个负责的版块。

第 1 个就是协调课代表以辅助各学科老师的工作。

第 2 个就是记录平时的家庭作业。

第 3 个就是制定学习小组，根据每个人擅长的部分把大家规划成一个小组，并取长补短。

第 4 个就是要成为一个班级的榜样。

好的榜样可以帮助我们不断完善自己，我们应该学会从榜样身上汲取力量，向榜样学习，这样我们的班集体才能更加美好。

第 5 个就是统计成绩的好坏，让同学们有针对性地复习。

生 4：第 5 个是纪律委员。就是要管理班级纪律。比如班级要下课的时候会比较乱，要维持秩序。平时上课的时候我们会有一些小组讨论老师会组织一些活动。如果课堂秩序出现一些混乱，需要进行管理。

生 5：第 6 个就是班级的核心班长。

班长是班级的领头羊，也是老师和同学的枢纽。以下我们梳理了班长的 5 项职责。

一是协调班委的职责。当班级事务繁忙时，要积极协调各个班委的工作来帮助同学们进行学习。

二是明确班级愿景。我们要有一个共同的愿景和目标。凝聚每一个人的能力与智慧。

三是增强班级凝聚力。当同学们发生矛盾时，班长要及时了解情况，为同学们排忧解难。

四是规划集体活动。当集体有活动时，班长要出力，让我们的活动更加精彩。

五是调剂和反馈班级问题。当班级出现一些矛盾或者问题时，班长要及时向老师进行反馈，帮助老师进行调节。

总之，承担责任是个人有所成就的基础，也是集体成长的必要前提。无论职责大小，都要认真负责有所作为，谢谢大家。

师：他们这组做了一个组织架构。每个班委都明确了职责。职责是否明晰，决定了这个班级的管理是否到位。我们还是来看一下我们的评价规则，针对我们这个评价规则对他们进行评价。

生：我觉得他们制定的这个方案非常全面，各个班委几乎都考虑到了，学习任务的分工也非常明确。感觉这个组很团结。但是就是在发表言论的时候，有的成员发表得很流畅，这说明他在底下练过；有的同学磕磕巴巴，希望下次能多练习一下。

师：好的，说的很中肯。

生：我觉得他们还有一个有待提高的地方，可以有一个更加系统的总结，有一个比较好的结束语。

师：那我们给他们组打一个等级吧。

生：良好。

师：好的，我们第二组也获得了良好的评价，谢谢你们，请回！

师：下面由第三组来做展示。

第三组上台展示学习成果

生 1：我们小组以小群体主义和集体主义之间的冲突为主题来进行探讨和表演。我饰演的是刘老师。

生 2：大家好！我饰演的是沉默的大哥。

生 3：我饰演的是小弟。

生 4：大家好！我饰演的是班干部。

生 5：我饰演的是同学。

生 6：大家好！我饰演的也是同学。

表演开始。

刘：石同学，你昨天写作业了没有啊？

沈：没有啊，创哥，借那谁的抄抄不就得啦？

创：胡同学，你的英语作业让我抄抄。

胡：凭啥啊？你自己没写作业，还想抄我的？想得美！

石：就是，你不写作业还抄同学作业，信不信我给你扣分？

创（对石说）：扣就扣呗，你真觉得我在乎啊？

沈（对胡说）：拿来吧你（夺），作业能被我创哥抄那是你的荣幸！

创：就是，磨磨叽叽的！

胡：走，我们告诉刘老师去！

曾：算了吧，你又不是不知道，他俩天天和老师对着干，恐怕老师都管不了他们。

师：大早上的不早读都在聊什么呢？石同学，各科作业你收齐没有？

石：老师，创同学和沈同学不写作业，还想抄胡同学的作业，提醒多次也不听。

师：行啊你俩，几天前才叫过家长，三天不打，上房揭瓦是吧？把作业还给同学，今天放学留下来！

上课期间，创和沈用粉笔扔同学。

曾：你们干什么！

沈：上课无趣死了，这不比上课好玩？

胡：有意思吗？你们不上课大家还要上课呢！

上课期间，创和沈用虫子吓同学。

曾：你们有完没完了！

石：你们要是再闹我就记你们违纪了！

创：谁怕你啊，一天天就知道显威风。

下课课间十分钟。

胡：你们不觉得他们很过分吗？

曾：可能他们是想跟我们玩，只不过用错了方式。

胡：天天搞小团体主义，真的烦死他们俩了。

石：谁说不是啊，一天到晚就知道跟老师顶嘴，欺负同学，自认为很酷，一点也不招人待见。

胡：哪怕是想要和我们玩，也应该分清楚场合和时候吧，学会考虑别人感受，开玩笑也要有限度啊！

曾：那也确实是！

中午午休。

创：沈同学啊，你哥我今天数学测验得了满分，走！我请你吃好吃的。

沈：创哥威武，但是你的零花钱不早就透支了吗？

创：放心，我自有妙计。

走廊里，胡、石、曾正在聊天，创和沈冲了出来。

创：此树是我栽，此路是我开，要想从此过，留下买路财！

胡：你幼不幼稚啊，让一边去。

沈：不许你这么说我创哥，不给钱不许从这里过去。

石：你们再这样，我们就要告诉刘老师了。

创和沈握拳，捏出响声：拿来吧你！

曾：算了，我们先给他们吧，放学告诉老师得了。

三人交出零花钱。

上历史课时。

师：同学们以4个同学为一组，开始自由组队吧！

三人自然地组队到一起。

沈：怎么办啊？创哥，咱俩还缺一个人啊！

创：能咋办啊，再找一个人不就得了。

沈：胡同学，你和我们一组。

胡：凭什么？我就不，我可不想和搞小团体主义的人在一组里。

创：喊，你爱组不组，又不是只有你一个人选了。曾同学，和我们组队。

曾：抱歉，我已经有组了，你们找别人吧！

沈：你会后悔的。

创：石同学，那就你和我们组队吧！

石：谁要和你们组队，少自以为是了，我们已经是一组了。

师：行了，那创同学、沈同学你们就两个人一组吧。

三人开始嘲笑。

放学后。

创：刘老师，为什么大家都不想和我们组队了呢？

师：因为你们俩的态度不友好啊，况且，你们平时总是与同学开没有限度的玩笑，和老师不分场合的顶嘴，大家肯定都不想和你们玩了啊！

沈：可是老师，我和创同学都很想在一起玩。

师：你们当然能在一起玩啊，两个人都那么喜欢乒乓球，因为兴趣爱好走在一起，成为小群体。但是你们要明白，小群体一旦沾染上了不良习气，那就不是个健康友爱的小群体了。

创：好的老师，我们知道该怎么做了。

第二天。

创同学主动帮班长收作业，沈同学早来帮值日生擦黑板。

石：能看见你们有这么大的改变，真为你们开心。

曾：就是说啊，感觉班级都变得更加和谐了呢！

沈和创：没有，促进集体和谐发展也需要大家的力量啊！

生1：我们是以创建美好集体为目标，对班级的一些情景进行了再现。通过这些情景，发现一些问题，找到一些解决方法，还得到了一些感悟和收获。

生2：我们组发现班级里有一些问题，就是有一些小团体成员将个人利益置于集体利益之上，而且经常跟老师、班长顶嘴，欺负同学还违反校纪。

生3：我们对问题进行了分析。群体成员之间的友谊如果沾染上了江湖义气，就会沦为小团体主义。

生4：针对此，我们提出了几个解决方案。我们要明辨是非，坚持集体主义，反对小团体主义。

生5：从这件事情我们也获得了一些感悟和收获。第一是在保障个人利益的前提下要坚持集体主义。第二就是个人利益要服从集体利益。

生6：对小群体的一些行为要冷静思考，理智对待。反对小团体主义。谢谢大家！

师：好！我相信其他组的同学有话要说。

生：嗯，这个故事写得很有意思，挺生动的。人物形象非常鲜明，就像你们在总结分析的时候一样，可以多跟观众进行交流。多数同学做得还是不错的。

生：我觉得他们反映的东西很全面。比如有上学部分的，还有放学后的，各个场景都有，而且还反映了我们日常生活的常态。

生：我觉得他们组已经演得很好了，我还有两个质疑。一是他们总结分析的时候，不需要他们之间存在太多的交流。只要大家把这个问题说清楚，我们都明白就够了。二是他们这个问题也可能在集体中存在得不多。其实跟老师顶嘴这一方面，能违反的恐怕也没有多少人吧。

生：他们还有一个非常细微的小毛病，就是他们总是有笑场，比如说曾同学，我在后面坐着就看到了。他们一笑会传递给别人，我们也会被感染的。

生：他们的事情写得有点多，来回来去跳得有些乱。我觉得虽然我们演的也有一些缺陷，但是我们有一个主题，我们都讲的是"深度学习"，如果有很多事情可能就无法深度分析一件事情，小团体主义就不是很典型。

师：也就是说你建议将一件事情贯穿到底，那么邓同学你认为呢？

生：我想反驳一下曹同学的话。第一，我觉得他这一行为有点踩一捧一，踩他们组捧自己组。第二，我觉得他们这个情境设置没有问题，他们组其实也是这样设置的，比如老师说几句话，学生就乖乖认错，所以没必要再挑人家的毛病了。第三，我为什么觉得这个情景没问题呢，因为在生活中就是这样子，有的人在外边很狂，但是回到家还不得乖乖听父母的话吗？来到学校不也得乖乖听老师的话吗？我觉得这个情境很正常。而且他们组设计的这个情节也从侧面突出了一个教师的职业素养，我觉得挺好。

师：其实我个人比较同意邓同学的观点。场景可以是多个的，但是主题必须是一个。不同的场景下，他们所反映的问题始终就是小团体主义在集体中作祟，这个没有毛病。所以，接下来我们给他们组评价一下吧。

生：优秀。

师：提的问题多，说明大家对你们表演的剧情产生的共鸣更多。也谢谢大家提出的这些中肯意见。老师的意见跟你们的一样，他们的语言非常生动，因为我看过他们的剧本，内容写得相当详细，但是有一点，读得太多，与大家交流得太少了，是不？好的，请回。

师：有请下一组。

第四组上台展示学习成果

生1：大家好，我们小组负责的是班级生活的规划和建设。我们小组今天给大家分享的是如何创建美好班级。我们的目标是创建美好生活和建设美好集体。

生2：想要在集体中创建美好生活，我们应该做到要有集体主义。集体主义要将集体利益置于个人利益之上，坚决反对小团体主义，不做有损于集体利益的事情，还要求我们做到团结协作，汇聚每个人的力量，团结一切可以团结的人，共同为集体的愿景努力。

在我们的生活中，每天志愿者都为集体搬奶箱，卫生委员负责班级的卫生清洁，眼保健操监督员监督同学们的眼操，体育委员在自习时组织大家有序学习。还要做到与同学和平相处，在不违背道德和法律的前提下，为处于困境中的同学或团队伸出援手。我们尽己所能地去帮助同学，让每个人都能体会到集体的温暖和归属感。

生3：下面我要讲的是做好自己和遵守规则。我们要做好自己，遵守规则。没有规矩不成方圆，青春并不意味着肆意放纵。有一些基本规则是不能违反的，在这些方面，胡同学、曹同学做得就很好，我们要向他们学习，从小事做起，以他们为榜样。

生4：接下来我要讲的是民主和公正。分3个方面讲，一是公平。只有保证公平，每个人才能有发展的机会，各尽其能，发挥所长。公正的集体氛围更是美好集体建设的基础。

二是共同制定规则。我们要共同商定集体的规则并制度内容。只有每个人参与进去，我们才能获得集体参与感，从而更加积极地遵守规则，使集体的氛围变得更加井然有序。

三是接受他人合理的意见。我们要勇于接纳他人合理的意见，通过他人的意见和自己的意见认识和完善自我，做好自己，与他人共同协作，共建美好的集体。

生5：自主建设，自我管理。一是要承担责任，每个人都应该承担自己相应的责任，并努力做到完美。例如，胡同学每次都锁手机柜。再如，高同学每次都认真地给大家测量体温，这就是很好的例子，我们每个人都应该承担我们应有的责任。

二是发挥所长。每个人都应找到自己的长处，并且发挥它以达到为集体出力的目的。例如，语文课代表带领大家在课堂上积极发言，为大家提供了良好的课堂氛围。集体建设需要每个人的智慧和力量，每个人都是集体的主人。

生1：最后由我给大家进行总结。在集体中创建美好生活，一要坚持集体主义；二要做好自己，遵守规则；三要民主公正。最后一点，自主建设，自我管理。总之，就是成为人人参与，团结友爱的集体。谢谢大家！

师：好，这是我们的生活规划小组，我们还是针对第4、第5项评价内容对他们进行评价。

生：我觉得他们组的分工真是特别明确。每个人都负责一个小的部分。他们在讲的过程中不仅有知识点，还有班级的一些鲜明的例子。让我们大家知道该如何去做，更利于带动大家。

生：我觉得他们的分工非常明确，说得也非常清晰。有一个小问题就是不能总是对着稿子照着读，应该和我们观众有一些眼神的交流。这样就更容易和我们产生共鸣。

师：同学们，我已经不止一次地听到了要用眼神，使得台上和台下有一个交流。这样大家会显得更自然，所以要多练习。

生：我觉得读稿有点太多了，会让人感受不够自然，应该有一些生活中的语气，就像平常说话这样，能让我们感觉更亲切一些。

师：好的，你希望他们的展示更生活化一些。

生：我觉得他们的稿子准备得很充分。不仅有黑板上所写的主要内容，而且还包括生活中的一些例子，读起来很流畅。

师：好的，其实他们组给我一个感受就是，他们的讲解结合了我们16班同学在生活中的一些真实的点点滴滴，这是他们组的一个亮点。好，我们依据评价规则给他们一个反馈。

生：良好。

师：好的，良好，很不错。规划是一项特别难做的任务。接下来我们再来看一组表演，他们将为我们展示一种什么样的矛盾冲突？

第五组上台展示学习成果

生：大家好，我们展示的是个人与集体之间的矛盾冲突。下面是我们角色的自我介绍。

生：我饰演一名旁白。

生：我饰演的是老师，也就是班主任。

生：我饰演的是其中一名同学。

生：我饰演的是汪同学。

生：我饰演的是围观的同学及汪同学的父亲。

情境一

旁白：这是一个风和日丽的下午，初一（1）班却产生了一个小插曲……

胡同学：（左顾右盼，一把抓住汪同学的笔袋）

汪同学：还我！我还用呢！（小声）

胡同学：（毫不理会，自顾自地拿过来并打开）

汪同学：给我！（一把抢过，恼怒）

胡同学：我再用一下，马上！

汪同学：（拍桌而起，强硬地喊）给我！

师：你们在干吗呢？没看到我们在上课吗？

胡同学：老师，我只是借用一下他的笔。

汪同学：（指着她的鼻子，怒吼）我都说了那么多次，她还不还我！

观众：这咋了呀？怎么闹这么大声！（小声窃窃私语）

旁白：这么大的声音把班主任引来了……

师：走！外面说去！

情境二

师：胡同学，你来说一下事情的经过。

胡同学：老师，是我想借一下他的笔，结果他就抢走了！他还拍我！老……

汪同学：根本不是这样的，你胡说八道！

师：你别插嘴，听她先说！

汪同学：凭什么听她的？明明是她抢我笔袋。

师：胡同学，你先回去上课吧。汪同学，你跟我回办公室！

旁白：老师先对汪同学进行劝解。

师：你先静下来，再把事情的经过说一遍。

汪同学：真不是我！就是胡同学抢我笔袋，明明就是胡同学抢我笔袋！

师：你别烦我，我在判作业呢！

旁白：结果汪同学突然情绪高涨，摔门而走。

汪同学：就不是我！（摔门而走）

师：我告诉你，你愿意学就学，不愿意学就回家去！

情境三

旁白：结果汪同学的爸爸被班主任赵老师请到了学校……

汪同学爸爸：非常抱歉啊，赵老师，我的孩子给您添麻烦了！你说我这孩子，天天上房揭瓦，您别在意啊！

师：汪同学爸爸，昨天我已经了解了事情经过，我没有了解经过的时候就错怪你的儿子，是我的错。

汪同学：老师，我也错了，我随意打断老师的话，很没礼貌。

汪同学爸爸：孩子，我们要让个人意愿服从集体。

师：没错，不应因个人矛盾做有损集体利益的事情。

汪同学：嗯！我知道错了！

旁白：在集体生活中，我们要理解集体要求的合理性，反思个人意愿的合理性和实现的可能性，找到解决冲突的平衡点。

生1：在剧中我饰演汪同学。他随意打断别人的话，而且在上课的时候非常大声地扰乱课堂纪律。所以我们应当心中有集体，识大体、顾大局，不做有损集体利益的事情。而且我们应该坚持集体主义，让个人的意愿服从集体利益。

生2：我饰演的是胡同学，他在课堂上随意抢同学的笔袋，影响了课堂秩序，做了有损于集体的事情，我们应当在集体中培养人际交往的能力和态度，学会处理与同学之间的关系，让集体更加美好。

生3：我们发现的问题就是个人利益要服从集体利益，不能做有损集体利益的事情。而且在剧中这位班主任老师不顾事情的起因和经过，直接让胡同学回到教室，这是对同学的一种刻板印象，老师也应该改正这个错误，平等地对待每一个同学。

生4：我来做一下总结，我们在集体生活中应该尊重集体利益，识大体、顾大局，不做有损于集体利益的事情。发生冲突时，我们要把集体利益放在个人利益之上，理解集体利益的合理性，我们也要学会处理二者之间的关系，反思个人意愿的合理性，找到解决矛盾的平衡点。这是我们的分析，谢谢大家。

师：他们反映的是个人意愿和集体规则之间的矛盾，是通过两个人之间的矛盾展示出来的。这个矛盾可能来自同学之间，也可能来自同学和老师之间。接下来我们听一下同学们对他们的评价。

生：我觉得他们这个组最出彩的地方就是表演，表演很生动形象。感觉每个人都演技在线，尤其是汪同学和爸爸。这确实是咱们班级里真实发生的情况，所以说很细心。最后做出的总结也十分全面，分工很明确。我就是想提一个小小的建议。就是老师对汪同学和他的爸爸交流的时候，有点太过于生硬了，再处理一下会更好。

生：他们和其他组不一样的地方就在个人与集体利益发生冲突的基础上，他们联系到了家长和老师。我再提一个小小的建议，就是希望他们的声音能够再洪亮一些，声音感觉比较小。好的地方是他们那个角度是我们没有想到的，大概他们也会有所顾虑，因为这是我们班发生的一个真实的事例。

师：看来这件事情在咱班发生过，而且反应很强烈。

生：我觉得他们能抓住生活中的小事，把情景再现出来。我也想给他们组提一个小小的建议，就是你们在总结的时候，你们提到了老师的错，也提到了胡同学的问题，我觉得你们可以把这个内容写到剧本当中。这样就会给观众一个交代。比如同学的父亲可以提出来，老师也不能不问经过就随意批评学生，老师也应该反思自己的行为。还有胡同学在这件事情中他本身也做得不对，在这个剧本当中还应该交代老师的错误及胡同学的错误，胡同学应该向汪同学道歉，这件事情可以交代得更清楚。

生：我觉得他们的演技都非常在线。比如，演家长的就很像家长，同学演得也很像同学，老师也确实很符合实际生活中老师上课时的形象。那我也提一个小小的建议，可以再熟悉一下剧本，否则会影响这个剧情。这个事情确实是我们的一个真实的情境，我们也有过一些类似的小矛盾。同学们在说剧情中同学不好的地方的时候还要注意对同学形象的维护和尊重，把名字改得再隐晦一些。

师：好的，大家说得很实在。因为时间的原因，咱们直接对这一小组进行评价吧。

生：老师我能先评价一下吗？

师：好的，要言简意赅。

生：我觉得表演生动形象。可是他们的主题是个人和集体之间的矛盾。但是两个人之间的矛盾还有了家长的介入，只是反映了个人之间的冲突，如果是两个人之间的冲突影响到了课堂学习氛围就更符合主题了。比如，另外两个同学可以代表一下集体，他们之间的矛盾影响了我们的课堂了，这样可能会更符合个人和集体之间的关系。

师：说得非常好。也就是说他们是个人之间的矛盾，那具体怎么影响到集体了，他们似乎交代得还不十分明确。但是有一点必须承认，有几个同学的表演确实让人眼前一亮，真的是演技在线，我们可以评一个最佳男女主角出来了。上来表演的小组都有自己的特色。给个评价吧！

生们：优、良、良。

师：好的，良。

师：接下来展示的是我们的规划组——学习小组。

第六组上台展示学习成果

生1：大家好！我们主要是从学习方面来讨论如何共建美好集体。下面来说一下我们的愿景。

生2：我们的愿景是让每个人融入集体，营造良好的学习氛围。

生1：我们的规则分为两部分。第一部分是上课。上课要保持安静，积极回答问题，认真听讲，为大家营造一个良好的学习氛围。同时我们不能抛弃同学，要善于发现并发掘每个人的优点。

生3：我说一下课下部分。首先我们要认真完成作业，巩固课堂知识。对我们不会的知识要积极询问。同时我们要注意，下课不能剧烈运动，否则课上就无法静心。

生4：美好的集体需要担当，我们要有主人翁意识，勇于担责。首先，我们要努力学习，提高成绩，尽可能地维护班级荣誉。

生5：作为课代表，我们要积极帮助同学，发挥自己的作用。

生2：我们要每半个学期对个别课代表做一个满意度调查。如果低于50%就要更换课代表，让同学们写出心中的课代表。如果高于80%就要给予奖励。

生1：比如英语课代表就要协助老师分发作业，帮助老师维护课堂纪律。

生3：上课要好好记笔记，不能上房揭瓦。

生4：语文课代表及时与同学交流，配合老师工作，并且提出实施建议。

生4：语文课代表及时征集同学们对教师教学的意见和建议。历史课代表给老师送作业，发作业讲题，多给同学们普及典故。政治课代表收集时事新闻，给同学们普及政治学科知识，组织同学们做新闻发布。

老师：你们组还有要说的吗？嗯，好的没有了。他们这个小组是对学习做了一个规划，如何让我们的学习更上一个台阶，有一点他们说得很明确，就是对课代表的职责做了一个详细的说明。那你们对这个小组也做一个评价。

生：张同学你在讲的时候能不能多看看观众，别老背对着观众。王同学，估计你还沉浸在上一组的表演当中，总的来说发挥得还算不错，但是我觉得你的地理课代表职责说得太简略了，还应更详细。

生：我觉得他们每个版块说得都很细致，条理罗列也比较清楚。我提两个问题：第一个就是这个姿势啊（摆姿势），这个感觉不像是演讲的，像是观众。还有的同学过于紧张，声音几乎没有，我不知道最后一排是什么感觉，反正在我这儿基本看不到。第二个就是这个画，你的字已经很小了，从美术学的角度来看，吸引我的是那个画。这个内容有点喧宾夺主了。所以我觉得这个字可以再大一些，能够更加突出主题。

生：我觉得他们组讲得挺全面的。看得出来，其实每个人认真在准备。我希望王同学说的地理的那一部分，他自己也能够做到。谢谢！

生：你们这一组一上台猛地给我的感觉就是5个口罩，其实你们可以把口罩摘一下。虽说是防疫要求，但是上台演讲可以摘一下，这是他们声音比较小的一个原因吧。

师：其实你们提出了一个普遍的问题，就是仪态的重要性。我们给个评价。

生：良……

师：好的，良。这组给我的最深印象就是在他们组长的带领下，每个人都很认真，其实这个组是最先完成结构图的。好的，接下来有请最后一组，我们的宣传小组，确实是宣传小组啊！这幅辅助讲解图画得很不错。

生1：大家好，我们是孤勇组合。今天我们给大家讲的是美好集体的宣传部分。

生2：首先我给大家讲的是愿景。一是看到班级的目标。拥有共同的梦想，向往美好的前景，承担共同的使命，形成一定的目标和追求。二是学习优点，改正缺点，完善自己。我们要学习他人品德方面的优点，促进并改正自己。三是将班级优点宣传出去，增强班级荣誉感。宣传班级的优点，让每个人体验到集体荣誉感，提高班级知名度。四是要营造良好的氛围。我们不仅要营造良好的学习氛围，还要营造良好的生活氛围。

生3：下面我来讲一下宣传委员在日常生活中的职责。一是每次考完试后，同学们要进行期末总结。由宣传委员选出优秀板报，进行张贴宣传。二是板报的版面要疏密结合。三是软木板要用打印或手绘进行设计，黑板报要用粉笔进行设计。四是要分清版块，我们可以将板报的内容分为学习版块和生活版块等。这样才能让大家更清晰地看到我们要宣传的内容。五是板报的版面要图文并茂。六是在考试前后，我们可以在板报上写一条鼓励同学们或有总结性的格言。鼓励大家积极向上。宣传就是一种创造积极向上的集体氛围的有效方法和形式。不只是我们宣传委员，我们班级中的每一个人都应该担起责任，让我们的16班越来越好。

生4：我说一下我们的主人翁意识。一是宣传队中没有旁观者，人人都要积极参与宣传班级荣誉，每个人都是班级的主人。每个人都应努力实现自己的价值，共同创造良好的集体氛围。二是为宣传班集体荣誉，每个人都要尽其所能发挥所长，而不是消极依赖或者袖手旁观。

生5：我们需要在担当中成长。承担责任既是个人有所成就的基础，也是集体发展的必要前提。勇于担责，体现在实际行动中，落实于具体的事件里。集体的建设需要每个人的智慧和力量，集体的事务需要每个人去分担，事事需要有人做。集体的事务无论大小都要认真对待，努力做好。我们不可以做集体的逃兵，每个人都应该成为集体的参与者和推动者。

生1：我给大家做一下总结。宣传部是16班优秀班集体中的一部分，美好集体是团结友爱的，是充满活力的，是善于合作的。每个人都要为我们的美好集体建设做贡献，宣传部也不例外。我们会用自己的努力为班级做贡献，通过制作黑板报等事务增加大家的集体荣誉感，提高每个人的使命感，让16班成为更加优秀的班集体，谢谢大家。

师：好的，宣传对于班级的整体形象起着至关重要的作用，那他们组的表现你们觉得怎么样？我们进行一下评价。

生6：他们组就是分工很明确，提炼的每个内容都非常重要，每个同学在讲解具体内容的基础上，还可以再结合我们班的具体情况来说一下。再就是这个辅助讲解的图确实画得非常漂亮，但是字有点小，看起来有点费劲。还有就是同学们的声音还有点小，如果声音放出来会更好。

生7：觉得他们组的声音还行，就是希望小组同学说话的时候吐字再清楚一些。还有就是辅助讲解写的字可以再大一些，这样我们看得会更清楚。

生7：我觉得他们讲得非常好，辅助讲解的图也很赏心悦目。他们组的组名取得也很有趣。组长同学的总结声音也很洪亮，每个同学讲得都很清楚，觉得没有什么缺点。

师：评价一下等级。

生们：良好。

师：良好。好的，谢谢孤勇组合！

说实话，今天这个展示比我预想的要好。我们昨天才刚刚组建这个团队，今天大家就把良好的风貌展示出来了，真的感到很欣喜。

我们一起回顾一下从昨天第1节课开始，整个活动过程中我们所留下的这些点点滴滴。

看屏幕，这是刘同学他们组，这是他们在画思维导图、写剧本，每个人都分工明确，每个人都在写一句台词。

来看这个组，这是高同学他们组，这个组的行动力特别强啊！他们是在小花园里排练，然后上来画的思维导图。每个人都动起手来了。

看，这是崔同学他们这一小组，这个画面我印象特别深刻，古同学在那儿练习演讲，崔同学在底下听着并给他提一些建议。

这一组是我们制定学习规则的小组，李同学他们组，这组也是行动力特别强，第一时间就完成了思维导图的制作。

这个小组是我们的高端指挥部，他们负责制作组织结构的架构图。这一组同样分工特别明确，每个人都发挥了他们的智慧，集思广益，且不让任何一个人掉队。

这是我们的宣传小组。宣传小组给我的印象可以说是后来者居上。一开始还不是特别明确自己的责任，后来慢慢地进入了自己的状态。就像他们画的这个思维导图一样，特别无愧于他们宣传组的身份。这个结构图就像一个漂亮的宣传大海报。

接下来老师也特别有话说，我想问一下大家，今天用的是一种全新的学习方式，这种学习方式告别了过去以我讲解为主的授课方式，你觉得这种学习方式给你最大的收获是什么？用几个关键词来说一下。怎么形容？

生：让每个人感受到了集体的力量和团结协作。

师：集体力量，团结协作。

生：共鸣。

师：哦，感受到了日常生活中的一些真实情景，是情景再现对吧？

生：有趣。

师：获得了快乐。

生：首先，对知识的挖掘更加深入了，还对生活进行了归类，联系了我们班的具体实际。

生：我感觉我们每个人都可以承担相应的责任，有了责任意识，我觉得这一点是难能可贵的。

师：担当。

今天我们通过一种全新的方式来学习第三单元的知识。老师布置了情境任务，在大家完成任务的过程中，为大家搭设了脚手架，让同学们采用"深度学习"的方式来学习第三单元的知识，其实我们不仅学到了课本的知识，还学会了运用学科知识来解决生活中的实际问题，这也是我们政治学科的特点。

这次我们分了几个学习小组，虽然我们平常是在一个大家庭里学习，大家彼此熟悉，但是我们各个小组成员之间的合作可能是第一次。我还记得有的同学刚进这个组的时候，似乎很难融入这个小集体，在心理上还存在着一定的排斥，但是我们走出了第一步，和同伴们不断磨合，最终融入了这个集体，这就是成长，这也体现了个人和集体的关系，集体可以成就个人，在集体中我们可以培养品格和人际交往的能力，使我们的个性得以完善。

同时，我们学会了用图形梳理总结内容，构建学科知识，这种图形有的是结构图、有的是思维导图，我很欣喜地看到同学们在运用学科知识来解决问题的时候，大家再次把课本拿出来，研读课本知识，我想这点远比我在课堂上通过知识讲解、给大家灌输知识学得更加深刻，可以说这样一种形式提升了我们思维的深度和广度。还有，我想今天咱们这个成果的展示并非一己之力，相信大家已经感受到了集体的力量，集体的力量源于分工明确和团结协作，而这种分工是否明确，我们是否团结协作，有一个人是至关重要的，那就是我们团队中的灵魂人物，他是谁呢？没错，就是我们的组长，是这个团队的领导者。据我观察，我们的领导者也具有各自的特点，有的领导者雷厉风行，特别擅长分工，拿到一个任务，很快地给每个组员进行分配。还有的组长执行力特别强，在他的带动和感染下，其他成员愿意跟着他一起干。这好比在我们的生活中如果一个团队的领导者敢于担当，他的成员就愿意跟着他一起干，否则成员就很难形成合力，将会是一盘散沙，甚至分崩离析。所以有了这样一种明确的分工和团结协作，大家才能集思广益，在探究中凝聚集体的智慧。

我们这个学习活动虽然结束了，但在今后的团队建设中可能还会遇到一些新的问题，遇到问题我们并不怕，我相信在我们班主任张晓春老师的带领下，大家势必会在合作中勇于担当，体会到那种成就与快乐，最终谱写出属于我们16班的和谐乐章。今天的课就到这里，同学们再见！

生们：老师再见！

（指导教师：欧阳蕾）

第三节　创意改变生活
——"北斗创想"跨学科课程设计与实施

陈碧云　欧阳蕾

一、跨学科项目教学设计

确定预期的学习目标

1. 学习主题：创意改变生活
学习主题解读

（1）跨学科项目课标相关要求

《义务教育科学课程标准（2022 年版）》指出，要深化教学改革、强化学科实践和推进育人方式的变革，加强综合课程建设和跨学科主题学习，科学课程的跨学科内容需要对工程实践内容进一步加强设计。

课标中，"（十三）工程设计与物化"部分对 7～9 年级学习内容进行了明确定义：13.1 工程需要定义和界定；13.2 工程的关键是设计；13.3 工程是设计方案物化的结果。教学建议中明确指出，工程活动的本质是创造人工实体，设计与物化是其中的重要环节。工程首先要定义和界定问题，明确需要满足的标准和受到的限制条件，形成多种可能的解决方案，基于证据进行优化并确定方案；物化是选择合适的工具和材料，实施设计方案，做出初步的产品或实物模型。经过对结果的评估，发现存在的问题并进行改进，对于比较复杂的产品或实物模型，可能需要多次迭代改进。通过体验和实践操作，学生能够在理解学科概念的同时，更好地领会和理解跨学科概念的内涵。

（2）跨学科项目内容分析

课标在跨学科主题选择方面，对"太空探索拓展了人类对宇宙的认知"学习主题给出了具体教学指导。7～9 年级跨学科学习内容设计应聚焦在如下两个方面。

① 关注天文学的新发现，了解我国天文事业的进展。

② 了解人造地球卫星的主要类型和应用，了解开发太空资源和外层空间面临的挑战，关注我国空间站建设和深空探测事业的进展。人类对太空的探索包括天文学和航天技术两个主要方面，综合分析上述跨学科教学内容、教学建议

及国家航天技术发展，确定"北斗创想"跨学科项目学习主题。

跨学科项目学习分为真实情境导入、知识学习与体现、知识理解与应用、技术与工程挑战、成果展示与评价5个环节。"北斗创意方法指导"既是北斗知识学习与体验环节的再深入，又是落实"北斗创意挑战任务"、设计可行的"北斗创意挑战方案"的重要学习内容。"北斗创意方法指导"跨学科项目主要介绍什么是创意、为什么要创意、创意的要素有哪些、怎样设计创意方案、完善和评价创意方案。

（3）学情分析

该节课的授课对象为初一年级学生，该学段的学生已经学习了小学阶段的语文、数学、英语等基础学科，具备一定的学科知识储备。但也存在一定的问题。

① 学科知识储备不足：由于初一年级学生刚刚进入初中阶段，学科知识储备相对较少，可能会影响跨学科主题学习的开展。

② 学习方法不适应：初中阶段的学习方法与小学阶段有很大差异，学生可能需要一段时间来适应新的学习方法。

③ 缺乏有效的学习策略：初中阶段的学生可能还没有掌握有效的学习策略，需要在学习过程中逐步摸索和总结。

同时，初一年级学生特点鲜明。

① 好奇心强：初一年级学生对新鲜事物充满好奇，喜欢探索未知领域。

② 自主学习能力有待提高：初中阶段，学生的自主学习能力逐渐显现，但仍有较大的提升空间。

③ 合作意识逐渐增强：初中阶段，学生的合作意识逐渐增强，善于与同学沟通交流，共同解决问题。

④ 思维活跃，富有创造力：初中阶段的学生思维活跃，具有较强的创造力和想象力。

综合以上分析，初一年级学生有着明确的学习需求。

① 激发学习兴趣：通过跨学科主题学习，激发学生对学科的兴趣，提高学习积极性。

② 培养自主学习能力：通过跨学科主题学习，培养学生的自主学习能力，使学生能够主动地学习和探究。

③ 提高综合素质：通过跨学科主题学习，提高学生的综合素质，培养学生

的小组协作能力和创新能力。

④拓展学科知识与方法：通过跨学科主题学习，拓展学生的学科知识与方法，使学生能够全面了解各学科之间的联系和互动。

初一年级学生思维活跃，有一定的自主探究意识和较强的学习能力，具备一定的分析问题与解决问题的能力，具备较强的动手操作能力，对跨学科学习存在比较高的学习兴趣。学生在该课程的学习过程中，可能会在创新创意相关概念的理解上产生混淆，对创意方案设计的应用场景及创新要素考虑不全面，导致创意方案的可行性不能达到预期。

（4）学习环境分析

跨学科课程学习活动在学校创客社团活动教室开展。在硬件设施方面，活动室内配备了一定数量的计算机、激光切割机、3D打印机、传感器等创客工具和材料。在软件资源方面，活动室内提供了一些常用的软件资源，如编程软件、图形设计软件、数据处理软件等，以满足学生在学习过程中的需求。在教学支持方面，学校为创客社团提供了一定的教学支持，如邀请专业教师进行指导、组织相关培训活动等。在学习氛围方面，创客社团活动室的学习氛围较为轻松自由，学生可以在这里自由发挥创意，进行跨学科的学习和实践。

综合上述分析，"北斗创想"跨学科主题学习活动能够进行有效开展。

2. 学习目标

（1）基础学习目标

目标1：通过小组合作案例分析，使学生明白创意的概念、创意的要素，体会到我们的生活需要创意。

目标2：布置情境学习任务，利用相关要素完成自己小组的创意想法。

目标3：小组展示中，学生能够学会并体验创意想法产生和创意设计的基本流程及要素，并阐释自己的创意想法。

（2）深度学习目标

结合跨学科项目学习内容，理解为什么创意能改变我们的生活。

（3）学习问题设计

1）基本问题

问题1：什么是创意？为什么要创意？创意的要素有哪些？

问题2：如何设计创意方案？

问题3：如何评价和完善创意方案？

2）深度学习问题

如何应用北斗卫星导航技术创造美好的校园生活？

二、跨学科项目教学实施

（一）安排课堂教学内容，指导学生学习活动

1. 第1、第2、第3课时

跨学科项目理论学习

学习目标：指向跨学科项目基础学习目标。

目标1：通过小组合作案例分析，使学生明白创意的概念、创意的要素，我们的生活需要创意。

目标2：布置情境学习任务，利用相关要素完成自己小组的创意想法。

目标3：小组展示中，学生能够学会并体验创意想法产生和创意设计的基本流程及要素，并阐释自己的创意想法。

学习方式：讲授式、自主探究式学习下的工程挑战跨学科体验学习。

学习任务：阅读材料，根据北斗定位、观星任务要求，结合电子元器件种类、数量、功能进行"北斗定位装置""北斗观星装置"设计制作的工程挑战，并利用相应装置进行定位、观星实践活动，完成观星报告的撰写。

学习环节

环节一：教师提出挑战任务，学生明确挑战项目内容。

阅读材料，了解北斗卫星导航系统的航天科技发展史；分析案例，了解北斗卫星导航系统在生活中的应用。

基础学习问题

问题1：什么是北斗？功能有哪些？组成结构有几部分？北斗卫星分为哪些种类？分别实现什么功能？

问题2：北斗在生活中的应用场景有哪些？不同应用场景下的北斗创意是如何产生的？

问题3：北斗定位、观星装置设计制作需要考虑哪些因素？如何记录分析获得的观测数据，使其为你的创意服务？

环节二：学生借助资料，利用可选电子元器件等材料，完成"北斗定位装置""北斗观星装置"设计制作的工程挑战。

在教师指导下，学生认识电子元器件，包括种类、结构、功能、使用方法。根据北斗定位、观星任务要求，进行"北斗定位装置""北斗观星装置"设计制作的工程挑战。

环节三：记录并分析定位、观星体验结果，完成观星报告，总结梳理北斗卫星导航系统的校园创新应用设计可选切入点。

在教师指导下，学生利用自制装置进行定位、观星实践活动，完成观星报告的撰写。进一步完成跨学科学习项目基础知识的学习与理解。在教师引导下，总结得出"卫星导航的应用只受人类想象力的约束"的认识，并明确下一阶段创意挑战任务。

课后作业：在上课学习活动的基础上，学生进一步交流对"北斗创造美好校园"创意挑战的理解，并完成 2～3 人一组的分组任务，初步讨论小组发现的真实问题及思考解决方案，为完成最终深度学习任务做准备。

2. 第 4、第 5、第 6、第 7 课时

跨学科项目实践任务创意方案指导

学习目标：指向跨学科项目深度学习目标。

深度学习目标：结合跨学科项目学习内容，学生理解为什么创意可以改变我们的生活。

学习方式：教师指导下的小组合作探究式学习。

学习任务：分组合作探究完成挑战情境下的学习任务，结合创新要素小组合作完成北斗创造美好校园方案设计，对产生的创意方案进行交流分享，客观评价本组及其他小组的创意方案。

学习环节

环节一：教师布置小组合作学习初始活动，讲解创意作品赏析方法。

初始学习活动任务：各个小组带着如下两个问题欣赏并分析学习任务单第 1 页和第 2 页（附 1）的两个创意作品。

问题 1：两个作品展示了哪些创新点？

问题 2：作品的创作融合了哪些元素？

在这个过程中，小组成员之间可以相互讨论，并将分析结果的关键词记录在学习任务单展示作品旁边的空白处。

附 1

"北斗创想创意方法"学习任务单（1）

带着问题分析创意作品。

问题 1：你认为以下作品展示了哪些创新点？请列举 2～3 点。

问题 2：你发现以下作品融合了哪些元素？请列举 1～2 个。

创意作品 1 名称	海上漂浮的气象站

全景

正面	背面

左侧视	右侧视

续表

创意作品2名称	七星气象站

全景

正面	背面
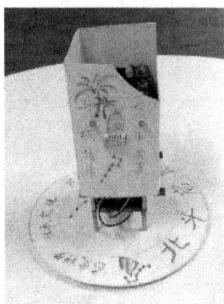	
左侧视	右侧视

思考：通过作品分析，你认为什么是创意？为什么生活需要创意？

从结构材料、设计思路两个方面对展示的两个作品进行分析，得出思考结果。

问题1：创意即整合。

问题2：创意改变生活，创意推动社会进步。

教师引导、拓展学生创意思路，进一步展示多样化的创意作品。

总结并明确指出，从创意想法到创意作品产生的过程，需要融合跨学科的相关知识与技能。

① 材料类：KT板、奥松板、亚克力板金属构件、乐高粒子等。

② 工具类：热熔胶、壁纸刀、激光切割机、3D打印机等。

③ 技术类：手工模型、激光切割绘图、3D建模、编程等。

④ 文学类：将小组创意产品的产生制作过程以文案的形式写出来，讲清楚。

环节二：教师引导探究活动，讲解创意产生的路径、创新具备的要素，通过案例分析引导各个小组使用创意方法进行创新头脑风暴，开启美好校园改造行动。

探究活动1：瓦楞纸能够用来做什么？

各个小组带着问题展开讨论，教师指导各小组用思维导图画出讨论结果，总结归纳创意的路径，指出创意方案的提出是思路与方法相结合的结果。

教师给出应用北斗的现实生活场景案例，学生结合创意方案产生的方法进行剖析，深度理解并提出创新要素：设计者要学会观察生活，关注社会；创意方案要突出地域特色；创新方案展示要突出创意想法、结构和艺术表达；创新不是北斗，而是"北斗+"等。

探究活动2：美好校园改造方案创意生成。

教师强调跨学科项目学习情境主题"北斗创造美好校园"，给出创意选题参考方向，解读创意呈现形式，以及创意学习活动评价表。学生以个人为单位，结合学习任务单（附2）思考并完成创意方案的设计与提出。

情境学习任务持续性评价规则如表6-4所示。

表6-4 情境学习任务持续性评价规则（19）

项目	评价规则描述	等级
创意背景	结合背景，分析充分	每项评价分为3个等级：优秀、良好、一般
发现问题	发现问题，具有价值	
创意主题	突出主题，深度思考	
创意想法	整合要素，利用资源	
解决问题	解决问题，阐释想法	

附2

"北斗创想创意方法"学习任务单（2）

用创新方法制定"北斗创造美好校园"创意方案。

①创新的方法连连看

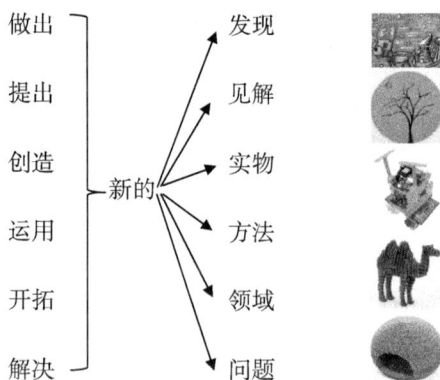

做出　提出　创造　运用　开拓　解决　——　新的　——　发现　见解　实物　方法　领域　问题

②创意方案头脑风暴

美好校园改造行动——北斗应用场景

● 现有应用场景有什么问题？

● 现有应用场景的问题可以迁移到其他场景的技术方案改造吗？请说明

● 现有应用场景的技术可以与什么科学技术手段结合来实现？

● 提出应用新场景的北斗方案

环节三：教师提出小组"静默写作"的讨论规则，学生在组长的带领下，根据环节二中生成的创意想法讨论完善小组创意方案。完成后按照小组编号分组进行交流，展示创意方案，各个小组对照学习任务单呈现的评价表（附3）进行小组互评、自评，完成课程内容的深度学习。

附3

"北斗创想创意方法"学习任务单（3）

情境学习任务持续性评价规则如表6-5所示。

表6-5　情境学习任务持续性评价规则（20）

项目	评价规则描述	等级
创意背景	背景分析充分	每项评价分为3个等级：优秀、良好、一般
发现问题	发现的问题有创意	
创意主题	主题突出，体现小组深度思考	
创意想法	整合相关要素，利用资源改进	
解决问题	阐释创意想法解决了什么真问题	

3. 第8课时

跨学科项目实践任务小组成果展示

学习目标：指向跨学科项目深度学习目标。

深度学习目标：结合跨学科项目学习内容，理解创意改变生活的独特价值，生成"北斗创造美好校园"创意解决方案。

学习方式：各个学习小组通过PPT等形式进行创意方案展示，综合展示情境学习任务成果。

学习环节

环节一：各个学习小组展示情境学习任务完成计划、过程与成果情况。

环节二：教师和学生各个小组依据评价指标为各个小组提出反馈和建议。

环节三：教师总结跨学科创意挑战设计学习任务完成情况，并奖励创意制作材料。

（二）课后反思

该次跨学科项目教学设计以"北斗创造美好校园"为主题，旨在通过学习北斗卫星导航系统的相关知识，培养学生的创新能力和跨学科思维。通过对教学过程的回顾和总结，笔者认为该次教学取得了一定的成效，但也存在一些不足之处。

首先，该次教学目标明确，符合课程标准的要求。通过学习北斗卫星导航系统的基本知识和应用场景，学生能够了解什么是创意、为什么生活需要创意及如何设计创意方案。同时，通过小组合作探究和实践操作，学生能够体验创新的过程，培养了他们的自主学习能力和团队合作精神。

其次，在该次教学过程中，笔者注重了学生的参与和互动。通过提出问题、讨论分析、小组合作等方式，激发了学生的学习兴趣和思考能力。学生在课堂上积极参与讨论，提出了许多有创意的想法和解决方案。同时，笔者也鼓励学生进行实践操作，通过制作装置和观察实践活动，加深了他们对知识的理解和应用能力。

同时，在教学过程中也存在一些不足之处。一是由于时间有限，学生对于北斗卫星导航系统的理解和应用还不够深入。在今后的教学中，可以适当延长学习时间，增加学生的实践操作环节，让他们更加深入地了解和掌握相关知识。二是在评价学生作品时，可能过于注重创意的新颖性和实用性，而忽视了学生的创新能力和解决问题的能力。在今后的教学中，将更加注重对学生综合能力的评价，鼓励他们在解决问题的过程中发挥创造力和想象力。

通过这次教学，笔者认识到在今后的教学中，需要更加注重学生的实践操作能力和综合能力的培养，同时要关注学生的学习兴趣和思考能力的激发。相信通过不断地改进和努力，能够更好地指导学生进行跨学科项目学习，培养他们的创新能力和跨学科思维。

附：课堂实录

"北斗创想——创意方法指导"课堂实录

一、情境导入

师：同学们，大家好，今天咱们上课的主题是"北斗创想创意方法"指导，同学们通过本节课的学习能知道如何让你的创意起飞。

今天的学习主要以深度学习的方式来展开。首先，我们了解一下本节课学习的 4 个要素：一是学习主题"创意改变生活"，创意能够推动社会的进步与发展。二是学习目标，你要了解什么是创意，为什么我们需要创意，创意的要素有哪些。三是怎样通过设计创意方案来表达我们的创意。四是要通过创意作品来展示创意方案，这是我们的学习目标。

基于学习主题和学习目标，老师对学习的情境活动进行了设计，会从跨学科项目学习要求、选题方向、创意作品形式这 3 个方面给大家再次进行解读。在今天整个课程的学习过程中，我们会对每个小组进行一个持续性的评估。评估的角度有这样 5 个方面：创意背景、发现问题、创意的主题、创意的想法及解决问题。这是咱们今天的课程概况。

首先，咱们先来回顾一下前面课程学习的内容。在前面初识北斗的过程中，我们学习了北斗的精神及北斗的命名方式，还有北斗卫星导航系统的组成、北斗的功能及北斗的定位原理。基于大量的案例展示分析，我们知道了北斗在生活中有怎样广泛的应用。通过制作北斗定位装置，我们学会了使用定位装置，在室外场景测定经纬度，来描述我们的位置。除此之外，我们还学习了通过仰角、方位角来实现北斗的卫星观测。这是我们前面课程的内容。

通过前面课程的学习，我们已经深刻地感受到了卫星导航的应用被我们的想象力约束了，只有你想不到，没有它办不到。今天这堂课咱们就通过创意作品的赏析、创意头脑风暴、交流完善创意及北斗创意分享这 4 个学习任务，来学习如何将你的创意通过创新的方式表达出来。

二、初始活动，建立创意改变生活大概念

师：首先，我们进行一个初始活动。第一个，创意作品赏析。现在大家看一看，每个小组的桌子上放了一份学习任务单，下面我们就给同学们 5 分钟的

时间，带着屏幕上的两个问题来赏析一下第1页和第2页的两个创意作品。这两个问题分别是这两个作品展示了哪些创新点？作品的创作融合了哪些元素？小组在讨论的过程中，可以把思考的关键词写在学习任务单的旁边，稍后我们以小组为单位来进行思考问题的分享，现在开始。

师：时间到，同学们一起来看一看第一个作品"海上漂浮的气象站"。哪个小组来分析一下这个作品？

生1：老师，我觉得这个作品的创新点在于灰色的那一面结合了咱们中国的地图，在地图这个板的下面还有一个塑料瓶，它是空的，所以能够使它浮着不会沉下去。中国地图中间那一块儿黑色的，我们暂时把它当成太阳能板。另外，中间有个机械结构的人形。

师：非常好！这个作品的元素包括一个中国地图，代表着北斗是中国研发的，具有定位功能。中间的黑色的是显示屏，可以展示定位、授时等信息。还有同学补充吗？

生2：这个作品借用了航海技术和北斗空间技术，将它们两者结合，更好地为人们勘探提供便利。中国版图最下面还有个七星的标志，这个作品的想法应该是用北斗卫星导航系统来观测中国大地的气象，来更好地预报天气。

师：太棒了，同学们观察得非常细致。我们一起再来看一看。首先，在结构材料上面，它使用了矿泉水瓶这样一种环保的材料。其次，它用到了塑料条、塑料片儿，还有一些螺丝、螺母、硬纸板、人偶，这些组成了海上气象站的整体结构。还有同学观察到了内部有电路，内置了北斗模块，这是与电子编程相关的技术应用。

同学们，我们再来看它的设计思路是什么？第一，漂浮在海面上的气象数据收集站，通过动态获取不同位置的气象数据来进行气象收集是它的第一个设计功能。第二，这个设计可给海上的人提供临时的避难场所。第三，底部漂浮的储能设计供电联动，体现了新能源的环保思想。我们在进行作品剖析的过程中，挖掘出了更多创意的点子，非常好。

下面我们继续分析第2个作品"七星气象站"，哪位同学来分析一下？

生3：这个作品下面在4个方向分别写了4行小字"斗柄指东，天下皆春；斗柄指南，天下皆夏；斗柄指西，天下皆秋；斗柄指北，天下皆冬。"这是我国关于四季变换的天文知识，体现了中华传统文化。同时，作品为七星气象站，通过北斗来体现创新应用的主题。底部除了七星的设计和北斗启航这个名称，还是一个圆形的底盘，体现"天圆地方"的传统文化。同时，可以让它在地面上底盘较为稳定。

师：非常好，同学们观察得非常仔细。这个作品与中华传统文化进行了深度融合。这是设计上的最大亮点。

通过刚才这两个作品的分析，大家来思考两个问题：什么是创意？为什么我们的生活需要创意？谁来谈一谈想法。

生4：我认为创意就是具有一定的创新性。如果我们一直不去创新，生活就没办法往前推进。人类的需求在随着时代的进步而不断地变大，如果没有创新，如果没有创意，我们就无法满足这些不断产生的新需求。

师：同学说得非常好，老师来帮助大家总结一下。什么是创意？第一，创意即整合。我们刚才看了两个创新的方案，都提到了它有结构、有材料，融合了多种设计理念，所以，这里我们说创意即整合。第二，多种多样的创意和创新，能够推动我们社会的进步与发展，创意让生活更美好。

下面给同学们展示这些将多种材料、工具和技术进行结合的案例。通过这些作品我们不难看出，从创意想法到创意作品的产生，还需要融合材料、工具和技术等元素。

三、探究活动，探索新知

（一）探究活动1：发散思维，认识创意的路径

师：接下来我们做一个小活动，看看同学们是否理解了创意，如何融入创意元素来形成创意作品。首先，我们进行一个小小的头脑风暴，讨论一下，看到瓦楞纸你会想到它能用来干什么？

生：（自由发言）绘画、作成屋顶瓦的模型。

师：刚才这个环节老师让大家自由发言，这个时候你一言我一语，很难记住同学们都说了哪些内容。那么，在这里老师给大家介绍一个能够整理你的创意思路的一个工具，就是思维导图。

思维导图这个工具大家并不陌生，我们要学会适时地使用它去整合你的新发现、你想要创造新的事物，以及你的一些新的见解，这样有助于帮助我们想出问题的解决方案。咱们再回到刚才的问题，瓦楞纸能够用来干什么？来看看老师是怎么思考的。首先，它是纸，你可以在上面画画，绘画本身就是一个创意创新的过程。其次，我觉得平面绘画不是很有意思，我就往上面贴了一些小

纸片，并且是涂了颜色的小纸片，把它做成了这样一种浮雕的效果。然后，我觉得它还是一个平面，不够立体，怎么办？把板子裁切，做成了结构件，拼装成这样一个小骆驼。除此之外，它只能拼插吗？还有没有别的方式？于是，我就把一摞的纸片进行了堆叠，做成了鸟巢。

在这个过程中我们就可以思考，创意的路径不是一成不变的，比如我们可以通过新发现来完成，就像刚才在一张纸上画画，这本身就是一种创意。还可以对同一个事物提出新的见解，就像浮雕这样的创新。我们还可以思考怎么利用这个材料去创造新的事物，这就像我们看到的拼插动物。当然，还可以用新的方法去处理碎片化的材料，比如将拼插改为堆叠，就可以创建鸟巢。除此之外还有其他创新的路径，比如开拓新的领域，这个涉及专业的领域，我们现在的水平还达不到，但是解决生活中层出不穷的新问题是我们可以做到的。

（二）探究活动 2：案例解析，进阶学习创意方案提出的方法、创新要素

师：现在新的问题来了。我们有创意想法，要把这个想法做成一个可以推敲的、严谨的创意方案，我们要怎么去做呢？这个时候就需要我们再来深度地思考下面的问题：第一个问题是现有的应用场景有没有什么不足，当你发现它的不足，你就知道它是不是有可以改进的空间，然后你的创意点就产生了。第二个问题是针对现有的应用场景的技术方案，可不可以进行迁移改造？比如我在这个地方用到了这个技术，换了一个场景，我这个技术是不是还可以应用相同的或者类似的一个理念进行设计？第三个问题是现有的应用场景技术可不可以与其他的科技进行结合？经历了这样的一个分析问题的过程，解决方案也就顺利产生了，因此，我们就能知道：创意方案的提出 = 思路 + 方法。

下面我们就将以下这 3 个场景作为案例，帮助同学们深度理解怎样通过这几个问题的问答来拓展你的思路，形成一个可行的方案。

首先，我们一起来看第 1 个场景，每天上学、放学路上都能看到共享单车，对照第 1 个问题，现有的应用场景有哪些不足？

生：收集整理单车很麻烦、车辆维修很麻烦、车辆分布不均匀使用不方便。

师：第 2 个问题，现有的运动产品的技术方案能否进行迁移，将其应用到共享单车上面呢？

生：可以将运动手环的定位和授时功能用到共享单车上面，以解决刚才提

出来的问题。

师：非常好，除了共享单车还可以迁移到同类的其他交通工具上吗？

生：共享电车、骑车都可以。

师：接着，我们思考第 3 个问题，现有的应用场景技术可不可以与其他的技术进行结合，进行改造？

生：可以，将单车运动植入手环运动统计。

师：非常好！最后一个思考问题，能不能利用这个理念提出一些新的应用场景？

生：可以，比如说空中共享无人机、海中的共享船、太空共享飞船。

师：现在同学们是不是已经理解创意想法提出的方法怎么应用了？下面，各个小组利用这个方法完成另外 3 个作品的创新应用分析。

生：（小组合作探究分析）

四、总结拓展，升级挑战任务，深度学习

师：我们现在做的创新是在已有技术应用基础之上进行的融合和改造，所以我们做的是"北斗＋？"，经过前面的学习，我们知道了什么是创意，创意的方法有哪些，创意的要素有哪些。下面我们通过第 2 个探究活动来解决第 2 个问题"如何在你的作品中融入创意的元素？"，进一步将大家的创意方案设计完成。

我们再来回顾一下跨学科项目学习主题：北斗创造美好校园。下面是我们给出的一些创意选题方向，以及创意作品形式要求。根据项目学习要求，老师给大家准备了本次创意学习活动的评价表。

下面的时间就交给同学们，利用 30 分钟的时间，分小组完成下面的创意方案讨论任务，讨论规则如下。

为了防止前面输出想法的成员可能会抑制后面成员的想法，我们采用"静默写作"的方式来写出自己的创意点。每一小组成员轮序写出自己的 1 个想法，写完传递给下一个人，顺序完成 3 轮之后，将得到 $3 \times n$（n 代表小组人数）个想法。收集好想法之后，小组再讨论合理性（可以借助网络进行搜索）。最后确定一个大家都认可的优化方案，完成任务单 P3 到 P5 的填写（借助桌面上的便利贴纸、彩笔）。

在讨论过程中，同学们注意结合评价指标完成相应的内容，30 分钟后将进行小组方案交流分享。

生：（分小组交流讨论，完善创意方案）

师：时间到，下面我们以小组为单位进行创意方案分享与交流。每组分享时间为5分钟，在分享的过程中同学们要描述清楚"我们的创意主题是……""创意提出背景是……""我们小组拟定的创新解决方案是……"，每组的创意方案分享完成后，点另外任意一组同学，根据评价标准对本组方案进行点评，并给出完善建议。

生：（根据分享交流规则，进行有序活动）

师：今天的课程到此就结束了，各组表现得都非常好，创意方案的生成有了极大的进展。课下，大家按照任务单上面附表的要求，将本次课上产生的创意方案撰写完成！期待同学们创意作品的产出！下课！同学们再见！

（初一 STEM　陈碧云）

第四节　逆境与成功
——语文与历史跨学科整合教学设计与实施

欧阳蕾

一、跨学科专题教学设计

确定预期的学习目标

1. 学习主题：逆境与成功
学习主题解读
（1）单元课标相关要求
1）语文学科
《义务教育语文课程标准（2022年版）》第四学段（7～9年级）
【阅读与鉴赏】
① 在通读课文的基础上，厘清思路，理解、分析主要内容，体味和推敲重要词句在语言环境中的意义与作用。
② 欣赏文学作品，有自己的情感体验，初步领悟作品的内涵，从中获得对自然、社会、人生的有益启示。能对作品中感人的情境和形象说出自己的体验，品味作品中富于表现力的语言。

　　2）历史学科

　　①知道历史事件、人物、现象；学会从多渠道获取历史信息，提高对历史的理解能力。

　　②通过多种途径感知历史，形成历史概念；初步理解历史问题的价值和意义。

　　③认识人民群众创造历史的作用及杰出人物在历史上的重要贡献。

　　（2）单元内容分析

　　该专题是历史、地理、语文三科跨学科教学内容的整合教学，其中历史和语文是教材相关内容的整合。

　　具体来说，历史学科的教材内容是八年级上册第15课：星星之火可以燎原。第16课：图说红军长征。在学生进行跨学科专题教学综合展示活动之前，先由历史教师指导学生完成教材第15课和第16课的内容学习，用图说历史的活动讲述中国工农红军长征的故事，体会红军的革命英雄主义精神，达成课标的要求。

　　地理是邀请地理教师针对长征的路线，长征途中的地形、地貌、气候条件对学生的导入活动进行指导。

　　语文学科是江苏教育出版社语文教材八年级上册第一单元的内容，整个单元教材的主题是长征之歌，单元由6篇与长征有关的课文组成，从文学样式看分别有律诗、现代诗、纪实小说、戏剧，不同的课文需要完成不同的学习要求。

　　围绕着整个专题学习的主题：逆境，历史学科学生通过讲述长征故事、图说红军长征的学习活动，体会红军的革命英雄主义精神，理解红军长征在历史上的战略意义和价值。地理学科通过指导学生画出长征的路线图，帮助学生了解长征路线，理解长征途中自然条件的艰苦。语文学科通过学习《七律·长征》，体会作者的英雄气概和大无畏的革命乐观主义精神。《长征组歌两首》注重朗诵，通过诵读让学生理解毛主席用兵如神和红军的钢铁意志。《老山界》通过课文内容的分析和赏析语言，使学生能感受红军的革命传统。《长征节选》通过人物分析，让学生感受红军身处逆境的险恶环境和红军官兵坚定的信念。《草》《诗人领袖》的学习则侧重于让学生理解逆境中领导的作用及人格魅力。

　　3个学科分别指导学生学习相关内容，最终由语文学科教师带领学生将所学的内容进行整合，完成综合展示活动的学习。

（3）学情分析

相关学情分析如表 6-6 所示。

表 6-6　学情分析（8）

分析项目	简要阐述
学习基础	学生经过初一的学习，初步养成了良好的语文学习习惯，初步掌握了诗歌、小说、散文等文学样式的学习方法。本单元的长征内容学生还比较陌生
生活经验	跨学科整合的长征内容，学生根据已有的生活经验很难感受和理解，但通过初一的语文单元实践活动，学生基本具备了合作学习的策略与方法，喜欢并习惯了在教师指导下的自主学习，通过合作探究等各种语文活动来学习，培养了浓厚的语文学习兴趣
学习的障碍点	通过历史学科的初始活动了解长征史实，通过地理学科的长征路线图和地形地貌、气候条件了解长征的环境之艰苦，学生缺乏生活经验很难理解。语文教材中的诗歌教学及剧本学习都将是学生学习中的障碍点
发展空间	以"逆境"为统观的跨学科单元学习主题概念，将不同学科的同一内容整合起来，在单元基础知识的学习落实后，运用各种图形将零散的知识之间建立起联系，帮助学生构建自己的知识体系，这对学生的未来及人生将产生影响，本单元的学习将有比较大的发展空间

2.学习目标

（1）基础学习目标

目标 1：历史学科——通过讲述历史故事、图说历史的活动，学生能了解长征的历史背景和过程，初步体会敌我双方军事实力的悬殊，感受红军的革命英雄主义精神。

目标 2：地理学科——通过探究长征的行军路线和地形、地貌、气候等条件，学生能理解红军身处的险恶自然环境。

目标 3：语文学科——通过自学课文、围绕问题合作探究完成单元活动，学生能感受红军坚定的信念、英雄气概和大无畏革命乐观主义精神。

（2）深度学习目标（三科综合）

深度学习目标 1：身处逆境，方向正确，坚持可以绝处逢生。

深度学习目标 2：跨学科——通过辩论，学生能结合学习内容表述并写出自己对"逆境与成功"的理解。

（3）学习问题设计

1）基本问题

问题1：历史学科——红军在什么情况下长征？为什么要长征？讲述你所知道的成长故事或图说长征历史故事。

问题2：地理学科——红军长征路线是怎样的？长征经过的地方有怎样的地形、地貌和气候条件？

问题3：语文学科——本单元写了哪些长征故事？作者是怎么写的？体现了怎样的长征精神？

2）深度学习问题

你怎样理解"逆境与成功"之间的关系？为什么"身处逆境，方向正确，坚持可以绝处逢生"？请写出你的理解。

二、跨学科专题教学实施

（一）安排课堂教学内容，指导学生学习活动

1. 第1、第2课时

学习目标：指向单元基础学习目标。

目标1：历史学科——通过讲述历史故事、图说历史的活动，使学生了解长征的历史背景和过程，初步体会敌我双方军事实力的悬殊，感受红军的革命英雄主义精神。

目标2：地理学科——通过探究长征的行军路线和地形、地貌、气候等条件，学生能理解红军身处的险恶自然环境。

学习方式：语文、历史、地理教师指导下的自主学习。

学习任务：阅读历史教材，借助资料完成图说长征历史故事和长征路线图。

学习环节

环节一：历史教师指导学生画图说长征历史故事。

问题1：红军在什么情况下长征？为什么要长征？讲述你所知道的长征故事或图说长征历史故事。

环节二：地理教师指导学生绘制长征路线图。从地理学科的角度介绍红军长征途径地点的地形、地貌特点及恶劣的气候条件。

问题2：红军长征路线是怎样的？长征经过的地方有怎样的地形、地貌和气候条件？

课后作业：完成历史和地理学科的图说历史故事与长征路线图。

2. 第3课时

学习目标：指向单元基础学习目标1、目标2。

学习方式：小组展示学习成果。

学习任务：小组结合完成的两幅图，对照评估表小组内同学互相讲解。

展示环节：每个小组推荐一名完成得最好的同学上台展示自己的两幅图，也可以小组成员分工上台展示。每展示一个小组，全班根据评估表给出评价等级和改进建议。

课后作业：通读语文第一单元课文。

3. 第4、第5、第6、第7课时

学习目标：指向单元基础学习目标。

目标3：语文学科——通过自学课文、围绕问题合作探究完成单元活动，学生能厘清作品的行文思路，体会红军坚定的信念、英雄气概和大无畏革命乐观主义精神。

学习方式：教师指导下的自主学习。

学习任务：自主学习，阅读单元教材课文《七律·长征》《老山界》《草》，在教师指导下完成自主学习笔记。

学习环节

环节一：教师指导不同文学样式的学习方法并提出自主学习笔记要求。

基础学习问题

问题3：本单元写了哪些长征故事？作者是怎么写的？体现了怎样的长征精神？

环节二：教师巡视指导，学生按要求完成单元课文自主学习笔记。

课后作业：完成课上的自主学习笔记。

附：学生的课上单元课文的自主学习笔记

学习任务：朗诵比赛。教师指导朗诵，小组从本单元的3首诗歌中选择一首，分工排演朗诵。

4. 第8、第9课时

学习目标：指向单元深度学习目标。

深度学习目标：身处逆境，方向正确，坚持可以绝处逢生。

学习方式：合作探究学习。

学习环节

环节一：教师布置小组合作探究学习情境任务及讲解评价。

假如你们是 CCTV-10《档案》栏目组的成员，你们准备向观众朋友们介绍红军长征的历史故事，分析长征胜利的原因，引导观众朋友们理解长征留给我们的宝贵精神财富。

情境学习任务持续性评价规则如表 6-7 所示。

表 6-7　情境学习任务持续性评价规则（21）

项目	评价规则描述	等级
表演朗诵	声音洪亮，声情并茂	每项评价分 4 个等级，分别为：优秀、良好、一般、待提高
成果书写	思维概念，符合要求	
体会感悟	结合作品，感悟深刻	
模拟情境	模拟节目，角色扮演	
角色分工	分工均等，明确任务	

环节二：教师指导，学生各个小组在组长的带领下完成学习成果展示，并根据课文内容排演课本剧，把该组的探究学习收获用思维导图或概念图画出来。最后分工演练扮演的角色，准备展示学习成果。

5. 第 10、第 11 课时

学习目标：指向单元深度学习目标。

深度学习目标：身处逆境，方向正确，坚持可以绝处逢生。

学习方式：综合展示学习。

学习环节

环节一：各个学习小组上台展示情境学习任务。

环节二：教师和各个小组依据评价提出反馈与建议。

环节三：教师总结该专题教学内容，并板书。

6. 第 12 课时

学习目标：指向单元深度学习目标。

深度学习目标：身处逆境，方向正确，坚持可以绝处逢生。

学习方式：自主写作完成单元学习体会。

学习任务：在教师指导下完成单元学习总结。

学习环节

环节一：教师指导写作。

环节二：学生课上完成单元学习随笔。

课后作业：课上没完成写作的学生完成写作。

（二）课后反思

该专题以"长征"为内容，以"逆境"为主题的跨学科教学从设计到实施，还是比预想的要难一些。

1. 导入活动，调动学习兴趣

首先，语文教师带领学生共同确定专题的学习主题。其次，历史教师以讲授为主，对红军长征从历史学科的角度进行讲解，让学生能够了解长征在历史上的意义和价值，为情境学习任务展示做好铺垫。历史教师和语文教师一起指导学生以"图说长征"的形式，进一步了解历史上的长征故事。这一部分内容进行得比较顺畅，学生的学习积极性也很高。

接下来，地理教师指导画长征的路线图时，我们就发现了问题，有的学生把图说历史故事和长征路线图这两个学习任务进行了整合，在长征路线图上图说历史故事。这让我们意识到，也许在进行教学设计的时候把这两个学科的学习任务过于割裂了，从教学实施来看，这两个学习任务可以整合成一个，或者更加细化出两个学科的学习任务，要求更明确一些，让学生的学习任务直指不同学科的要求。

2. 探究活动，深入理解主题

语文教师结合长征单元不同文学样式的课文，从语文学科的角度指导学生进行单篇课文的自主学习，完成相应的自主学习笔记。在落实语文基础知识和初步阅读的基础上，采用小组合作探究学习的方式，跳出整个单元内容，教师指导学生分别从团队成功的要素、优秀领导者的特点、坚定执行者的表现、面对逆境应具备的大无畏的精神品质等方面，结合批判性思维的理念，各个学习小组确定本组的研究论题，结合教材内容对本组的观点进行合理阐释。这些是学生学习的主要内容，对学生而言更难的是要将小组的学习成果用《档案》电视栏目的形式展现出来,学生需要转换角色,有节目嘉宾、剧情人物主持等角色。在这个环节中，各个学习小组呈现出了差异。对教师而言，最大的挑战一是如何针对各个学习小组的不同情况给予恰当的指导；二是对于程度比较好的小组，他们会直接将学到的观念结合生活中的事例去阐释，教师是否允许他们的拓展。我们在处理的时候，允许了学生这样的创新。例如，第二组除了结合单元的教材内容阐释观点，还表演了从开始的学习成绩不理想到通过坚持和努力最终逆袭以证明他们组的观点，从课堂效果来看也是不错的。

3. 展示活动，依据学情调整

在学生各个小组展示活动环节，通过持续性评价，学生目标明确，不断改进自己的表现。最终完成单元的学习总结随笔。

由于该专题的教学设计相较于学生以往的学习方式改变比较大，对学生的要求也比较高，原本专题中的辩论赛未能实施。基于学情，学生对新的小组合作探究学习方式感触颇多。教师将最后的辩论任务改成了学生对新的学习方式的感悟，也收到了比较好的教学效果。

该专题设计与实施是由 3 个学科教师合作完成的，将不同学科的相同内容整合学习节省了课时，提高了课堂的效率。将不同学科的零散知识进行整合，帮助学生将不同的学科知识建立起联系，构建自己的知识体系。从实施效果来看，达到了预期的教学目标，是一次非常好的专题教学设计。

附：课堂实录

第一组展示

生 1：红军长征中遇到困难、承认困难、正视困难和战胜困难。遇到困难是误食了有毒的野草；承认困难是杨光连滚带爬地去救人；正视困难是周总理为救人尝毒草，警戒大家不要吃这样的毒草；战胜困难就是最后的评说毒草。《老山界》这篇文章分为 4 个难：老山界是长征翻越的第一座山，首先是吃饭难。因为粮食短缺，而且他们肚子还很饿，所以吃饭难。睡觉难，因为路总共就一尺宽，路窄又特别冷。处境难是因为他们爬的这座山非常陡，悬崖峭壁，山高路险，人又特别多，特别挤。行军难，因为他们路上有敌人的追击，枪声密集，他们又要爬垂直的石梯。《长征节选》主要分 3 个方面，第一个方面是他们要过泥泞的草地，困难重重，却也体现爱兵如子。

生2：红军遇到了这么多困难。有了困难就要解决，下面由我们组员给大家讲讲红军是怎么解决困难的。

生3：我认为，在《老山界》中，解决困难主要通过红军的忍耐力和互相的鼓励。在《草》这一课，他们遇到困难的第一个方法是求医，在求医的同时，周总理让杨光通过总结经验向大家发通报，避免更多的战士误食毒草。《长征节选》这一课主要有3个部分，第一是舍弃战马；第二是把粮食让给他人；第三是用歌舞来鼓舞人心。舍弃战马主要体现在彭德怀身上；把粮食让给他人主要体现在警卫员和周团长的身上；用歌舞来鼓舞人心，主要因为当时的粮食很少，鼓舞人们能够坚持下去。

生2：是呀，红军长征的成功无疑是一个伟大的壮举。成功的背后一定有一个优秀的领袖，下面让另一组员给大家讲讲领袖的作用。

生4：领导者在一个团队中是必不可少的，首先他具备以身作则的品质。在第一单元长征这一系列的文章中，体现了领导者与大家同患难。在《草》这一课，周总理不顾个人安危尝吃毒草。还有杨光，杨光虽然不算是特别大的领导，但他也是个小班长，职位不大，但是有责任心。在别人生病时，他不管自己病得有多重，去帮助大家，让更多的人不被这些疾病所困扰。接着给大家讲讲领袖精神，就是给大家精神上的支持，在大家士气低落的时候，给大家打气，不让大家灰心。如何领导大家？我们读了单元的文章也总结出领导应具有的能力。首先是让大家信服，再有一位优秀的领导者在关键时刻要临危不惧、沉着地指挥，在关键时刻不退缩，与战士们共患难，沉着冷静，把握大局，这样才能带领大家成功！

生2：面对种种困难，红军用超乎常人的毅力和坚定的信念，探索出一条前进的道路，这不仅是一条光明之路，也是一条信念之路。通过学习本单元，我们小组的收获是：红军不畏艰险、钢铁般的精神、顽强的意志和坚定的信念值得我们学习。我们组的感悟是：正是不怕苦、团结一心、坚强无私的精神品质才让红军战胜了困难。这一单元我们学习了很多长征故事，下面让我们为大家表演一个令人感动的故事。

小组分工分角色表演课本剧。（略）

生4：总结，演员李雪健回忆他当时演的一出戏，他觉得对不起长征的人，因为在这部讲长征的戏中，他有些胖，他觉得这样的自己很对不起观众。我讲这些是希望同学们在我们的汇报中能够意识到，长征途中无数战士们用鲜血和苦难换来咱们今天这样的生活，希望大家知道不要奢侈，要简朴勤俭。

师：我们来评价一下这个组的展示，哪位同学评价一下？

生5：他们组用思维导图分析课文，归纳出了红军长征中遇到的困难和解决办法。对团队领袖的作用分析得很到位，我收获很多。

生6：他们组的分工也挺合理的，课本剧表演选择的内容也和他们组的观点相吻合。不足之处是模拟的情境不太理想。

师：谢谢这两位同学，我也认同他们的评价，感谢这组同学带给我们的感悟，第一次用这样的方式上语文课，已经非常好了，相信他们组的同学收获更多！接下来请下一组。

第二组展示

生1：逆境是有来源的，分为天然的和人为的。天然的是客观存在的困难，人为的比如说一个人有天生的残疾，遭到周围人的嘲讽，在这样的情况下就会产生绝望和悲伤的消极心理，会让一个人的情况变得更加糟糕，消极心理和外界因素持续影响就有可能导致不好的结果。

生2：但是在我们有关长征的这些课文里，并没有失败，所以我们还是要往积极的方面想，消极心理如果持续会导致失败，我们课文里都是通过积极的心理暗示和鼓励把消极心理转化了。例如《草》这篇课文，杨光就是通过周总理积极的暗示，把绝望、担心、担忧的心理转化成对胜利的期盼这种积极的心理。咱们这个单元的课文都是这样的。当我们有消极心理的时候，外界因素在我们看来就像一座翻不过去的大山，也就是我们在课文中看到的所谓的困难，但是当我们有了积极的心理，我们就可以在山上架一条路，然后一步一步爬上去，把那座山爬过去，这条路就是在积极心理驱使下，对困难采取的行动。例如本单元课文中的信念，我们一定能胜利。或者在现实中遇到困难，我们对自己说，我一定能学好，我一定能赢。所以信仰加行动就能够成功。

生3：逆境和成功有什么关系呢？

生4：他们介绍完了，问题就来了，为什么人在逆境中只要方向正确，坚持下来就能成功呢？我们认为在逆境的时候，方向正确、坚定信念，我们心中就会有方向，就知道自己要做什么，就可以更加坚定、产生力量。另外，在领导的关怀、战友的鼓励下，我们能将消极的情绪慢慢转化成积极的心理。人的主要生命活动由神经支配，在强大的心理变化下，战士的行动也随之改变，进而在困难中找到希望，克服重重困难，走出困境，获得成功。

生2：这就是我们对这个单元的理解，接下来，我们通过组员的一个实例，对这个概念进行进一步的阐释。

小组表演

生1：张同学是一个海归，他从加拿大回国，在学校学习时遇到了一个非常严重的问题，他连中国字都不会写。

生2：从此以后，他的课堂就变成了这样的。上课！张同学你干吗呢，把你的英语作业收起来。快点，今天我们来给大家讲一讲山西的文化，我们昨天已经预习了，那么这个字，张同学这个字念什么？你看看你怎么能问旁边的同学呢？你看看你从国外回来后，认真学了吗？连这个字都不认识。

生1：然后张同学就觉得自己很不好，如果他一直这样下去，他的成绩一定会越来越差的。于是他向周围同学请教。

生2：经过同学的鼓励和自己积极的心理暗示，张同学发奋学习语文、数学，还有礼仪、国内的各种各样的学科知识，他的成绩从六十分到八十分再到九十分，终于成了一个学霸，最终成为咱们初二九班的班长。这就是这位同学的奋斗史，这也可以和我们组的这张图关联起来，张同学刚开始回国归来遭遇的是逆境，经过各种天然和人为的困难，他产生了一些负面的情绪，但是经过同学的鼓励和支持，他成功把消极心理变成了积极心理，最后通过自己实际的行动获得了成功。我们小组的展示就到这里。

师：我们还是依据评价表，给这个小组做个反馈吧？我来评价一下，这个组侧重感悟，用结构图带领我们理解逆境与成功的关系，理解得很深刻。他们的亮点是表演了我们班长回国求学遇到困难不退缩，坚持成长为全班信服的优秀班长的例子，让我们理解和体会到了长征精神并不是一个口号，或者是空的概念。长征精神就是面对困难永不退缩的信念和坚持。非常好！有请下一组的展示！

第三组展示

生1：这张图是关于长征的，我们节目组经过讨论总结出这张概念图。让我们首先来解读一下对逆境与成功之间关系的理解。

生2：我们认为从逆境到成功，首先要做到人和，包括团队合作，也就是说要有一个优秀的领队，其他的成员要团结一心，这样才能形成一股力量去克服困难，才能获得成功。

生1：人和里边还包括不畏艰险，如果每个人都胆小，也是不会成功的，所以说还具备不畏艰险这样的特点。为了克服困难有的人就会牺牲自己，给团队中的伙伴留下机会。有可能是为别人留下了生存的机会，也可能是打胜某场战役的机会。只有具备这些特点，才能获得成功。

生3：身处逆境要想成功也有客观原因，就是天时地利，也就是说它不是百分之百会发生的，有一定的运气在里面。

生4：从客观来讲，成功需要实力，团队中的每一个成员都很重要，以上这些融合在一起，身处逆境才有可能获得成功。

生1：逆境与成功的例子非常多，下面由我们表演《草》这篇课文的一个片段，让我们以这个为例来理解我们刚才讲的这个图。

小组分角色表演《草》。（略）

生2：通过我们刚才表演的《草》中的片段，可以看到战士们过草地时由于极度饥饿，晕倒了。红军领导开枪杀死了自己的战马给战士们充饥，体现了红军面对困难时，领导者和战士同甘共苦、不怕困难的精神，最终取得了胜利。我们的展示就到这里。

师：谁来评价一下？

生5：他们组从天时、地利、人和的角度分析成功的要素，用单元课文中的《草》这篇文章来证明观点，我觉得让我们看问题更加全面了，也挺好的。

师：好的，谢谢这个组的展示，感悟很深刻，不足之处也是情境不太会用。接下来请下一组。

第四组展示

生1：大家好，这里是CCTV-10《档案》节目，本期我们来讲一讲关于长征的故事，长征行军一共两万五千里，是中国共产党领导的中国工农红军在逆境下的战略转移。好，那么让我们把镜头拉近，看看在红军过草地中发生了什么事情。

小组成员分角色表演课本剧片段《泥泞的草地》。（略）

生2：大家好，我刚才扮演的是老红军战士，先为大家介绍一下《七律·长征》，这首诗写了红军翻越五岭、疾跨乌蒙山、巧渡金沙江、飞夺泸定桥、喜踏岷山雪的长征故事。这首诗用了以动写静、寓情于景、情景交融、夸张的手法，表现了红军积极乐观、英勇顽强、不畏艰险、智勇双全的精神品质。然后我又想到了我们长征途中遇到的第一座难走的山——《老山界》，我们遇到的困难是行路难、处境难、睡觉难和吃饭难。我们依靠坚强的意志和乐观的精神取得了胜利。这篇课文采用不同视角方位来表现翻越老山界的艰难。还有就是场面描写，让读者身临其境。

生3：大家好！《长征节选》这篇文章采用顺序的写法，按照时间变化来写，这篇文章描写生动，中心突出。

生4：大家好！我刚才扮演的是警卫员。在《草》这篇文章中讲了4个故事，误食毒草、寻医救人、辨尝毒草、评说吃草。体现了长征时领导者与战士们同甘共苦、以身作则、方向明确、无私奉献的精神。运用动作、神态、心理和语言描写来刻画人物。

生3：我给大家讲一讲《长征组歌》，这篇文章主要讲四渡赤水出奇兵和过雪山草地。四渡赤水出奇兵主要写了红军佯攻昆明，四渡赤水，飞渡乌江，威逼贵阳，巧渡金沙江。这篇文章运用了比喻、拟人、反复的修辞手法。这篇文章表现了军民团结、红军的坚定的信念和革命乐观主义的精神。

生1：下面我们节目组邀请这3位演员一起来朗诵一下《诗人领袖》这首诗歌。

小组同学分工朗诵。（略）

生1：刚才3位同学介绍了3篇课文。从《诗人领袖》我们可以感受到领袖在长征中的作用，在逆境中，每个人不得不经历心理上的大逆转，领袖的意义在于激起大家对战斗的渴望、对战争胜利的信心。比如说《草》中的周副主席，《长征节选》中的彭德怀，还有《诗人领袖》中的毛泽东，他们都是很优秀的领导者，放到我们当今社会，领导者就是在别人沮丧和迷茫的时候，能用自己的内心之光重燃人们的信念之光。从红军两万五千里长征，我们懂得身处逆境时、方向正确、团结一心、信念坚定、不畏艰险，才能绝处逢生！本期节目就到这里，谢谢大家！

师：这个组展示得怎么样？

生们：挺好的！

师：他们把情境加进去了，内容具体形式自然，通过电视节目采访的形式分析了本单元的作品内容，对作品中的典型人物形象也有了生动的理解。朗诵声情并茂，情感抒发到位。谢谢这个组精彩的展示！请下一组。

第五组展示

生1：长征途中遇到各种困难。例如，过河的时候桥板都被敌人拆走了，就剩下了几根铁索，战士们迎着敌人的枪林弹雨，强渡大河，很多战士都坠落到了河里。还有过雪山和草地的时候，因为没有粮食吃，不适应恶劣的天气，很多战士也牺牲了。

生2：从红军的经历来看，当时真的是困难重重，下面我们节目组找来了一段影视资料，请大家一起来观看。

小组成员分角色表演课本剧。（略）

生2：红军长征途中遇到了各种困难，我们从《七律·长征》中看，作者运用了对偶、夸张的手法，突出战士们坚强的品质，他们的困难就是经历千山万水，比如金沙江、大渡河、乌蒙山等，他们制胜的关键就是不畏艰险，用乐观和坚持不懈的精神战胜困难。在《长征组歌》中，作者运用了环境描写，衬托出红军们坚强的品质，他们的困难有四渡赤水、过雪山、过草地，他们制胜的关键也是靠着坚强的意志、机智和团结一心。下面有请我们的组员来为我们介绍剩下的两篇文章。

生3：我首先给大家介绍《老山界》这篇文章，红军在《老山界》遇到的困难是路窄、粮少、坡陡。他们制胜的关键是军民同心、信念坚定，作者的写法是用险境来衬托，写作的顺序是时间顺序。在《草》这篇文章中，红军遇到的困难是吃草中毒、领导病重。他们制胜的关键是上下同甘共苦、一心革命、关爱他人。作者用的写法是时间顺序，用动作、语言、神态来描写人物。

生1：《诗人领袖》这首诗歌体现的制胜关键是带领团队明确目标方向，勇挑重担。

《长征节选》遇到的困难就是饥饿，他们制胜的关键是舍己为人、爱兵如子、人道主义，还有鼓舞士气。

生2：从这张思维导图中大家已经了解了如何从逆境中获得成功的方法。

师：这个组是从写作手法的角度分析逆境与成功的关系，也很好！所有小组都展示完了，从历史学科走进真正的长征史实，到地理学科画出长征的路线图，感受长征路途的艰险，再到语文学科学习单元课文，各个学习小组都从内容、写法到人物形象分析再到理解主题、联系现实生活，谈了启示收获和感悟。最终我们聚焦逆境与成功两个概念，体会身处逆境时，方向正确、坚持可以成功的道理。期望同学们在今后的学习生活中，能够学习长征精神，不怕困难，成长为国家的栋梁之材！这节课就上到这里，下课！

第五节　生命因多样而精彩
——《昆虫记》语文、美术、生物跨学科教学设计与实施

欧阳蕾　高俊英　王莹

一、专题教学设计

确定预期的学习目标

1.学习主题：生命因多样而精彩
学习主题解读

（1）专题课标相关要求

《义务教育语文课程标准（2022年版）》第四学段（7～9年级）

【阅读与鉴赏】

①养成默读习惯，有一定的速度，阅读一般的现代文，每分钟不少于500字。能较熟练地运用阅读和浏览的方法，扩大阅读范围。

②在通读课文的基础上，厘清思路，理解、分析主要内容，体味和推敲重要词句在语言环境中的意义与作用。

③欣赏文学作品，有自己的情感体验，初步领悟作品的内涵，从中获得对自然、社会、人生的有益启示。能对作品中感人的情境和形象说出自己的体验，品味作品中富于表现力的语言。

④每学年阅读两三部名著，探索个性化的阅读方法，分享阅读感受，开展专题探究，建构阅读整本书的经验。感受经典名著的艺术魅力，丰富自己的精神世界。

（2）单元内容分析

《昆虫记》是部编版八年级上册语文教材推荐阅读的必读书目，是法国杰出昆虫学家、文学家——法布尔的传世佳作。《昆虫记》不仅是一部文学巨著，还是一部科学百科。鲁迅先生把《昆虫记》奉为"讲昆虫生活"的楷模。

《昆虫记》是一部文学色彩浓郁的科学百科作品，书中详细介绍了许多昆虫的本能、习性、劳动、婚恋、繁衍和死亡。奇妙神秘的昆虫世界展现着昆虫

独一无二的生命状态；平实鲜活的表达承载着作者对昆虫强烈的热爱之情。

全书用第一人称对昆虫世界进行描写和介绍，突出观察者视角下的昆虫状态，有极强的代入感，能够让读者与作者产生强烈的共鸣。文章多采用拟人化的手法，把每一只昆虫都看成人，有人一样的生命和生活，有人一样的情感和社会关系。作者笔下的这些昆虫，机智、聪明、可爱，读起来生动有趣，让人爱不释手。

作者从热爱、平等、尊重的视角去观察昆虫世界，昆虫世界就不再是单调、无趣、死板的物质世界，而是丰富多彩、生机盎然、充满情趣的生活世界和生命世界。作者细致执着的持续观察、写作记录的良好习惯、严谨科学的治学态度、作品折射出的情感态度也具有引导性教育价值。

无论是从科学的视角、文学的视角还是人文的视角，《昆虫记》都承载着极高的教育教学价值，能够强烈激发学生热爱科学、主动探究、阅读品析、审美鉴赏的愿望，对学生品格的影响是润物无声而又触及心灵的，这本书值得教师和学生一起来读。

（3）学情分析

相关学情分析如表 6-8 所示。

表 6-8　学情分析（9）

分析项目	简要阐述
学习基础	初二年级学生具有一定的理解领悟、分析鉴赏、发现探究的能力，有开展跨学科整本书阅读的基础
生活经验	学生具有强烈的好奇心和探究欲望，渴望对未知的昆虫世界进行了解。学生对动物世界有一定的了解，有相关的生活经验
学习的障碍点	生物学科：对昆虫世界的研究路径、研究方法探究；美术学科：学画昆虫一生简笔画；语文学科：《动物世界》节目展示形式。这些不同以往的教学方式对学生而言都将是学习过程中的障碍点
发展空间	通过跨学科教学设计与实施，使学生通读作品，感受科学小品文的写作特点，聚焦某一个昆虫的生命过程，探究科学研究的思维路径和思想方法，最终获得对生命的独特感悟。这样的教学将使学生有很大的发展空间

2.学习目标

（1）基础学习目标

目标 1：语文学科——通读《昆虫记》作品内容，学生能够把每一章节的内容用思维导图梳理出来。

目标2：美术学科——在语文教师带领学生通读作品的基础上，美术教师指导学生学画简笔画，选择作品中描写昆虫的一个章节，用简笔画画出昆虫的一生。

目标3：语文学科——聚焦《萤火虫》这一章节，学生能在教师的引导下品味《昆虫记》科学小品文的语言特色，体会《昆虫记》文学性与科学性统一的写作特色。

目标4：生物学科——分别聚焦《萤火虫》和《神奇的蜜蜂》两个章节，生物教师带领学生从生物学科的角度探究萤火虫的发光原理和蜜蜂蜂巢构造的奇特及蜂群的分工。

目标5：语文、美术、生物学科教师一起，指导学生分别聚焦不同的学习论题，运用批判性思维的理念，结合作品的相关内容进行合理的阐释。以《动物世界》节目展播的形式，各个小组展示学习成果。

（2）深度学习目标

生命因多样而精彩。

（3）学习问题设计

1）基本问题

问题1：语文学科——阅读《昆虫记》各个章节，作者分别写了哪一种昆虫？先写了什么？接着又写了什么？你阅读后有什么感受？

问题2：美术学科——简笔画有什么特点？怎样才能结合作品的内容用简笔画画出昆虫的一生？

问题3：语文学科——结合《昆虫记》中《萤火虫》这一章，从赏析作品的语言入手，结合作品相关语句和内容，分析《昆虫记》的作者法布尔是怎样把昆虫描写得惟妙惟肖的？作者的写作语言有怎样的特色？

问题4：生物学科——精读《萤火虫》《隧蜂》《隧蜂门卫》这3章，探究萤火虫是如何发光的？蜜蜂蜂群是怎样分工的？蜂巢为什么是正六边形？分别探究如果没有了萤火虫和蜜蜂会怎样？

问题5：怎样才能把我们学习的内容用《动物世界》的节目形式展示出来？

2）深度学习问题

为什么生命因多样而精彩？

二、专题教学实施

（一）安排课堂教学内容，指导学生学习活动

1. 第 1、第 2、第 3、第 4 课时

学习目标：指向专题基础学习目标 1。

目标 1：语文学科——通读《昆虫记》作品内容，学生能够把每一章节的内容用思维导图梳理出来。

学习方式：教师指导下的自主阅读。

学习任务：通读作品内容，用思维导图梳理作品内容。

学习环节

环节一：基础学习问题。

问题 1：语文学科——阅读《昆虫记》各个章节，作者写了哪一种昆虫？先写了什么？接着又写了什么？你阅读后有什么感受？

环节二：

教师指导学生课上阅读两章，用思维导图梳理不同章节的具体内容。

课后作业：课下阅读一章，用思维导图梳理不同章节的具体内容。

2. 第 5 课时

学习目标：指向专题基础学习目标 2。

目标 2：美术学科——在语文教师带领学生通读作品的基础上，美术教师指导学生学画简笔画，各个学习小组选择作品中描写昆虫的一个章节，用简笔画画出你喜欢的昆虫的一生。

学习方式：教师指导下的合作学习。

学习任务：分组合作探究完成简笔画。

学习环节

环节一：在美术教师指导下，结合作品相关章节用简笔画画出昆虫的一生。教师进行简笔画画法指导。

问题 2：美术学科——简笔画有什么特点？怎样才能结合作品的内容用简笔画画出昆虫的一生？

学生在课上分析了绿蝈蝈、萤火虫、圣甲虫等昆虫生命的演化过程，对生命有了深刻理解。美术教师引领学生运用想象和夸张的表现手法，通过画面中的视觉元素，如构图、色彩、造型等传达主题，采用多样的创作形式完成绘画

作品。有的学生运用卡通动漫的方法对小昆虫进行拟人化形象设计；有的学生遵循故事情节发展，运用漫画再现昆虫故事、精彩情节等。

环节二：教师指导学生完成"×××昆虫的一生"简笔画。

从美术多样的表现形式来看，绘画是最基础和最常见的形式，也是学生最感兴趣的创作手法。结合语文学科名著《昆虫记》来创建教学情景，开展精彩的绘画活动，感受作者对大自然和生命的尊重与热爱，构建学科融合的课程资源。

3. 第6、第7课时

学习目标：指向专题基础学习目标。

目标3：生物学科——分别聚焦《萤火虫》和《隧蜂》《隧蜂门卫》3个章节，生物教师带领学生从生物学科的角度探究萤火虫的发光原理和蜜蜂蜂巢构造的奇特及蜂群的分工。

学习方式：教师指导下的探究阅读。

学习任务：生物教师引导学生从生命科学的角度探究萤火虫及蜜蜂的秘密。

环节一：布置小组学习任务。

围绕探究问题，有4个组探究《萤火虫》，4个组探究《隧蜂》《隧蜂门卫》。

问题3：生物学科——精读《萤火虫》和《隧蜂》《隧蜂门卫》这3章，探究萤火虫是如何发光的？蜜蜂蜂群是怎样分工的？蜂巢为什么是正六边形？分别探究如果没有了萤火虫和蜜蜂会怎样？

环节二：教师指导完成探究学习任务，以《萤火虫》小组为例。

教学材料和资源

①《昆虫记》——《萤火虫》文本阅读材料。

②萤火虫捕食蜗牛的小视频。

③学习小组展示评价量表。

情境学习任务持续性评价规则如表6-9所示。

表6-9　情境学习任务持续性评价规则（22）

项目	评价规则描述	等级
观点理由	围绕问题，提出明确的观点，阐释充分，证据可靠	每项评价分4个等级，分别为：优秀、良好、一般、待提高
资料补充	资料丰富可靠，对观点起支撑作用，对学生有启发	
呈现方式	简洁，清晰，重点突出，讲解流畅	
分工合作	合理分工，团结协作，任务均等	

环节三：学生分组上台展示学习成果。

第一组展示：萤火虫的捕食行为与其结构特征。

教师总结：萤火虫具有发达触角，有利于探测蜗牛气味，定位猎物；具有发达的口器，其中 1 对上颚，呈镰刀状，空心，末端尖锐，并具有 1 个管状凹槽，适合萤火虫捕捉蜗牛，向蜗牛体内注入毒液和消化液，并吸食食物。

第二组展示：萤火虫的一生。

师生共同小结：萤火虫具有 4 种虫态：卵、幼虫、蛹和成虫。不同阶段具有不同的形态结构特点，卵孵化形成幼虫，幼虫是分节的，能发光，具有坚硬上颚，大量捕食。幼虫化为蛹。外表看起来这是不活动的虫期，缺少防御和躲避敌害的能力，而蛹体内部却进行着剧烈的组织解离和生理活动。1 个月后羽化为成虫，具有 2 对翅，前翅鞘化，有雌雄之分，能发光。雌虫在交尾后 1 ～ 2 月产卵。一年一个世代周期。明确重要概念，萤火虫具有完全变态发育的特点。

第三组展示：萤火虫发光的机制。

师生总结：总结 Dubois 实验的贡献——生物发光需要两种重要的组分；用于发光的荧光素是耐热的，发光引发剂即荧光素酶是不耐热的。1948 年，美国科学家从萤火虫中提取出两种物质，它们在 ATP 存在下会发光，发光的秘密被揭示。

萤火虫发光需要的条件：腹部特化的发光器；荧光素、荧光素酶、氧及 ATP 参与；神经控制气管，将氧气导入发光器，并精确控制闪光的明灭。发光是一个化学反应。

第四组展示：萤火虫发光的生物学意义。

教师总结萤火虫发光的生物学意义。萤火虫在观赏、生态保护、科学研究等方面具有广泛价值。我们要热爱自然，保护生态环境，保护生物多样性，以促进人与自然的和谐、可持续发展。

4. 第 8、第 9 课时

学习目标：指向专题深度学习目标。

目标 4：语文、美术、生物教师一起，指导学生分别聚焦不同的学习话题，运用批判性思维的理念，结合作品的相关内容进行合理的阐释。以《动物世界》节目展播的形式，各个小组展示学习成果。

深度学习目标：生命因多样而精彩。

学习方式：教师指导下的探究阅读。

学习任务：语文、美术、生物教师共同指导学生完成情境学习任务。

环节一：布置小组学习任务。

深度学习问题：为什么生命因多样而精彩?

情境学习任务

假如你们小组的成员是《动物世界》栏目组的成员，你们打算以法布尔的《昆虫记》为蓝本，聘请生物、文学领域的专家，通过简笔画、视频制作、各种思维工具，带领观众朋友们走进法布尔笔下的小虫子们，帮助观众朋友们了解不同昆虫的生命过程，探秘丰富多彩的昆虫世界，感悟"生命因多样而精彩"的主题。

情境学习任务持续性评价规则如表 6-10 所示。

表 6-10　情境学习任务持续性评价规则（23）

项目	评价规则描述	等级
图形辅助	能运用思维导图、简笔画等思维工具辅助讲解	每项评价分 4 个等级，分别为：优秀、良好、一般、待提高
表演讲解	能够角色扮演再现法布尔发现昆虫秘密的过程	
合理阐释	能结合作品的具体内容合理阐释本小组的观点	
感悟收获	能通过对作品的解读，感悟出生命因多样而多彩	
模拟情境	能角色扮演不同人物，以访谈方式展示学习成果	

环节二：教师指导各个学习小组围绕不同的探究话题，结合作品内容有理有据地阐释本组的观点，完成本组的小论文。

环节三：指导各个小组将本组的学习成果通过扮演主持人、生物学家、文学家、作者等角色，模拟《动物世界》的节目形式，以访谈、表演、简笔画、结构图辅助讲解的方式展示本组的学习成果。

5. 第 10、第 11、第 12 课时

学习目标：指向专题深度学习目标。

深度学习目标：生命因多样而精彩。

学习方式：小组学习成果展示。

学习任务：小组情境学习任务展示。

环节一：模拟《动物世界》节目组主持人主持。

小组按抽签顺序展示学习成果。

深度学习问题：为什么生命因多样而精彩？

环节二：各个小组展示学习成果，师生依据评价给各个学习小组反馈。

环节三：语文教师、生物教师总结。

（二）课后反思

该专题是语文、美术、生物教师跨学科整合的教学设计与实施。《昆虫记》是部编版八年级上册语文教材推荐阅读的必读书目，属于科学小品文。作品既有科学性又有文学性。为了带领学生读好读出深刻的感悟，三科教师一起探讨设计了这样一个环环相扣、循序渐进的课程。整个课程采用总分总的结构形式，由以下几个部分构成。

1.总——语文教师带领学生通读作品内容，用思维导图厘清结构

语文教师带领学生用4课时通读作品，了解作者的创作经历、作品主要内容，借助思维导图梳理文章结构，把握文本内容，丰富阅读经历和体验。

2.分——美术教师指导学生用简笔画画出昆虫的一生

美术教师用1课时指导学生在《昆虫记》绘画的体验活动中完成了不同风格的作品，学生表现出丰富的想象力和创新能力，自然地表达了对生命的关注和热爱，提高了绘画表现能力，锻炼了想象力。通过多学科融合课程的实施，启发学生的观察力、创造力、问题解决能力。让学生能够在扎实、愉悦的情境中发展美术学科核心素养，提高实践创新的能力，形成良好的行为习惯和情感价值观。

3.分——语文教师带领学生精读《萤火虫》，体会作品写作特色

语文教师带领学生聚焦单篇文章《萤火虫》精读具体篇目，发现文本特点，形成自己的认识和判断。研读局部细节，从赏析作品的语言入手，结合作品相关语句和内容，运用批判性思维对自己的认识和判断形成合理的阐释，进而体会作品魅力、作者精神和情怀。

4.分——生物教师带领学生探究萤火虫等专题，体会生物的多样性

生物教师带领学生结合文本探寻昆虫作为生命体的特征和生命活动规律，了解文本所蕴含的科学知识和科学道理，深刻理解结构与功能、进化与适应、生命多样态等生命观念，领悟科学探究的思路与方法，从而提升生物学科的核心素养。

5. 总——语文、美术、生物教师指导学生准备综合展示活动任务

各个学习小组围绕本组的探究话题,结合作品具体内容,进行合理阐释。完成探究小论文、角色扮演,以《动物世界》节目的形式展示本组的学习成果。

在这样的自主阅读—探究学习—展示学习的过程中,学生在通读中了解作品内容,在精读中发现法布尔拟人化的写作特色,体会作者对生命的尊重和敬畏,提升语文核心素养。在学画美术简笔画的过程中,帮助学生用美术的艺术形式,再现作品的内容,提高鉴赏水平,为最后的《动物世界》情境学习展示任务打下基础。生物学科以文本为载体,教师带领学生领悟生物体结构与昆虫行为相统一的生命观念。渗透生物多样性和生态意识的教育,全面提升学生的生物核心素养。

最终学生整合学习内容,有理有据地阐释本组的观点,用模拟《动物世界》的节目形式展示学习成果,整个课程的实施达到了较好的学习效果,培养了学生的团队合作精神,提高了学生的批判性思维水平!

附:课堂实录

教师:请同学们看 PPT,这是一首七言绝句:"不论平地与山尖,无限风光尽被占。采得百花成蜜后,为谁辛苦为谁甜。"这是唐代罗隐的一首小诗《蜂》。这首诗描述的谁呀?

学生:蜜蜂。

教师:其实很多文学家都在描述蜜蜂的团结、勤劳,这是文学家的视角,我们今天从科学的视角来看一下蜜蜂,来认识一下蜜蜂,走进神奇的蜜蜂王国。前两天我们分成了 5 个主题,每个组领了一个主题,每个主题都不一样。

(PPT 展示任务分配和交流顺序。)

主题 1:认识蜜蜂长什么样子——形态结构。

主题 2:蜜蜂的一生——生活史。

主题 3:蜜蜂的家和家庭成员——社会组织。

主题 4:蜜蜂是如何沟通的——通信行为。

主题 5:蜜蜂与人类有何关系——价值。

今天这堂课,我们从主题 1 到主题 5,按顺序来进行小组汇报,下面的同学记录听讲,也可以提问,我给大家写了一个我们学习的程序和规则。

各个小组围绕主题展示交流5分钟，要求清晰简明。学习任务一样的小组进行补充说明，要求内容不重复。其他小组就展示交流的小组进行提问，可以是1～2个问题。最后请同学们边听边完善学案，这是这堂课学习的重点和关键。我们将按照这样的评价规则来评价各个展示小组的表现，大家看黑板上的评价规则（表6-11）。

表6-11　情境学习任务持续性评价规则（24）

项目	评价规则描述
模拟情境	能模拟《动物世界》或《自然奥秘》等节目形式，展示学习成果
讲解内容	展示内容具体，重点突出。聚焦主题，思路清楚，理解正确
辅助工具	能借助思维导图等图示辅助本组的讲解，结构清晰，逻辑严谨
讲解语言	语言生动形象，表述简练。声音洪亮，声情并茂，吸引观众
合作分工	分工明确，在组长的带领下共同完成学习并展示学习的成果

第1个主题我们要走进蜜蜂，要看一看它到底长什么样子，也就是说从个体角度看蜜蜂长什么样，它有什么样的特征。我们给每个组一个大的标本、一个小的标本，还有一个放大镜，每个组现在用两分钟的时间，观察一下它的外部形态。一会儿我们第1组的同学把他们的想法跟大家做一个交流。（学生观察标本，教师巡视）

好，我们先观察到这儿，下面我们请第1组同学汇报他们的观察情况和他们对形态特征的想法与思考。

第一组上台展示

生1：大家好！欢迎大家来到本期的《动物世界》节目，这一期我们要探讨和研究的主题是蜜蜂。相信大家对于蜜蜂并不陌生，那么我们通过自己的研究，希望和大家分享一些关于蜜蜂形态结构上更加有趣、更加深入的一些问题！我们通过观察，推测蜜蜂的种群大概分为3个种类：一是蜂王，二是雄蜂；三是工蜂。

我带大家初步了解一下蜂王的结构特点和它相应的作用。我们可以观察到蜂王的腹部比较大，它的生殖器也比较发达，因为它在蜂群中扮演唯一的雌性的一个角色，所以它承担着整个蜂群的繁衍与发展，是一个非常重要的角色。它的产卵能力特别强，它一天可以生产 1500 粒的卵，可以持续不断地为蜂群带来新的力量。它的腹部较大，翅膀相对较小，这是因为它并不需要类似于雄蜂和工蜂那样长距离的飞行，它只需要找到一个自己的据点，在那里产卵。它的飞行能力几乎为零，它一生飞行的次数大概有两次，第 1 次是刚开始它需要寻找自己的蜂巢的时候，需要自行飞行去建立属于自己的蜂群。第 2 次便是它有可能被入侵，这时需要和它的蜂群一起去寻找新的地方。通过这些形态结构的特点，我们推测出蜂王在蜂群中数量最少。一个蜂巢只有一只蜂王，它的寿命长，它是专职来产卵的。接下来我就把发言权交给另外的专家，让他们来给我们介绍蜂群当中其他角色的特点。

生 2：雄蜂的结构特点主要是它的生殖器强大，因为要与蜂王进行交配，所以体格也粗壮，运动能力也比较强。

生 3：雄蜂的副眼比较大，这样便于发现蜂王也就是雌蜂，它的翅膀发达，便于飞翔，也便于追逐与蜂王进行交配，所以雄蜂在蜂巢中的特点就是数量多、寿命短、专职交配。

我们再给大家讲一下工蜂的结构特点，工蜂在整个蜂巢当中是地位最低的一类蜂，它最有代表性的结构特点就是翅膀特别发达，因为它要去察觉蜜源，它平时飞得比较多。还有它有一个钩子，这个钩子就是用来攻击入侵者的。它有嚼吸式的口器，有两对膜翅，相对于雄蜂和蜂王，它的体积比较小。

生 4：我接着给大家介绍工蜂，工蜂的一个特点就是它不产卵。其实简单地说工蜂就是繁殖器官发育不全的雌蜂，在刚出生的几天里，它是吃蜂王浆的，但是后来它就只食用蜂蜜，以至于它的繁殖器官不能得到很完善的发育，然后刚才那位同学也提到了，它在蜂群中是专职采花蜜的，它采花粉的工作强度比较大，这也导致了它的寿命是比较短暂的。

生 1：请问同学们有没有异议或者是问题？或者通过刚才的观察，你们有没有发现其他的结构上的特点呢？

师：都没有是吗？好，那我们欢送第 1 组的同学，同学们有问题吗？

生：我有一个问题，这三类蜂当中就只有工蜂有蜇人的刺吗？

师：是吗？第 1 组谁能回答这个问题？

生 1：我们在观察的时候没有特别观察这个方面，但是我们觉得应该是吧，不应该都有刺吧？工蜂有这个刺，可以抵御侵害，当敌人入侵的时候，蜂王把守蜂巢，而雄蜂只是负责交配，应该是没有这个刺的。

师：有没有其他的想法？

师：工蜂和蜂王都有，刺其实既是它的产卵器也是它的保护器官，蜜蜂蜇到你，其实工蜂就死了，因为刺留在你的身体里，它连它的内脏都带出来了，所以它蜇了你之后它就死亡了。雄蜂是没有的，因为刺是产卵器。

是不是只有蜂王是雌性？蜂王是雌性，工蜂也是雌性！所以大家要清楚啊，只有雄蜂是雄性，工蜂和蜂王都是雌性。还有没有其他的问题？没有问题我来问，你认为哪种蜜蜂是适合传粉的？这个刚才我们已经说过了，是工蜂，原因是什么呢？是翅膀发达，还有吗？有口器，你说蜂王有口器，所有的蜂都得有口器，要不然它怎么吃东西呀？你来说一说，大点声。

生：工蜂是适合传粉的，因为它的身上有那种小绒毛，就像这张图一样，它们身上有很多小的绒毛。

师：小绒毛有什么好处呀？

生：它可以沾上花粉。

师：从个体本身的结构特征来说，还有没有其他的想法呢？你们看一看，这个工蜂它抱的是什么东西？它抱的是花粉球，它为什么能够抱这么大的花粉球呢？你来说说。

生：因为它身上有一个专门装花粉的篮子。

师：在后腿上有一个花粉篮，这个地方有一个凹陷的地方，周围有些刺儿，这样就可以把它抱起来。沾了花粉，它通过唾液把它黏在一起，就放在这个花粉篮里，它就抱着飞回家了，所以说，它的飞行能力是很强的。大家看一下这幅图，它的身上有很多小绒毛，从结构上它适合采花粉。刚才有个同学说它有口器，它得有口器，不然它怎么吃饭呢？你们还记得萤火虫的口器是什么样子的？

生：钳子。

师：萤火虫的口器是钳子，因为它要吃蜗牛，蜗牛是坚硬的，那你们猜一猜适合传粉的工蜂的口器，是不是像萤火虫的口器呢？

生：不像。

师：那为什么不像呢？你们来说一说。

生：我猜可能是能吸东西的。

师：对，是能吸东西的，那么它能嚼东西吗？它得嚼花粉，它既能嚼还能吸，所以它的口器有两个功能，看到没有，这个是它的两个大的上颚，它能够吃花粉粒,花粉粒的营养非常丰富,蛋白质特别丰富。它还能吸,它的口器的结构给大家看一下,有中舌、下颚、下唇。大家看,需要时它就能够变成一个可以吸的口器了,它是嚼吸式的口器。这种口器是和它的食性有关系的,我们要了解它的形态特征,要知道哪些形态特征是适合它的。还有一个小游戏,我们看一下图,大家猜猜谁是蜂王?

生:中间那个。

师:怎么知道的呢?对,长得不一样,蜂王大,翅膀小。刚才这个组给我们讲了,但是它也要飞出去,当它和雄蜂交配的时候,它必须飞出去,然后再飞回来,飞回来之后基本上就在蜂巢里面,然后什么时候再出去呢?可能面临分家的时候它就出去再造新的家,它最多飞两次,这就是蜂王的一个作用。好的,谁还有问题?

生:蜂王是怎么产生的?

师:有人会解决这个问题吗?

生:蜂王是受精卵。未受精的卵发育成雄蜂,雄蜂和工蜂是未发育的受精卵。

师:未发育成受精卵有意义吗?大家有其他的想法吗?

生:受精卵发育成蜂王和工蜂,未受精卵发育成雄蜂。

师:确实是这样的,怎么来证明呢?我们通过检查它的染色体,看染色体,雄蜂的染色体是蜂王和工蜂的一半,所以它是未受精卵发育的。我们知道蜜蜂的形态什么样,认识了它,我们还要知道蜜蜂的一生是怎么过的,我们刚才已经观察了它的生活史的标本,现在我们请上第二组,蜜蜂的生活史这一组。

第二组上台展示

生1:欢迎大家来到《动物世界》节目,大家都知道蜜蜂是一种完全变态的昆虫,它的一生分为卵—幼虫—蛹—成虫4个时期,接下来就由我们组的同学为大家讲一下,这4个时期的形态结构与生活方式特点。

生2:卵时期它的形态呈香蕉形,颜色是乳白色的,略微的透明,卵内的胚胎经过3天,就发育成了幼虫。

生1:好的,接下来由我给大家讲一下幼虫时期的特点,蜜蜂的幼虫是一种白色的蠕虫,刚开始的时候是呈C字形,随着虫体的长大,它会越伸越直,它是由工蜂来喂养的。如果蜂王产下未成型的卵,它就长成一个雄蜂。如果它是受精卵的话,在前3天给它喂蜂王浆,3天后在蜂王浆里如果加蜂蜜,它就会长成一只工蜂。如果不间断地一直给它喂蜂王浆，它就会长成一只蜂王。接下来有请下一位同学来给我们讲一讲蜜蜂蛹期的生活特点。

学生3：由我来给大家讲一下蛹期，蛹期主要是将内部的器官加以改造和分化，形成蜂的各种器官，逐渐呈现出头、胸、腹3个部分，颜色也由乳白色逐渐变深。然后我来说一下蜂王，蜂王也叫母蜂，是雌性，同一巢中只有一只或两只，它只负责产卵，繁殖后代，也统治蜂群，寿命是3～5年。

生1：由我来给大家讲一下工蜂，刚才也说过了，它是雌性的蜜蜂，而且它无法生殖，主要负责照顾和饲养幼虫、采蜜及筑巢，接下来有请我们组的组员给大家讲一下雄蜂。

生4：雄蜂是由未受精的卵发育而成的。它的工作就是交配，交配后它就立即死亡了，寿命只有38天，是成虫里寿命最短的。

生1：本期动物世界到此结束！谢谢大家的观看，期待我们下一期的节日！

师：同学们，有问题吗？

生：雄蜂和工蜂它们的发育有什么区别？

生1：刚刚前面已经讲过了，雄蜂是由未受精卵发育而成的，而工蜂是由受精卵发育而成的，所以雄蜂是雄性的蜂，而工蜂是一种雌性的蜂。

师：非常好，还有没有？你们问完我开始问，请回答你们学案上的一个问题，由卵到成体的个体发育刚才那个同学说了叫完全变态，你们知道这个词的含义吧，我们不解释了，在细胞数目和结构功能上发生了怎样的变化，谁能来回答一下？就是从个体上我们看到它由卵变成了成虫，如果在细胞这个层面上，你看它有什么变化呢？你来说说？

生：分裂和分化。

师：再说一遍？

生：细胞的分裂和分化？

师：为什么呢？

生：是为了适应环境。

师：所以适应环境叫分裂分化，还有没有其他的想法，为什么要分裂？

生：分裂是为了生长数目要增加。

师：那为什么要分化呢？

生：分化是形成器官。

师：好，答得非常好！老师给大家总结了一个过程图，大家看有问题吗？

是不是有两种可能，是受精卵也可能是未受精卵，但是它都要经过卵、幼虫、蛹、成虫的过程，对不对？虫有 3 种，工蜂、雄蜂、蜂王，所以人们叫蜜蜂为三型蜂，但是你要知道我这儿写的未受精卵对应的是雄蜂，明白了吧！

好的，那我们接下来往下继续。下面我们看第 3 个活动，我们认识了个体也知道了它的一生。现在我们能不能一起到蜂蜜的家中去看一看，它们的家是非常奇特的。对这个主题进行研究的也有两个组的同学。有请其中一组上台来展示。

第三组上台展示

生 1：欢迎大家收看第 3 期的《动物世界》节目，我和同伴前段时间到蜜蜂的家里去游玩，我们发现蜜蜂的家非常神奇，它每个房间包括它整体的形状都是正六边形，这是为什么呢？那么我们就请大家一起来看一下。首先我们来看一下，如果蜜蜂想建造自己的房间它会建造什么形状的呢？

学生们：三角形。

生 1：大家觉得三角形好吗，圆形好吗？

同学们：不好！

生 1：圆形对蜜蜂来说比较好了，但是由于一些物理的变化，所以蜂蜡最后也会变成一个正六边形。如果它是一个三角形的话会是什么样子呢？我们看一下这个模板，如果三角形就是这个样子，大家知道正六边形，它可以分为 6 个全等的等边三角形。如果我们就把它的边设为 X，然后我们来看一下这个三角形的周长是多少呢？我们再把这个菱形拼上去，把它变成一个正六边形，那大家来看一下，现在这个正六边形的边长是多少呢？所以说在同等周长的情况下，同等材料的情况下，正六边形的空间要比三角形大，所以说蜜蜂很聪明，它为什么要用更多的材料去做一个更小的房子呢？同样的材料，做成正六边形蜂巢面积就会更大一些。我们猜蜂巢为什么是正六边形的呢？大家看一下我们画的这幅图，蜜蜂的幼虫是这个形状的（半圆形），所以幼虫在正六边形当中就可以合理地利用空间。如果在三角形中的话，它的幼虫就没法儿去利用这个空间，所以正六边形的好处就是它可以合理利用空间。而圆形也是会变成正六边形的，所以古今中外的一些数学家也都在研究蜂巢这样的一个六边形，这就是我们很多个公式、论文当中提出来的对蜂窝猜想的一个实验。

接下来我们思考一个问题，蜜蜂是凭它的本能来建造六边形的蜂巢吗？

生：是。

生1：正六边形可以省材料，蜂巢是有一定倾斜角度的正六边形，这个巢穴是每个内角均为160°的一个倾斜的正六边形，我们认为这不是蜜蜂的本能，我们认为这是自然选择、物理变化的结果，还有就是刚才所说的幼虫可以合理利用正六边形的空间，同时它也让蜜蜂的蜂巢更加坚固。还有一个优势，可能是使蜂蜜不流出来，这只是我们的一个猜想。接下来给大家讲一下蜜蜂的家庭成员。

生2：我主要讲一下工蜂，平时见到的采蜜的蜂，大家觉得它们属于哪一个阶段呢？是刚出生刚会飞就出去采蜜还是老一点的蜜蜂去采蜜呢？

生：当然是刚会飞的！

生2：其实是比较老的去采蜜，工蜂分为3个阶段，第一个阶段是1～12天。它刚刚会飞是比较年轻一点的幼蜂，它的工作主要是清扫蜂房、照管和饲养幼虫。青年时期它主要的工作是筑造蜂巢，储存花粉花蜜，为蜂巢通风。我们平时见到的在花当中采蜜的就是比较老一点的工蜂，它的主要任务是采花蜜，把花粉通过某种方式转成蜂蜜放到巢里面，而且它还有特别厉害的地方，它的单程飞行距离可以超过5公里，工蜂的寿命大概有几个月。

生3：是什么因素导致了蜜蜂有这样的分工呢？

生2：现在我给大家讲一下这些影响因素，有年龄、遗传基因、激素浓度和环境。大家都知道工蜂的寿命非常短，所以把它用日来计。蜂王会跟很多的蜂交配产生蜜蜂，每个蜂的基因都不一样，基因就会决定这些蜂来做什么事情。我们来看一下保幼激素，它的浓度会产生一种叫QPM的东西，它会对蜜蜂做的事情进行调整，在调整过程中就会有一些分泌的腺在中间起一些影响的作用。比如说，用蜂王来举例子，蜂王的上颚就会分泌促激素来告诉蜂王什么时候来干什么，差不多就是这个样子。

师：他们组是比较有学术味儿的，我们就简短地来说一下，好神奇吧？其实也很复杂，为什么工蜂它还不一样呢，刚才这位同学讲了蜂王，它可以和不同的雄蜂去进行交配，这样的话每一粒受精卵的遗传基因都不太一样，发现这个问题了吧，这就是非常神奇的地方，还有很多激素的影响、日龄的影响等，总之它是很复杂的，到高中你们可能就会知道，基因不相同可能就决定了它的行为不同，它会不会清理卫生啊，它会不会开门啊等。

另外，它的筑巢行为是不是本能？筑巢是后天学习的，一般我们认为它是一种本能，但事实上这是自然选择的结果。

这组同学面临的挑战其实是很大的，他们要解释清楚蜂窝猜想到底是怎么回事，你看他们还做了模型，然后我觉得还是解释得特别好。有人说，这是个猜想。就是这个猜想，科学家们研究了好几百年！所以说这是一个非常复杂的数学问题！还有一个组也是研究这个主题的，你们组有补充吗？讲过的就不要讲了。

生1：我们讲一下他们组没有讲到的内容，为什么蜂巢如果是圆形的就会慢慢地变成六边形？是因为如果是圆形的话蜂巢就会有空隙，随着挤压慢慢地它就会变成正六边形。

生2：我想给大家提一个问题：蜜蜂是一个社会性的昆虫，社会性的好处是什么？也就是说分工合作有什么好处？

生：效率高。

师：这是个好问题，是不是所有的昆虫都是社会性昆虫呢？不是！除了蜜蜂，还有你们学过的蚂蚁也是社会性的昆虫。那它在生存和繁殖过程中的优势是什么？能举个例子吗？

生：人多力量大。蚂蚁在运送比较大块的食物的时候，可以团结协作，共同来完成这个任务。

师：好的，你知道蜜蜂是怎么过冬吗？对，这位同学说的，抱在一起，这就意味着它们是一个群体，这样的话就可以抵御不良的环境。那蜜蜂是变温的还是恒温的动物呢？

生：变温动物。

师：是，变温动物。尤其冬天对蜜蜂来说是一个特别大的挑战，所以社会性的群居对于抵御不良环境是很大的一种优势，在生存上和繁殖上都有优势。既然它是一个社会性的昆虫，它们之间需要沟通信息，下面看一看我们人类是如何来解读蜜蜂之间的通信的。这就是第4个活动——蜜蜂舞蹈的秘密，我们有请下一组。

第四组上台展示

生1：大家好啊，我们今天来给大家讲一下蜜蜂的通信行为。蜜蜂在这个世界上的贡献是非常大的。蜜蜂在寻找食物的时候，不是整个群体移动到一个地方去寻找同一处的食物，而是有一个分工，当一只蜜蜂找到了蜜源之后，它是怎么来告诉同伴的呢？

生2：蜜蜂的第一种通信传达方式就是圆圈舞，大概是这样子，当它找到小于 60 米的蜜源的时候，它就会跳圆圈舞。当它找到大于 60 米蜜源的时候，它就会跳镰刀舞。当它找到距离大于 600 米的蜜源的时候，它就会跳摆尾舞，摆尾的次数和蜜源的方向是成正比的。

生 1：蜜蜂有复眼，它的视觉非常发达，它可以辨别出一个物体的形状和颜色。它还根据不同的颜色进行信息上的交流，比如，它在觅食的时候，会选择那种黄色的花，然后蜜蜂会飞翔振翅，振翅的频率大概在 300 赫兹。侦查蜂就利用振翅的声音频率，带着整个蜂群飞向新的蜜源。

生 3：蜜蜂振翅的强度和停顿的时间分别与花蜜的质量与数量有关。还有一种就是触觉的通信。触觉的通信就是指一只侦察蜂跟工蜂互不相识，这时候它们就会用触角来触碰认识彼此。通过这样的方式，它可以传递一些情报。

生 4：我来给大家讲一下化学通信。化学通信器主要是在蜜蜂嗅觉感受器这个位置。蜜蜂可以发布信息素。第 1 种就是用硅酸也就是由蜂王的上颚来分泌的，它可以抑制工蜂的卵巢发育，然后吸引工蜂来为它服务，来维持整个蜂巢的发展状态。第 2 种就是工蜂可以报警，它可以合并成酸来攻击敌人。如果遇到危险，它会发布香叶醇这种信息来告诉蜂群当中的成员。

师：还有一个组要和大家交流的主题是"假如没有蜜蜂"。有请这一组。

第五组上台展示

生 1：大家都知道蜜蜂有很多功能，但是它对我们的生活有什么帮助呢？我们现场请来了两位专门研究蜜蜂的专家，现在就请他们来帮我们讲一下蜜蜂对我们人类生活的影响及蜜蜂消失的原因，还有我们如何保护蜜蜂？

生 2：蜜蜂在我们人类的生活中是重要的，蜜蜂不仅对人类有影响，它对自己也会有影响，所以我们先来讲一下，假如没有蜜蜂对蜜蜂自己的影响是什么？假如没有蜜蜂的话，工蜂会死亡，就只剩下了蜂王，蜂王是产生幼虫的，蜂王无法采蜜，那么蜂巢就无法运作，也就无法生产蜂无法繁殖，所以就会导致整个蜂群的灭绝。接下来我来讲一下它对自然的影响，蜜蜂是一种自然性的生物，它可以保护生物的多样性来维持生态的平衡，蜜蜂也是一个消费者，蜜蜂会授粉，会给被子植物授粉，这是它的好处。如果没有被子植物，人类果实的产量就会受到影响，对自然的生态平衡产生影响。如果没有蜜蜂，就没有蜂蜡和蜂蜜，包括化妆品、医药等有些是用蜂产品来做的，所以就没有了，并且蜜蜂还有经济效益，在科研方面蜜蜂的蜜有助于抗衰老和防治疾病。蜜蜂是有利于我们的，与人类的社会行为是相联系的。

生3：我来说一下蜜蜂消失的原因。消失的原因第一是气候的变化、生物原因和人类的原因。气候就是风暴或者干旱等自然的原因。第二是生物的原因，花期的减少，没有蜜蜂授粉就会产生疾病。再就是蜜蜂的天敌。第三主要就是人类的原因。我们用杀虫剂会干扰、影响蜜蜂的神经系统和免疫系统，人口过剩会使蜜蜂的栖息地逐渐减少，同时我们的手机信号这些辐射也会对蜜蜂有干扰，导致蜜蜂的减少。

生4：刚才说了这么多，说了蜜蜂的影响和消失的原因，那么我们该如何保护蜜蜂呢？首先政府应该设立专门的保护区。其次增加科研方面的投入，可以研发设计出机械蜂。可能在短时间是无法实现的，在未来是有可能的。再次做好科普。然后就是要加强与其他组织的合作。呼吁大家来保护蜜蜂。最后就是改变植物的单一品种，增加植物的来源种类。既然蜜蜂的消失对我们全人类都有影响，那么我们每个人都要保护蜜蜂。多吃授粉的植物，比如我们多吃些玉米，多种玉米，等着玉米开花的时候，蜜蜂就不愁没吃的了。还有就是不使用杀虫剂，因为杀虫剂除了杀死害虫还会把蜜蜂杀死。要重视一些草本蜜源的植物，提高蜂农养蜂的水平。这就是保护蜜蜂的措施。谢谢大家！

生1：我来给大家总结一下，刚才我们讲了蜜蜂消失的原因和措施，蜜蜂在全球当中是对我们人类帮助很大的小动物，所以我们大家都应该保护它、爱护它。从自己做起去保护蜜蜂，谢谢大家！

师：有没有问题？有没有疑问？

生：蜜蜂为什么有助于抗衰老和防治疾病？

生2：由于蜜蜂也是一种生物。它也有衰老和疾病，人类用它来做实验。我们通过研究如何对抗疾病和衰老，来造福、保护人类。

师：还有一个组也是研究这个主题的，你们的观点和他们组一样吗？

生：不一样。

师：我们有请最后一组上台展示他们的研究成果。

第六组上台展示

生1：大家好，欢迎来到《动物世界》的最后一期，前段时间我们从网上看到了一句话，爱因斯坦说："如果人类没有蜜蜂的话，人类最多只能活4年！"我们栏目组对这个问题非常好奇，就特意去查了蜜蜂的重要性，我们大体归结为：第一个就是传粉可以增加产量，保护生物的多样性。第二个是微型影响，对气候产生影响，而且它会对工业生产精密铸造有帮助。如果它真的消失的话会对人类产生非常大的影响吗？我们对此持相反的观点，为此我们特地请来了专家。李女士有一个观点。

生 2：我的观点是蜜蜂消失对人类没有太大的影响。首先蜜蜂它就是帮助传粉并且产生蜂蜜，我们认为这些人类都可以通过人工来做到，或者说自然是可以调节的。我今天带了一款新型的时光机，我们可以穿越到未来看一看我这个推测是不是正确的，下面有请本台的记者。

生 3：我们假设在未来，一个极其无聊的人打了一个响指，蜜蜂没了一半，又打了一个响指，蜜蜂又没了一半。对于蜜蜂的消失，我们是持反观点的。因为蜜蜂如果消失，人类的行为完全能够代替蜜蜂，但是蜜蜂的消失对我们也会产生一定的影响，比如说生物量的缺失和人工的技术的发明，我们先假设人工技术具有代替蜜蜂的这个作用，但是我认为蜜蜂的消失还是对人类有一定的影响。

师：那你们就又不支持你们的观点，内部瓦解了？

生 4：首先看一下我画的第 1 张图，在蜜蜂消失之后，人类可以通过大规模的人工授粉来使部分被子植物生存，但是不能使所有的被子植物都不消失。蜜蜂消失之后，被子植物的灭绝导致粮食有很多不能继续生长了，有很多粮食都是需要蜜蜂来授粉，没问题吧！有 1/3 的食物和农作物是由蜜蜂来授粉的，但是我们同时发现有一部分是自花授粉的，比如说一部分豆类，它就可以自花授粉，不会因为蜜蜂的消失而灭绝，所以我们认为蜜蜂消失之后，我们可以依靠自花授粉的作物来继续活下去，但会导致粮食大减产，可以导致经济的衰退。我们怎么来解决呢？人类有足够的科技和智慧来解决蜜蜂消失的这个问题，我们可以继续将被子植物保存并有其他的接替的品种，人类活下去是没有问题的。

然后我们再看蜂王浆、花蜜、花粉这些，通过调查发现这些都可以通过人工和人工合成来提取。那再来看看蜂蜡，工业生产有的是需要蜂蜡的。那我们举一个例子，我们发现，只有一些高端的产品才会用蜂蜡。所以蜂蜡产品还是可以通过其他的材料来进行制造的。某一个物种的消失会产生蝴蝶效应，各种连锁反应导致大部分的生物也会消失，但我们也相信大自然有足够的调节能力来使新兴物种出现，可能会替代它的位置，新的物种一定会生生不息。但是同时我们也支持他们的观点，保护蜜蜂是有必要的，我们也不希望粮食大减产这些很严重的问题出现。谢谢大家。

师：我觉得论述得非常好，但是如何找到支持观点的论据，我们还要举出一些更可行的例子。当然可以依赖于技术，技术会发展，但是目前为止蜜蜂对生态的价值非常大，比如大家吃的梨，梨是不能自花传粉的，它必须通过异花传粉，否则就不会结出梨来，很多食物都是这样的，很多都是自花不能结果的。蜜蜂有很多的研究价值，可应用到我们的飞机上或其他的一些航空器械的开发上，像导航系统等。蜜蜂浑身都是宝，它的秘密还有很多，等着我们去发现。今天时间有限，我们的蜜蜂专题就到这儿，但是大家手里的学案回去以后认认真真地去看一看，更加深入系统地去了解一下，会引起大家的思考，也会改变大家对蜜蜂的认识，好的，那今天的课我们就上到这里，感谢同学们！

（授课教师：高俊英）

第六节　领导的智慧
——《西游记》中唐僧的领导力探究
（语文、历史跨学科教学）

欧阳蕾　王珍珠　张文科　王朗　羊瑜

一、专题教学设计

该专题教学设计由初一语文组两位教师和历史组三位教师共同设计，在2022年初一15班实施的基础上，2023年在初一7班和12班改进完善后再次实施，收到了较好的教学效果。

确定预期的学习目标

1. 学习主题：领导的智慧
学习主题解读
（1）专题课标相关要求
《义务教育语文课程标准（2022年版）》第四学段（7～9年级）
【阅读与鉴赏】
①养成默读习惯，有一定的速度，阅读一般的现代文，每分钟不少于500字。

能较熟练地运用阅读和浏览的方法，扩大阅读范围。

②欣赏文学作品，有自己的情感体验，初步领悟作品的内涵，从中获得对自然、社会、人生的有益启示。能对作品中感人的情境和形象说出自己的体验，品味作品中富于表现力的语言。

③每学年阅读两三部名著，探索个性化的阅读方法，分享阅读感受，开展专题探究，建构阅读整本书的经验。感受经典名著的艺术魅力，丰富自己的精神世界。

④能利用图书馆、网络搜集自己需要的信息和资料，帮助阅读。学会制订自己的阅读计划，广泛阅读各种类型的读物，课外阅读总量不少于260万字。

（2）专题内容分析

《西游记》是我国古代四大名著之一，是江苏教育出版社七年级上册教材推荐的必读书目，教材选录的章节是《孙悟空三调芭蕉扇》。作者是我国明代著名小说家吴承恩。《西游记》讲述了孙悟空、猪八戒、沙僧3人保护唐僧西行取经，一路降妖伏魔，历经种种艰难险阻，最终修成正果得以成佛的故事。

《西游记》可分成3部分。

第一部分（1～8回）：主要写了孙悟空出世、拜师、大闹天宫。

第二部分（9～12回）：主要写了唐僧的出身及取经的缘由。

第三部分（13～100回）：主要写了唐僧西天取经，路上先后收了孙悟空、猪八戒、沙僧3个徒弟，并历经九九八十一难，终于取到了真经，修成了正果。

《西游记》取材于玄奘取经的故事。吴承恩在饱读前人有关著述及民间传说的基础上，经过多年充分准备和资料积累，于71岁那年才动笔创作，历时7年左右才完成了这部堪称世界文学瑰宝的《西游记》，《西游记》是我国古代第一部浪漫主义长篇神魔小说。

《西游记》中的师徒4人是一个优秀的团队，唐僧作为领导者在西天取经的路上意志坚定、目标明确、一心向佛，带领徒弟们不怕困难，最终到达西天取得真经。唐僧这个人物的形象和精神品质值得我们在教学中重点分析。

该专题教学设计聚焦唐僧这个人物，由历史教师和语文教师从各自学科的角度品读作品、分析人物形象，联系现实生活开展专题研究，探究作品的现实意义，落实课标要求，帮助学生形成正确的价值观和人生观。

（3）学情分析

相关学情分析如表6-12所示。

表6-12　学情分析（10）

分析项目	简要阐述
学习基础	初一年级学生在暑假按照要求阅读了《西游记》的前50回，期中考试后又以每天阅读两回的速度读完了后50回的情节。在通读作品的基础上，学生能够聚焦作品中的某一个重点人物开展专题探究活动
生活经验	关于《西游记》师徒4人分工明确、团结合作、一路上降妖除魔，历经九九八十一难，最终取得真经的故事，学生耳熟能详。通过参加初中的语文学习小组活动，学生能够体会一个团队要想成功，不同角色在团队中起到的作用是不同的。聚焦唐僧的领导力探究，符合班级的学情，学生也有相关的生活经验
学习的障碍点	学生刚刚进入初一年级，对于名著阅读还停留在浅显的提炼作品内容上，关注点还在作品的具体情节和人物形象的喜好上。本专题将带领学生在了解历史上的唐僧，分析作品中的唐僧人物形象的基础上，联系现实生活探究优秀的领导者应该具备的能力和品质。这对学生有较大的挑战，也是学习的障碍点
发展空间	教学中将带领学生结合具体情节去分析唐僧人物形象，联系生活探究作品的现实意义。指导学生用思维导图、结构图和概念图梳理总结跨学科学习成果，辅助小组学习。本专题教学设计对学生的阅读理解能力的提升有较大的发展空间

2. 学习目标

（1）基础学习目标

语文学科

目标1：通读《西游记》，开展西游故事会活动，熟悉经典情节。

目标2：结合作品相关情节，学生能分析唐僧的人物形象。

历史学科

目标3：结合相关史料，学生能介绍历史上的唐僧其人其事。

（2）深度学习目标

结合作品和现实生活，学生能探究唐僧的领导智慧。

（3）学习问题设计

1）基本问题

语文学科

问题1：《西游记》100回各讲了什么内容？

问题2：结合具体情节谈谈唐僧是一个怎样的人？

历史学科

问题3：历史上的唐僧是怎样的人？和《西游记》中的唐僧有哪些不同？

2）深度学习问题

问题1：唐僧是一个优秀的领导者吗？结合作品谈谈你的理由？

问题2：联系作品和现实生活谈谈优秀的领导者应该具备哪些能力？

二、专题教学实施

（一）安排课堂教学内容，指导学生学习活动

1. 第1、第2、第3、第4课时

语文学科

课前准备：暑假阅读《西游记》第1～50回，完成年级阅读任务单，期中考试后每天阅读1～2回，完成后50回的阅读，完成年级要求的阅读任务表格。

学习目标：指向专题基础学习目标1。

目标1：精读《西游记》相关回目，开展西游故事会活动，熟悉经典情节。

学习方式：教师指导下的自主学习。

学习任务：全班40人，按学号轮，每人负责讲2～3回《西游记》故事。

学习环节

环节一：布置阅读任务分工，用思维导图画出你所负责阅读的回目内容。

基础学习问题

你所负责的《西游记》阅读任务，讲了什么内容？

环节二：按照布置的回目任务，全班开展《西游记》故事会比赛。

课后作业：用简要的文字概括7个经典故事情节的内容。

2. 第 5、第 6 课时

学习目标：指向专题基础学习目标 2、目标 3 和深度学习目标

语文学科

目标 2：结合作品相关情节，学生能分析唐僧的人物形象。

历史学科

目标 3：结合相关史料，学生能介绍历史上的唐僧其人其事。

语文和历史学科

深度学习目标：结合作品和现实生活，学生能探究唐僧的领导智慧。

学习方式：教师指导下的合作探究学习。

学习任务：分组合作探究完成情境学习任务，依据评价改进本组的表现。

学习环节

环节一：教师布置小组探究合作情境任务，讲解持续性评价。

情境学习任务

假如你们是中央电视台 CCTV-10《子午书简》栏目组的成员，你们将带领观众朋友们通过结合《西游记》相关具体情节，分析唐僧的性格特征，归纳作品的主题。在历史教师的指导下，结合相关史料知识介绍历史上的唐僧其人其事，理解文学是来源于生活而高于生活的艺术作品。最终能结合现实生活探讨作品的现实意义，探究唐僧是不是一个优秀的领导者，怎样才是一位优秀的领导者。

情境学习任务持续性评价规则如表 6-13 所示。

表 6-13　情境学习任务持续性评价规则（25）

项目	评价规则描述	等级
分析	结合具体情节分析人物形象	每项评价分 4 个等级，分别为：优秀、良好、一般、待提高
阐释	有理由、有论据地阐释小组观点	
图示	思维导图加概念图辅助讲解	
情境	内容具体生动，节目形式自然	
合作	共同准备，展示合作分工明确	

环节二：各个小组分工，分别探究不同的学习任务。语文学习小组负责探究《西游记》中的唐僧人物形象。历史学习小组在历史教师的指导下负责探究

历史上真实的玄奘。综合小组在语文和历史教师的指导下探究唐僧是不是一个优秀的领导者，优秀的领导者应该有怎样的领导智慧。

环节三：人物形象分析。

语文教师针对《西游记》中的唐僧人物形象进行分析学法指导。

① 我认为唐僧是一个什么样的人。

② 在《西游记》的某个情节中，他在什么情况下做了什么？结果如何？

③ 由此可以看出他是一个怎样的人。至少写出 4 条，既可以有优点也可以有缺点。

把以上问题用思维导图梳理出来。

历史教师针对历史上的玄奘进行学法指导。

①《西游记》中的唐僧和历史上的玄奘各是怎样的？

② 玄奘在历史上有怎样的贡献？

③ 历史上玄奘是怎样的一个人？

④ 历史上玄奘有哪些值得我们学习的精神品质？

把对以上问题的探究用 PPT 梳理总结出来。

环节四：拓展探究。

① 你认同"唐僧是一位优秀的领导者"的观点吗？请结合西游记的相关情节阐释你的观点。（至少分析 3 条）

A. 我认为唐僧是（或不是）一位优秀的领导者！

B. 因为，在《西游记》中，他在什么情况下做了什么？结果如何？（可以从概括全书内容的角度，也可以从某几个具体的情节分析）

C. 所以，我认为唐僧是（或不是）一位优秀的领导者！

② 结合作品，谈谈在现实生活中如何才能成为一个优秀的领导者？

在现实生活中，优秀的领导者应该具有什么品质？当团队出现问题的时候，领导者应该怎样？

把以上问题用结构图或概念图梳理总结出来。

环节五：教师指导观看《子午书简》节目节选，各个学习小组模拟电视节目形式，确定小组成员扮演的角色，结合图示，分工准备小组学习成果讲解任务。

课后作业：组长带领组员完成小组探究展示活动任务，分工准备。

3. 第 7、第 8 课时

学习目标：指向专题基础学习目标和深度学习目标（同第 5、第 6 课时）。

深度学习目标：结合单元学习内容，学生能够探究优秀的领导者的领导智慧。

学习方式：各个学习小组上台综合展示情境学习任务成果。

学习环节

环节一：各个学习小组上台展示情境学习任务。

环节二：教师和学生依据评价为各个小组提出反馈与建议。

环节三：教师总结本专题教学内容，并板书。

（二）课后反思

该专题是语文教师和历史教师一起设计并实施的跨学科名著阅读教学。《西游记》是江苏教育出版社七年级上册要求必读的名著。通过教学的设计和实施，我们对跨学科教学的核心问题有了更加深刻的理解和感悟，为今后的跨学科教学积累了丰富的理论基础和实践经验。

1. 为什么要跨学科教学

学生分别学习不同学科的内容，这些教学内容有些是交叉关联的。有关玄奘的知识是在历史八年级的教材中，虽然年级不同，但并不影响学生对这一内容的提前学习。通过两个学科教材内容的整合和重构，学生在比较阅读、查阅史料、筛选信息、归纳总结的学习过程中，将零散的不同学科知识建立起联系，构建了自己的知识体系。通过跨学科整合学习，提高了教学效率。学生在这样的学习过程中提高了阅读能力，学习了史料论证的方法，学会了批判性的思维，培养了严谨的逻辑能力。

2. 怎样做到跨学科教学

跨学科并不是一个"死"的概念，生活中各个学科并不是割裂的，我们首先要找到跨越学科的点，比如我们这个专题中历史上的玄奘和《西游记》中的唐僧。其次我们要和老师们一起确定教学中要达到的教学目标，好的教学目标要达到较高的学科育人的价值观层面。最后就是要在教学中进行统筹安排，如在该专题教学中，语文教师指导学生完成了《西游记》故事会的比赛和文学作品中的人物形象分析。历史教师结合教材内容和史料分析，指导学生完成了历史上的玄奘的人物形象分析。最后，两个学科的教师一起指导学生研究唐僧是不是一个优秀的领导者，联系现实生活探究优秀的领导者应该有怎样的领导智慧。整个教学结构是先分再总，先分别指导各自学科教学，再一起指导学生总结跨学科学习的知识。

总之，从教学实施看，学生通读了解作品内容；精读分析文学作品和历史上的人物形象，学习唐僧的坚持目标、百折不挠的精神品质；获得了积极的思想和有益的人生启示。

附：课堂实录

欧阳老师：同学们好！

生：老师好！

欧阳老师：请坐！今天我们继续展示《西游记》情境学习任务。我们整个《西游记》名著阅读的深度学习主题是"读《西游记》，话成功"。我们分 5 个专题来探究。针对唐僧这个专题，老师带领大家探究的问题是结合《西游记》中的具体情节谈谈唐僧是不是一个优秀的领导者？我们各组有自己的观点，今天的展示顺序先是周同学小组带我们一起探究《西游记》中的唐僧，然后是两个历史课代表在历史王朗老师的指导下，带我们看看历史上真实的唐僧原型，最后是刘同学的小组展示。我们这次名著阅读的任务稍微有一点难，我们需要模拟《子午书简》的节目形式，在这个节目形式当中要扮演的角色有主持人、大学中文系研究《西游记》的专家，还有观众和读者。以节目形式来展示你们小组的学习成果。各个小组的得分计入同学们的平时成绩。我来解读一下评价表。第一点，我们要结合作品具体情节分析人物形象，分析唐僧是一个什么样的人。第二点，在前面阅读的基础上结合作品和现实来分析唐僧是不是一个优秀的领导者，我们需要阐述自己的观点，要求观点要明确，有理有据。第三点，我们各个组在讲的时候不需要做 PPT，有两幅图来辅助你们的展示。一幅是关于人物形象分析的思维导图；另一幅是老师这次新教大家的很烧脑的结构图或者是概念图。第四点，模拟情境，要求内容与形式要统一，形式辅助内容。最后就是合理分工，要求小组成员从准备到展示要均等分工。这是我们对各个组的评价。小组讲完之后，我们按照这 5 项，给各个小组打分。下面我们先请第一小组，周同学的小组带领我们探究《西游记》中的唐僧。

第一组上台展示

生 1：大家好！《西游记》是一部共 100 回、86 万字的章回体神魔小说，通过阅读我们有很多感悟，今天我们节目组有幸请到了大学中文系的两位教授来和我们一起谈谈唐僧这个人物，请问你们认为唐僧是怎样的一个人？

生2：我认为唐僧是一个意志坚定、善恶不辨、稍微有一点胆小、善良的人。在大战蝎子精的情节中，蝎子精对唐僧百般诱惑，唐僧都不动摇，一心向佛。女儿国国王愿意把国家给他，唐僧也毫不动心，这就体现了他的意志坚定。在三打白骨精的情节中，他错怪了孙悟空把孙悟空赶走了，还有一次孙悟空打死了拦路的强盗，他也把孙悟空赶走了，从这儿可以体现出他是一个善恶不辨的人。

生3：从大闹五庄观那一回，唐僧不吃人参果，觉得人参果是个小孩，从这个情节看出唐僧的善良，还有他救红孩儿也能体现他的善良。

生2：从寺庙里的主持不让唐僧借宿，唐僧就抹眼泪，看出他的胆小。

生3：从唐僧听说乌鸡国国王的遭遇后，他害怕也体现了唐僧的善良和胆小。

生1：非常感谢两位，那我们接下来探讨一下优秀的领导者应该具备哪些能力。

生4：首先我认为唐僧是一个优秀的领导者。优秀的领导者要关心下属，优化自己的管理方式。关心下属，从他为孙悟空织虎皮裙这里可以看出来。

生1：其次是通情达理，只有通情达理才能让团队有凝聚力，才能带领团队更好地完成目标。

生4：目标明确，我们可以从他和女儿国国王之间发生的故事看出来，女儿国国王想让唐僧和她结婚，唐僧并没有应许，这说明他也是意志坚定的一个人。一个团队的领导者意志坚定了，才能更好地带领团队。

生1：还要具有好的管理方式，管理方式需要做事果断，这从《西游记》第27回三打白骨精中，唐僧3次驱逐悟空体现出来。

生4：领导者做事果断才能树立威信，才能带领整个团队，统领整个局面。唐僧对他团队里的每一个成员都有亲和力。有亲和力才能有感染力，唐僧取经的信念一直都坚定不移，带动和感染了团队的成员，取经团队除了八戒，其他人几乎没有说要散伙。

生1：有感染力需要一个好的说话方式。接下来是要合理分工，要因材去分工，像大师兄孙悟空，因为他的能力强，主要负责降妖除魔。

生4：有调度力，就是作为优秀的领导者他能够调度团队中的成员去做事，在团队中有威信能调度，才能成为一个优秀的领导者。

生2：在团队中还要一视同仁，孙悟空是最早来到唐僧的队伍当中的，唐僧在之后的取经路上并没有因此偏爱孙悟空，而是一视同仁，照顾好每一个人。

生3：唐僧具备这5点，所以我们认为唐僧是一个优秀的领导者。

欧阳老师：他们组认为唐僧是一个优秀的领导者。你们组呢？认同他们的观点吗？你们也认为他是一个优秀的领导者？

生5：我们组认同他们组的观点，我们组还认为唐僧有需要改进的地方。

师：他们组的这个图在讲之前老师帮他们调了一下，就是从逻辑上来看，一个领导者首先应该带领团队有明确的目标。其次是为了实现这个目标，要有恰当的管理方式，有合理的分工。接下来是和下属相处时他应该有亲和力和关心下属。他们讨论的顺序老师帮他们调了一下，这样逻辑就更清楚一些了。

生1：我们的节目到这儿就结束了，大家下期再见！

欧阳老师：谢谢这个组，我们来评价一下。结合情节去分析人物形象，大家觉得给多少分？

生们：给20分。

欧阳老师：模拟情景大家给多少分？

生们：15分。

生6：老师我刚才听他们说唐僧做事果断，用的是三打白骨精的情节，说唐僧3次把孙悟空赶走体现他的果断和善良，我觉得有点不太恰当。

欧阳老师：非常好，应该说唐僧作为一个优秀的领导需要改进的地方是做事果断。这个事例能证明唐僧不辨是非。我们要注意你的例子要能够证明你的观点。我们看一下，模拟情境大家给多少分？

生们：扣5分吧。

欧阳老师：合作分工呢？20分。好的，这个组最终得分是95分。

欧阳老师：下面我们有请另一个小组，两位历史课代表在王朗老师的指导下，为我们介绍历史上的唐僧。

第二组上台展示

生1：大家好！我们今天来介绍一下历史上的唐僧。在明代小说家吴承恩笔下的《西游记》当中，唐僧有着3位神通广大的徒弟，而在现实中那3位神徒是不存在的，而我们"可怜""弱小"的唐僧确实是一个真实人物。让我们来看一下历史上的唐僧是怎样的。我们将从这样几个方面给大家介绍。第一介绍《西游记》中唐僧的传奇故事。第二是现实中唐僧不为人知的传奇之旅。第三谈谈唐僧在历史上的贡献。最后是人物分析和总结。第一个先介绍《西游记》中的唐僧。

生2：《西游记》中唐僧的来历是如来佛祖的二弟子金蝉子转世。如来佛祖和观音菩萨会安排唐僧去西天取经，还让三界的神佛都关照唐僧师徒，其目的就是让金蝉子重新回到西天。唐僧前世因轻慢佛法而被如来佛祖贬到下界。在观世音菩萨的指点下，奉了唐太宗旨意，不远万里前去西天求取真经。

唐僧的出身非常曲折离奇。他的父亲是状元郎陈光蕊，母亲是丞相殷开山的女儿殷温娇，这是实打实的郎才女貌、天作之合。由喜转悲来得太快，状元带着新婚妻子去江州上任的途中，被船夫刘洪杀死，还冒名顶替，不但接受了官职还接受了状元夫人。好在陈光蕊留有遗腹血脉唐僧，他被自己的母亲放在江中漂流到了金山寺，被救之后成为得道高僧，修习寂灭佛法。

生1：现实中的唐僧，他不是《西游记》中的旃檀功德佛，而是历史中的唐玄奘，生于公元602年，卒于公元664年。他是唐朝时期的一位著名高僧，俗家姓名陈祎，洛州缑氏人。玄奘13岁时出家，后在长安、洛阳等地遍访名师，学习佛教经典。公元627年，他为了求得真经，开始了一场长达19年的西行之旅。你来介绍一下唐僧的出家原因吧。

生2：在《西游记》中唐僧的出家原因是生活所迫，但是真实的玄奘出家的原因是受到了他二哥的影响，因为当时他的二哥在洛阳出家，玄奘去投奔他的二哥。他并没有立刻成为僧人，当时出家并不那么容易，要成为僧人要经过层层面试考核，玄奘在考核时凭借一句"意欲远绍如来，近光遗法"而被录取了。当时的名额只有14个，他没有满足当时僧人的年龄要求，还是破格将他录取了。

生1：真实的唐僧并非如小说中所描述的那样软弱无能，相反，他是一位博学多才、坚韧不拔的高僧。在西行途中，他历经千辛万苦，穿越沙漠、翻越高山，最终到达印度。在那里，他学习了大量佛教经典，并与当地高僧进行了深入的交流和探讨。他的智慧和勇气赢得了印度佛教界的尊敬与赞誉。接下来我再给大家介绍一下唐僧不为人知的旅途，唐僧取经非常艰难。他在小说中是行了十万八千里，在现实中他也是行了非常远的一段路程，他首先从长安出发，再经过河西走廊到达西域，然后再通过丝绸之路来到印度，最后在那里留学了一段时间。之后，按第2条路线经过敦煌，然后又再次回到长安。接下来介绍一下他在历史上的贡献。

生2：回到唐朝后，真实的唐僧得到了唐太宗李世民的热情接待。他将所学佛经翻译成中文，并著书立说，为中国佛教的发展做出了巨大贡献。他的译经事业历经20年，共译出经论75部、1335卷，对中国佛教产生了深远影响。同时，他还创立了法相宗，成为一代宗师。真实的唐僧所取得的成就不限于宗教领域。在文化交流方面，他的西行之旅成为中印文化交流的重要桥梁。他带回了大量印度文化古籍，丰富了中国的文化宝库。此外，他的旅行见闻还被弟子整理成《大唐西域记》一书，成为研究中亚和南亚历史、地理的重要资料。

生1：真实的唐僧所展现出的坚韧不拔、勇往直前的精神品质值得我们学习和借鉴。他的成功之路告诉我们，无论面临多大的困难和挑战，只要我们拥有坚定的信念和不屈不挠的勇气，就一定能够战胜一切。同时，他也提醒我们，在学习和成长的过程中，要注重积累知识、拓宽视野，不断提升自己的综合素质。

生2：最后我们再为大家总结一下，历史上真实的唐僧是一位博学多才、坚韧不拔的高僧，他为中国佛教的发展和中外文化交流做出了巨大贡献。尽管他在《西游记》中被神化，但我们不应忽视他在历史上的真实地位和影响力。通过了解真实的唐僧，我们可以更好地认识这位被神化的历史人物，并从他的成功之路中汲取智慧和力量。

生1：谢谢大家！

欧阳老师：好，谢谢这个组带给我们补充的有关历史上的唐僧，黄同学今天把PPT分享到我们的同学群当中。我们请历史王老师来评价一下这个组吧。

王朗老师：两位课代表找我真正来探讨的次数不是很多，但是他们展现出来的内容还是非常好的。他们从多个维度对历史上的唐僧进行了诠释。尤其是大家在阅读学习了《西游记》经典名著后，总会与我们学习过的历史产生一些交织，比如我们历史课上学习了丝绸之路，这是一条通往印度的路线，玄奘西行到达印度也是选取了这条路线。我们的两位课代表再一次把丝绸之路和《西游记》中的西行取经联系了起来，我觉得这一点就是我们历史学科和语文学科非常好的融合体现。同时再次加深了我们对《西游记》内容的印象，总体这两位同学展示得还是非常好的。

欧阳老师：谢谢王老师对这组同学的指导，内容很丰富，这一组的同学把作品中的唐僧和历史上的真实人物进行了比较，让我们对于唐僧这个人物形象有了更深刻的理解和更丰富的感受。我们还有一组是介绍唐僧的，有请刘同学这一组。

第三组上台展示

生1：大家好！欢迎来到《子午书简》节目，《西游记》是明代小说家吴承恩创作的我国古代第一部浪漫主义长篇小说。这部小说以唐僧取经这一历史事件为蓝本，通过艺术加工深刻地描绘了当时社会的现实。今天我们来探讨一下唐僧是不是一个优秀的领导者。我们邀请了许专家、范教授和一个热爱《西游记》这部小说的学生。下面我们有请他们3位来给我们讲讲唐僧的人物形象。

生2：我认为唐僧是一个固执的人，在三打白骨精的情节中，唐僧一直坚定自己的想法错怪悟空，赶走了悟空。我还认为唐僧的慈悲心太重，他经常把妖怪当成好人，不听悟空的劝诫，不分青红皂白，赶走悟空。

生3：唐僧是一个意志坚定的人。在四圣试禅心中，唐僧、孙悟空、沙僧3人都经受住了考验。唐僧还是一个一心向佛的人，他在取经路上遇到困难从不动摇。

生4：我认为唐僧也是一个善良的人。在五庄观中，他不吃两个童子送来的像婴儿形态的人参果；他对困苦的人有怜悯之心，他会帮助他们。另外唐僧好似一个胆小的人。他遭到恶人抢劫的时候躲在后面不敢出声，体现了他的胆小。

生1：我相信大家听完他们3个讲的，已经了解了唐僧是怎样的人。接下来我们有请范教授和徐专家讲讲，他们为什么认为唐僧是一个优秀的领导者。

生2：我认为领导一个团队需要有明确的目标，还要有崇高的信念和坚定的意志，这样才能统领全局。

生4：领导团队需要包容心，还要知人善用，对下属要一视同仁，这样才可以很好地统领团队成员。

生2：领导团队还需要科学的管理方式，要排兵布阵，有明确的思路，这样才能统领全局。所以我们认为唐僧是一个优秀的领导者。

生1：听了前面两位的见解，我们有请阅读《西游记》的学生魏同学来谈一谈他对唐僧是不是一个优秀领导者的补充。

生3：唐僧也有一些可以改进的方面，首先唐僧比较胆小懦弱，他过于慈悲。因为他肉眼凡胎，所以黑白不分，经常把妖怪错当成好人。唐僧的能力有待提高。

欧阳老师：你认为胆小、懦弱、过于慈悲是唐僧应该改进的地方，比如是在哪个情节当中？

生们：三打白骨精、大战红孩儿。

欧阳老师：还有孙悟空打死强盗那个情节也能体现出来，同时他认为唐僧的能力有待提高，是这个意思吧？

生1：感谢大家的聆听，我们的节目到此为止，谢谢大家！

欧阳老师：老师评价一下吧，这个组其实在合作的时候，是有一点点问题的，但是最终呈现出来的学习成果还是挺不错的，所以联系现实生活你也能体会到一个团队要想成功也不是那么容易的。我们从唐僧身上体会到他有明确的目标、知人善任，最重要的是他能够根据团队成员的优势去发挥他们所长，比如说孙悟空，就是负责降妖除魔。猪八戒辅助孙悟空打妖怪，他还在团队中活跃气氛。沙僧的任务就是挑着担子牵着马，在团队当中无怨无悔地承担着很重的任务，沙僧这样的人也是团队当中必不可少的角色。

刚才这个组特别好的地方就是关于分析唐僧人物形象的内容，分析他的优点是什么？他的缺点是什么？应该改进的地方是什么？只有这样才能成为一个优秀的领导者。这两个组都认为唐僧是优秀的领导者，有没有不同意见的？有没有认为唐僧不是优秀的领导者的？有的同学说唐僧有很多的缺点，说他不称职，但我觉得优秀的领导者，不一定是能力最强的，但是一定是这个团队当中的核心。唐僧身上最突出的特点就是目标明确、意志坚定、知人善任，这是非常重要的，其实拥有了几个特别核心的领导要素你就能够很出色，是吧？名著为什么值得我们读？它绝不是让我们仅仅记住了一些经典的故事情节，最重要的是要把名著和我们的现实生活结合起来，从名著中去收获人生感悟。我们每个人的人生是有限的，你所经历的事情也不一定很多。通过阅读文学作品，尤其是这样的经典名著，能够丰富我们的人生，让我们获得更多的人生感悟，这才会起到它真正的作用。这节课我们就上到这儿，下课！谢谢同学们！

（授课教师：欧阳蕾、王朗）